# Validação

## A NOVA PSICOLOGIA DA INFLUÊNCIA

# Validação

## A NOVA PSICOLOGIA DA INFLUÊNCIA

CAROLINE FLECK, Ph.D.

Traduzido por Alves Calado

SEXTANTE

**NOTA:** A palavra *paciente* implica um grau de passividade que não combina com o relacionamento colaborativo que busco estimular na minha prática terapêutica. Por esse motivo, como muitos terapeutas antes de mim, chamo de "clientes" as pessoas de quem eu trato. Além disso, usei pseudônimos para os clientes que cito neste livro.

Título original: *Validation*



Este livro não é um manual médico-científico e o propósito desta publicação não é substituir orientações de profissionais de saúde mental. As ideias, procedimentos e sugestões contidos neste livro não têm a intenção de substituir a consulta a um especialista. Todos os assuntos relacionados à sua saúde exigem supervisão médica.

*coordenação editorial:* Alice Dias
*produção editorial:* Livia Cabrini
*preparo de originais:* Rafaella Lemos
*revisão:* Ana Grillo e Luis Américo Costa
*diagramação:* Valéria Teixeira
*capa:* Rachel Wui
*adaptação de capa:* Ana Paula Daudt Brandão
*impressão e acabamento:* Associação Religiosa Imprensa da Fé

CIP-BRASIL. CATALOGAÇÃO NA PUBLICAÇÃO
SINDICATO NACIONAL DOS EDITORES DE LIVROS, RJ

F62v
Fleck, Caroline
Validação: a nova psicologia da influência / Caroline Fleck ; tradução Alves Calado. - 1. ed. - Rio de Janeiro : Sextante, 2025.
288 p. ; 23 cm.

Tradução de: Validation
ISBN 978-85-431-1100-1

1. Psicologia clínica. 2. Comportamento humano. I. Calado, Alves. II. Título.

25-98826.0 CDD: 158.1
CDU: 159.9.019.4

Carla Rosa Martins Gonçalves - Bibliotecária - CRB-7/4782


Rua Voluntários da Pátria, 45 – 14º andar – Botafogo
22270-000 – Rio de Janeiro – RJ
Tel.: (21) 2538-4100
E-mail: atendimento@sextante.com.br
www.sextante.com.br

Para Havana:
"Quando chegou ao mundo,
você chorou, e isso partiu meu coração."

# SUMÁRIO


**INTRODUÇÃO** 9

**PARTE 1 O QUÊ E POR QUÊ** 15

1 Validação – O segredo mais bem guardado da psicologia 17

2 Uma cura para todos – Por que você deveria largar tudo e aprender a validar 29

3 O que significa ser visto – Definindo a validação 44

4 A validação e a arte do sofrimento – Um último motivo para largar tudo e aprender a validar 59

**PARTE 2 COMO** 73

5 A Escada da Validação – Oito degraus para ver e ser visto 75

6 Prestar atenção – O jogo de todos os bons ouvintes 84

7 Copiar – Como se conectar com qualquer pessoa 100

8 Contextualizar – Descobrindo o xis da questão 113

9 Equalizar – "Qualquer pessoa no seu lugar faria o mesmo" 125

10 Propor – Como ler mentes 139

11 Agir – Quando as palavras não bastam 154

12 Demonstrar emoção – Meu conselho para Jimmy Kimmel 168

13 Revelar-se – O poder do "eu também" 183

**PARTE 3 ONDE ENTRA A MUDANÇA** 197

14 Estratégias de mudança comportamental 199

15 Criando crianças emocionalmente inteligentes – Validação e a criação de filhos 209

16 A linguagem universal do amor – A validação nos relacionamentos íntimos 222

17 Validar como um chefe – A validação no trabalho 231

18 Todo mundo sofre – A autovalidação 242

**EPÍLOGO** 258

**APÊNDICE** 264

**AGRADECIMENTOS** 266

**NOTAS** 270

# INTRODUÇÃO

Sempre fui uma pessoa sensível. Quando era mais nova, eu achava que isso era uma bênção. Os outros se sentiam atraídos por mim. Tenho diversas lembranças da infância de ocasiões em que pessoas me contaram suas inseguranças e seus segredos mais profundos como se estivessem falando diante de um espelho. E não eram somente crianças, mas adultos também. Lembro de uma vez, no terceiro ano, em que a mãe da minha amiga Jenny me contou que seu marido estava tendo um caso. Num minuto eu estava esperando Jenny voltar do ensaio de dança para irmos ao porão da casa dela fingir que o chão era feito de lava; no outro, eu estava agachada no chão perto da mãe dela, tentando ignorar os 2 litros de Pepsi que a mulher tinha derrubado sem querer. Todos os detalhes do casamento em declínio pareciam jorrar de sua boca de um jeito quase incontrolável, pontuados por gemidos profundos. Não me lembro de nenhuma palavra que ela disse. Imagino que não devo ter entendido a maior parte. Mas jamais esqueci a expressão em seu rosto: os olhos arregalados e as bochechas molhadas de lágrimas e saliva. Eu não entendia nada sobre o que a mãe de Jenny estava descrevendo, mas mesmo assim tentei entrar em sintonia com ela.

"Isso é horrível", falei, enquanto o refrigerante formava uma poça em volta dos meus pés. "É igual a nascer e morrer ao mesmo tempo." Eu tinha 9 anos. O que sabia sobre divórcio ou "recomeços"?! Apesar de não ter a menor ideia do que estava dizendo, minhas palavras pareceram ressoar dentro dela.

Eu nem sempre conseguia dizer ou fazer a coisa certa em momentos assim. Não me lembro de alguma vez ter piorado a situação, mas houve muitas ocasiões em que não consegui intuir o que o outro estava sentindo ou de que precisava. Mas, quando conseguia me conectar, a experiência era eletrizante. Eu me sentia importante, prestativa e gentil.

Infelizmente, conforme fui crescendo, minha sensibilidade começou a parecer mais uma maldição. Em vez de atrair as pessoas, ela passou a ter o efeito contrário e a me distanciar delas. Eu parecia me magoar com mais facilidade do que os outros e demorar muito mais do que meus amigos para me recuperar dos contratempos emocionais da adolescência. O nome técnico dessa coisa pela qual passei é Síndrome da Rainha Elsa de Arendelle. Brincadeirinha; é transtorno depressivo maior. Fui diagnosticada aos 16 anos e lutei contra seus sintomas debilitantes por mais de uma década. Durante a maior parte desse tempo tornei-me retraída e reservada. Mas de vez em quando tentava redescobrir as conexões mágicas que tinha buscado na infância. E de vez em quando era recompensada com a experiência extraordinária de me conectar com outra pessoa como se fosse eu mesma.

Esses momentos de conexão ofereciam breves alívios do sofrimento que tinha passado a me definir. A única outra rota de fuga que eu encontrava eram os livros e os estudos. Na faculdade, passei muitas noites enclausurada nas salas de estudos da biblioteca atrás de uma fortaleza de artigos e publicações que pareciam me proteger de mim mesma. No último ano, decidi fazer doutorado em psicologia clínica, sabendo que isso me proporcionaria muitos outros anos de tarefas acadêmicas atrás das quais poderia me esconder. Também esperava aprender a canalizar minha sensibilidade de modo a ajudar mais os outros e me machucar menos. O poder das minhas emoções era evidente; se ao menos eu pudesse aprender a usá-lo. Surpreendentemente, chegou um momento em que aprendi a fazer exatamente isso.

Não chegarei tão longe a ponto de dizer que "jamais esquecerei o dia" em que aprendi sobre a validação, porque, como a maioria das pessoas, eu geralmente me esqueço da maior parte do que se passa nos meus dias. Mas me lembro com clareza de um slide roxo no PowerPoint com o título "Estratégias de Aceitação: Validação", e me lembro nitidamente de ouvir a palestra e pensar: "Por que não ensinam isso nos cursos de graduação?!"

Aprender sobre validação e as habilidades usadas para comunicá-la foi como descobrir peças de um quebra-cabeça que eu não tinha percebido que estavam faltando. Peças importantes, dos *cantos*. Percebi imediatamente como a sensibilidade que me afligia poderia se transformar numa tábua de salvação para as pessoas ao meu redor. A "magia" que eu tinha buscado por toda a vida foi revelada como um método simples que qualquer um poderia dominar. Quanto mais eu praticava a validação, melhor ia aprendendo a usá-la e mais conectada me sentia comigo mesma e com os outros. Com o tempo, minha perspectiva sobre minhas emoções mudou, assim como meu relacionamento com elas. **A validação transformou minha sensibilidade, que deixou de ser uma fraqueza que eu precisava desesperadamente proteger e se tornou um superpoder que eu podia usar para ajudar os outros.**

Quero deixar claro que não foi a prática da validação, sozinha, que me curou da depressão e que, até o momento, nenhum dado sugere essa possibilidade. O que sei, por experiência pessoal e por extensas pesquisas, é que a validação tem um efeito profundo sobre os relacionamentos e sobre a sua capacidade de provocar mudanças. E isso também vale para o seu relacionamento consigo mesmo. Você pode esperar diversas mudanças positivas, que geralmente se encaixam em alguma destas cinco categorias:

1. **Relacionamentos melhores:** A validação afeta o modo como *sentimos* os relacionamentos. Quando você consegue validar profundamente a experiência de alguém, a intimidade, a camaradagem, a confiança e a segurança psicológica aumentam. A mudança no jeito como o outro se sente inevitavelmente afeta a forma como ele se comporta. Quando aumenta a confiança e a segurança através da validação, você pode esperar maior transparência e envolvimento no relacionamento em questão.
2. **Redução dos conflitos:** Incorporar a validação em conversas difíceis impede que elas fiquem girando em círculos ou se transformem em discussões. As pessoas tendem a usar a força ou "atacar" quando acreditam que não conseguem comunicar seus pontos de vista de outra maneira. Da mesma forma, ficam na defensiva quando sentem a necessidade de defender uma posição que não está sendo respeitada. Uma resposta de validação não deixa nada que possa ser atacado nem, muito menos, alguma coisa contra a qual se defender.
3. **Aumento da influência:** É difícil resolver um problema ou convencer as pessoas se elas acharem que você não entende a posição delas.

Oferecer validação aos outros ajuda não somente a comunicar sua compreensão, mas também a cultivá-la. Em consequência, as pessoas têm uma probabilidade maior de falar com você *e* escutar o que você tem a dizer.

4. **Aumento da capacidade de estimular mudanças de comportamento:** A validação é gratuita, todo mundo quer recebê-la e, ao contrário de um doce, ninguém enjoa dela. Esses atributos a tornam uma ferramenta poderosa de reforço positivo que pode estimular todo tipo de mudança de comportamento, como levar alguém a fazer exercícios físicos e talvez até a reduzir o uso de opioides.[1]
5. **Aumento da autocompaixão:** Validar os outros transforma nossa forma de nos relacionar com eles e com nós mesmos. Assim como nos sentarmos sozinhos em meditação melhora a nossa conexão com os outros, nos conectarmos com os outros através da validação melhora nosso relacionamento com nós mesmos. Esses benefícios podem aumentar ainda mais com a prática da autovalidação, que será descrita mais adiante.

Após mais ou menos uma década desde que aprendi habilidades de validação, assumi a missão de compartilhá-las com o maior número de pessoas possível. Nesse tempo eu as vi salvar casamentos, redefinir dinâmicas entre pais e filhos e até mesmo salvar vidas. (Falarei mais sobre isso mais à frente.) Frequentemente essa é a primeira coisa que ensino na terapia, nas oficinas sobre criação de filhos e em treinamentos corporativos. Quando uma das maiores empresas do setor de tecnologia me pediu que desenvolvesse um curso de 12 semanas sobre eficácia interpessoal para uma centena de funcionários, dediquei um terço do programa à validação. Os resultados desse curso excederam as expectativas dos líderes corporativos, e a resposta mais frequente que recebemos foram pedidos de livros sobre o assunto.

Você não precisa ser alguém sensível ou naturalmente empático para desenvolver as habilidades de validação que lhe permitirão alcançar essas mudanças. O fato de eu ter topado com a magia da validação por acaso quando era pequena significa que eu levava jeito para isso, mas não é necessário ter nenhum talento especial para desenvolver essas habilidades. Ironicamente, descobri que as pessoas naturalmente mais sensíveis, que já usam essas habilidades de modo intuitivo, são menos inclinadas a treiná-las e, portanto, têm uma probabilidade *menor* de dominá-las. (Mais tarde explicarei por quê.) A sensibilidade emocional é uma vantagem, com certeza, mas, sem treino, você só chegará até certo ponto.

Nas páginas a seguir mostrarei como alcançar de modo consistente essas conexões mágicas que passei boa parte da vida buscando e como traduzi-las em mudanças significativas. Para organizar o conteúdo deste livro me baseei em princípios de aprendizagem como a repetição e a modelagem, para garantir que você obtenha o melhor resultado. Mesmo assim, apenas ler este livro não é suficiente para você alcançar a transformação que ele promete. Assim como acontece no aprendizado de uma língua, estudá-la num livro não é o bastante. Para se tornar fluente, você precisa treinar e falar.

PARTE 1

# O QUÊ E POR QUÊ

# 1

# Validação – O segredo mais bem guardado da psicologia

*Com suavidade você pode sacudir o mundo.*

– FALA ATRIBUÍDA A MAHATMA GANDHI

Eu tinha 27 anos e era aluna do doutorado em psicologia clínica. Sentado diante de mim estava um rapaz de 22 anos que tinha acabado de me dizer, de um jeito casual, que estava pensando em se matar naquela noite. Atrás dele havia uma câmera virada para mim e um monitor. A frase "Sempre avalie o risco de suicídio no INÍCIO!" apareceu nele. Meus olhos se voltaram rapidamente para o relógio. Eram os últimos cinco minutos de uma sessão de uma hora. Na outra extremidade do corredor, meu rosto era projetado numa tela diante de outros 10 estagiários e do meu instrutor, que digitava as orientações para mim em tempo real.

Rapidamente coloquei em prática a série de perguntas projetadas para avaliar o risco do cliente. Ele tinha acesso a meios letais? Tinha pensado nos detalhes de um plano? Entre outras. Determinei que o risco era moderado. Ele revelou que tinha rompido com o namorado dois dias antes. Não havia mencionado isso porque *não* queria falar a respeito. À medida que a sessão ia se aproximando do final, o rapaz começou a se sentir mal com a expectativa de voltar ao apartamento vazio que até recentemente compartilhava com o companheiro. Disse que achava que não suportaria passar mais uma noite sozinho.

Eu sabia o que fazer. Precisava ajudá-lo a reduzir seu desespero durante a sessão usando as habilidades que ele vinha desenvolvendo e depois discutir como ele poderia usá-las em casa, para passar a noite. Mas eu tinha um problema. Ele não queria usar nenhuma habilidade; estava convencido de que não funcionariam. Além disso, não queria falar sobre o rompimento e estava irritado comigo por fazer tantas perguntas. Disse que desejava não ter contado nada, que só queria ir para casa.

Se eu não revertesse a situação rapidamente, precisaria cogitar a possibilidade de interná-lo contra a vontade, porque ele não queria ir ao hospital. E, se eu fizesse isso, me arriscava a perdê-lo e fazê-lo largar a terapia de que tanto precisava. Olhei para o monitor em busca de respostas. Estava em branco. Comecei a usar todas as estratégias cognitivo-comportamentais em que conseguia pensar. Reforço positivo, questionamento socrático, reforço negativo, modelagem, implorar (certo, essa última não é exatamente uma estratégia) – nada funcionava. Olhei para o relógio e depois para o monitor. Até hoje consigo ver as letras *V-A-L-I-D-A-Ç-Ã-O* aparecendo lentamente na tela. Por um instante fiquei confusa. Ele tinha dito explicitamente que não queria falar sobre o rompimento. Então compreendi.

– Isso é mesmo uma bosta – falei. Ele levantou a cabeça e *arregalou os olhos*. – Você baixa a guarda por um segundo e é imediatamente atacado com um monte de perguntas de uma aluna de pós-graduação esforçada demais, que você quer acreditar que se importa com você, mas que provavelmente só está fazendo o que disseram a ela para fazer.

Olhei o monitor. A palavra *Bom* apareceu.

– E, como se não bastasse, a coisa toda está sendo transmitida para uma sala cheia de pessoas que você nunca viu.

– Em geral sou muito bom em me desligar disso. Obrigado por me lembrar – disse ele... com um sorriso!

– Eu também, mas neste momento essa coisa está me distraindo – confessei.

Em seguida me levantei, fui até o monitor e o desliguei. Depois sugeri que a gente desse uma volta. Passamos os 20 minutos seguintes passeando pelos jardins do centro de tratamento cognitivo-comportamental. Nossa conversa foi uma extensão da que tivéramos na sala, eu simplesmente tentando me colocar no lugar dele. Não tentei fazê-lo desistir de se suicidar nem reduzir seu risco. Em vez disso, me concentrei em tentar me conectar com a experiência dessa pessoa que precisava desesperadamente de ajuda, mas tinha aprendido a não confiar em ninguém que a oferecesse.

Quando voltamos, partimos para o trabalho. A sessão durou mais de duas horas. No final, tomei a decisão de não interná-lo. Foi a coisa certa a fazer. Em casa, ele usou as habilidades que treinamos na sessão e conseguiu passar bem por essa noite e pela seguinte também. Até hoje ele me manda atualizações e fotos da "vida que vale a pena" que criou para si mesmo. Atualmente também é um excelente terapeuta.

Admito que convencer alguém a enfrentar uma dor intensa em vez de cometer suicídio é um exemplo extremo no que diz respeito a influenciar o comportamento de uma pessoa. Mas as estratégias que funcionam em situações delicadas como essa são igualmente eficazes, talvez até mais, em condições menos graves. Sempre digo que a única diferença entre influenciar as pessoas no contexto terapêutico e influenciá-las fora dele é que o primeiro caso costuma ser mais desafiador. Você pode imaginar como deve ser muito mais difícil convencer alguém a fazer exercícios regularmente se a pessoa estiver sofrendo de uma depressão debilitante e tiver perdido a motivação para realizar até mesmo suas atividades prediletas. É verdade que os especialistas em psicologia clínica conhecem os *tipos* de mudança que costumam melhorar vários sintomas e transtornos de saúde mental,* mas as estratégias que usam para promover a mudança se aplicam às pessoas em geral, e não somente às que têm uma doença mental.[1]

Obviamente os psicólogos não são os únicos interessados em mudar o pensamento ou o comportamento das pessoas. Todos nós passamos uma enorme quantidade de tempo tentando fazer com que os outros nos escutem e, apesar de nos esforçarmos, costumamos fracassar. Eu apostaria que, neste momento, há pelo menos uma pessoa que você esteja tentando influenciar. Talvez seja alguém em casa: seu filho, seu cônjuge ou um dos seus pais. Ou alguém no seu trabalho: um gestor ou colega. Você quer que eles trabalhem mais, trabalhem menos, parem de falar sobre trabalho, respondam às suas mensagens, parem de mandar

---

* Por sinal, os exercícios físicos regulares são tão eficazes quanto os antidepressivos para tratar a depressão.

tantas mensagens... Queremos que as pessoas à nossa volta mudem de infinitas maneiras.

Por isso não é nenhuma surpresa que a mudança seja um negócio de bilhões de dólares. Todo ano vamos a oficinas e retiros e compramos livros que prometem nos ajudar a mudar o comportamento dos outros ou melhorar nossos relacionamentos com eles. Em geral, esses recursos se concentram em tipos específicos de dinâmica ou problema: "Como liderar de modo que as pessoas ouçam" ou "Como criar filhos rebeldes", por exemplo. Mas o objetivo costuma ser essencialmente o mesmo: ajudar a influenciar o comportamento das pessoas.

Há muita pseudociência e muitos disparates nas alegações sobre o que podemos fazer para influenciar pessoas, mas também existe uma quantidade surpreendente de informações dignas de crédito. *Estratégias de mudança* cientificamente comprovadas, como o reforço positivo, se tornaram cada vez mais conhecidas e usadas. Essas técnicas, que vêm sendo aplicadas há décadas nas terapias cognitivo-comportamentais, são agora a base de programas bem-sucedidos para tratar questões que vão desde o treinamento para o desfralde até a manutenção do próprio emprego. (Vamos parar por um segundo para apreciar o fato de que o treinamento para o desfralde e a manutenção do emprego podem ser alcançados por métodos semelhantes.)

Faz sentido que as pessoas se interessem pelas abordagens científicas que os psicólogos usam para influenciar o comportamento, sobretudo em situações difíceis. Como eu disse, todos temos ao nosso redor pessoas que parecem imunes à influência, e a ideia de que podemos realmente fazê-las nos dar ouvidos é animadora. O mais difícil de entender é por que todo mundo continua requentando um punhado de estratégias comportamentais datadas de mais de 70 anos sem mencionar nenhuma das pesquisas mais recentes. Nossas ideias sobre como afetar o comportamento humano não terminaram com B. F. Skinner.* Foi com ele que elas apenas começaram!

As primeiras descobertas da pesquisa comportamental são relevantes até hoje. Qualquer um que já tenha treinado um cachorro sabe que usar

---

* B. F. Skinner é considerado o pai do behaviorismo. O que o tornou famoso foi seu trabalho sobre condicionamento operante, que introduziu os conceitos de reforços e punições.

um petisco como reforço positivo ajuda muito a fazê-lo se sentar ou dar a pata quando mandamos. E está bem estabelecido que essas primeiras pesquisas sobre o comportamento não se aplicam apenas aos animais; a simples ideia de avançar mais num jogo já é suficiente para compelir algumas pessoas a se conectar na internet por dias seguidos. Mas o que aprendemos desde a época de Skinner é que, quando as pessoas não querem mudar o próprio comportamento, não basta saber como aplicar os princípios básicos da mudança. Você também precisa aprender a demonstrar aceitação.

## POR QUE A MUDANÇA REQUER ACEITAÇÃO

Os psicólogos clínicos vêm pesquisando a ligação entre aceitação e behaviorismo desde o início da década de 1990, quando a Dra. Marsha Linehan introduziu um novo tipo de tratamento chamado Terapia Comportamental Dialética (TCD). O tratamento criado por ela provocou ondas de choque no campo da psicologia, porque demonstrou que a aceitação é um catalisador para a mudança e também é capaz de fazer o que nenhuma outra terapia na história havia conseguido: reduzir de modo confiável o comportamento suicida e de automutilação em pessoas que sofrem com essas condições.[2]

Na paisagem da psicologia moderna, "aceitação" significa reconhecer a realidade de uma situação sem julgamento nem tentativas de mudá-la. Com base nessa definição, aceitação e mudança são literalmente incompatíveis. Mas, quando era uma jovem pesquisadora esforçando-se para tratar pacientes suicidas com estratégias comportamentais tradicionais, Linehan começou a achar que a aceitação e a mudança poderiam ser dois lados da mesma moeda. Ela teorizou que enfatizar exageradamente a mudança poderia tornar as pessoas resistentes a ela. Imagine como aquela sessão que descrevi no início do capítulo teria terminado se eu continuasse pressionando meu cliente. Além disso, Linehan suspeitou que determinados problemas de saúde mental sejam causados pela invalidação generalizada: mensagens frequentes do mundo exterior sugerindo que a pessoa ou suas emoções são inaceitáveis. Se você comparar as taxas de suicídio de membros da comunidade lgbtq+ com as de pessoas de fora dela, poderá entender o mérito dessa perspectiva.[3]

Linehan pensou que, se as pessoas se sentissem genuinamente aceitas, poderiam ser mais receptivas à mudança. Para testar sua hipótese, ela desenvolveu um novo tipo de terapia – a TCD, ou Terapia Comportamental Dialética –, em que os terapeutas usam as estratégias confiáveis de mudança comportamental junto a uma série de estratégias de aceitação que ela mesma desenvolveu. Essa série consistia principalmente em habilidades de validação elaboradas para ajudar os terapeutas a comunicar sua aceitação, além de algumas habilidades para ajudar os clientes a aceitar a si mesmos e suas circunstâncias. A expressão *estratégias de aceitação* descreve esse conjunto de habilidades do terapeuta e do cliente, e a validação é a principal delas. Nas palavras de Linehan: "Seria difícil superestimar a importância da validação na TCD."[4] Nas minhas palavras, validação é o que Michael Jackson era para o Jackson Five. As outras estratégias de aceitação têm seu lugar, mas empalidecem se comparadas com a validação.

A partir do sucesso da TCD, uma nova onda de terapias baseadas no modelo de aceitação e mudança varreu o campo da psicologia. Coletivamente, essas terapias se provaram eficazes em reduzir uma ampla gama de problemas de saúde mental e atualmente são o padrão-ouro para tratar condições como o transtorno depressivo recorrente[5] e o transtorno de personalidade borderline,[6] que deixaram os psicólogos confusos durante gerações.

Nas últimas décadas, à medida que os temas de saúde mental deixaram de ser um tabu, as estratégias de aceitação começaram a se tornar uma tendência dominante. No ano passado assisti a um vídeo[7] em que Lady Gaga ensinava a Oprah sobre a "aceitação radical", a habilidade da TCD que, segundo ela, transformou sua vida e a ajudou a lidar com a dor crônica.[8] Como psicóloga, uma das coisas de que mais gosto é entrar numa livraria e descobrir, no título de um novo best-seller, uma estratégia de aceitação que eu só tinha visto em manuais de tratamento. Com a alta demanda de abordagens científicas para a mudança e a aceitação, seria de esperar que essas poderosíssimas habilidades de validação estivessem no radar de todos. Mas não estão.

*Validação* vem sendo cada vez mais usada como palavra da moda. Parece que, de certa forma, todos nós assimilamos a mensagem de que ela é boa para os relacionamentos. Só que não existem muitas informações sobre o que isso significa, muito menos sobre como praticá-la. As habilidades de validação que comprovadamente ajudam as pessoas a comunicar aceitação não são de conhecimento geral. Quanto à descoberta de que se trata de um agente de mudança, isso também é um segredo para a maioria das pessoas. Infelizmente, ainda que muitas estratégias de aceitação tenham ganhado espaço na cultura do nosso tempo, as inovadoras habilidades de validação da TCD permanecem de fora.

Não quero sugerir que as outras habilidades de aceitação de que você ouviu falar, como a aceitação radical, não sejam transformadoras. São sim! Praticá-las regularmente afetará o modo como você se relaciona consigo mesmo e, provavelmente, o modo como os outros se relacionam com você ao longo do tempo. Mas elas não vão melhorar imediatamente sua capacidade de influenciar o comportamento alheio nem aumentar as chances de alguém seguir seus conselhos. No entanto, um punhado de habilidades de validação pode fazer exatamente isso. **Validar aumentará sua capacidade de influenciar o comportamento, ponto final. Deixar de fazê-lo frequentemente tornará seus esforços totalmente ineficazes, e em algumas situações prejudicará a pessoa ou o relacionamento que você espera afetar.**

Além disso, é importante observar que essa conexão entre validação e mudança se aplica a você tanto quanto aos outros – saber como validar a si mesmo melhorará seu relacionamento consigo e aumentará sua probabilidade de fazer as mudanças que deseja. Dados o sucesso da TCD e a popularidade de muitas habilidades e conceitos que ela introduziu, é estranho que seu ingrediente secreto – a validação – permaneça relativamente desconhecido. Depois de passar anos tentando entender por que isso acontece, concluí que a validação sofre de três grandes problemas:

1. Validação significa coisas diferentes para pessoas diferentes.
2. As habilidades de validação têm sido reservadas para o tratamento de doenças mentais.
3. As habilidades de validação estão em todo lugar e em lugar nenhum.

Esses três problemas explicam por que a validação continua sendo o segredo mais bem guardado da psicologia. Num esforço para desvendá-lo, discutirei *rapidamente* cada um desses problemas a seguir, oferecendo soluções para remediá-los. **Entender as questões associadas à validação é o primeiro passo para entender o próprio conceito.**

## PROBLEMA Nº 1: VALIDAÇÃO SIGNIFICA COISAS DIFERENTES PARA PESSOAS DIFERENTES

Se você não sabe ao certo o que validação significa, não está sozinho. As definições variam muito. O conceito de "atenção plena" sofreu algo semelhante quando começou a provocar ondas na psicologia depois do sucesso da Redução do Estresse Baseada na Atenção Plena (MBSR).[9] A MBSR é um programa de oito semanas que ensina atenção plena (*mindfulness*) a pessoas sem treinamento prévio em meditação ou budismo. No início da década de 1990, pesquisadores já tinham mostrado que a MBSR melhorava diversas condições, como a dor crônica[10] e a ansiedade,[11] mas o público em geral continuou confuso em relação ao conceito de atenção plena. É uma religião? Um estado mental? Um café em Los Angeles? Como acontece com a validação, poucas pessoas concordavam com o que ela significava e ninguém tinha certeza de como praticá-la.

Finalmente, em 1994, Jon Kabat-Zinn, Ph.D., o psicólogo que desenvolveu a MBSR, escreveu um livro sobre atenção plena para o grande público, intitulado *Aonde quer que você vá, é você que está lá*. No livro ele definiu atenção plena como "a percepção que resulta de prestar atenção, com propósito, no momento presente e sem julgamentos".[12] Incluir na definição as instruções para a prática tornou o conceito imediatamente mais acessível, e a linguagem secular distanciou o termo das conotações espirituais da meditação. Até hoje, a definição de Kabat-Zinn para a atenção plena continua sendo uma das mais citadas no mundo ocidental.

---

DITO DE FORMA SIMPLES: A VALIDAÇÃO MOSTRA QUE VOCÊ ESTÁ PRESENTE, ENTENDEU E SE IMPORTA.

---

Ao contrário da atenção plena, que foi associada a conceitos como meditação e amplamente vista como um processo cognitivo, a validação é associada a termos como *elogio* e considerada a força motriz que explica por que as pessoas usam o Instagram. Mas, segundo Linehan: "Validação nada tem a ver com desejabilidade social nem é sinônimo de elogio."[13] A confusão que cerca essa palavra é ainda maior quando lembramos que fomos ensinados a jamais buscá-la. A mensagem parece ser que a validação é uma coisa boa para ser incluída em nossos relacionamentos, mas que é carente e pouco saudável da nossa parte esperar que eles a proporcionem.

Se o problema é que a validação passou a significar coisas diferentes para pessoas diferentes, a solução óbvia é defini-la com clareza. Mas é mais fácil falar que fazer. Durante anos tive dificuldade para encontrar uma definição concisa que agradasse aos meus clientes e mapeasse as habilidades que eu estava ensinando a eles. Meu entendimento vinha da academia, e essas descrições costumavam ser cheias de jargões. Só quando experimentei a abordagem de Kabat-Zinn, de começar já com as instruções, cheguei a uma definição que meus clientes entendiam e consegui estabelecer o alicerce da minha abordagem: **Validação é a comunicação de que a pessoa está *atenta*, *compreende* e sente *empatia* pela experiência do outro, aceitando-a como válida.**

As habilidades de validação que você aprenderá neste livro são técnicas comprovadas para comunicar atenção, compreensão e empatia de maneiras que indicam aceitação.

## PROBLEMA Nº 2: AS HABILIDADES DE VALIDAÇÃO TÊM SIDO RESERVADAS PARA O TRATAMENTO DE DOENÇAS MENTAIS

Na TCD, os clientes aprendem muitas habilidades que os ajudam a administrar as próprias emoções, tornar-se mais atentos, aumentar a eficácia interpessoal e cultivar a aceitação. Mas as habilidades de validação ensinadas aos terapeutas e as instruções sobre como dominá-las não eram originalmente oferecidas aos clientes quando a TCD foi introduzida na década de 1990. Como os terapeutas, os clientes aprendiam que a validação é essencial para desenvolver e manter os relacionamentos. Só que não eram ensinados como fazer isso, e só passaram a ser em 2014, quando Linehan atualizou o manual de tratamento e incluiu as habilidades de validação entre as que eram transmitidas aos clientes.[14] Até hoje essas habilidades costumam ser consideradas opcionais e podem ser ensinadas ou não nos programas de TCD. E, vendo como as estratégias de validação ficaram historicamente reservadas aos terapeutas, não surpreende que tenham demorado para se estabelecer.*

Isso me leva ao ponto seguinte: o intuito principal de Linehan era ajudar as pessoas que estavam num inferno a sair dele – uma tarefa louvável, capaz de consumir toda a carreira da pessoa. Ao contrário de Kabat-Zinn, que definiu a atenção plena num livro destinado ao público geral, a abordagem de Linehan em relação à validação tem ficado confinada aos manuais de tratamento, a artigos de pesquisas clínicas e aos poucos folhetos desenvolvidos mais tarde para os clientes. Isso significa que a validação só é eficaz quando usada por terapeutas ou pessoas com doenças mentais? Não. De jeito nenhum. Como você verá no Capítulo 2, foi demonstrado que ela reduz conflitos, aumenta a conexão e estimula todo tipo de mudança comportamental – desde motivar detentos a revelar informações confiáveis durante interrogatórios até convencer adolescentes a seguir os conselhos dos pais. Isso significa que as pessoas da área precisam compartilhar melhor essas pesquisas e ensinar essas habilidades? Sim. Elas precisam pensar mais em como traduzi-las e demonstrar sua utilidade mais ampla? Com certeza!

Este livro é a culminação do trabalho que realizei na última década para refinar, conceitualizar e expandir as habilidades de validação da TCD de modo que qualquer pessoa possa usá-las para comunicar entendimento e desenvolver conexão nas situações e nos relacionamentos. Nele você encontrará respostas para perguntas como "O que eu devo dizer?" e "Como eu devo dizer tal coisa?", que com tanta frequência se interpõem entre nós e as pessoas que esperamos afetar.

---

* A falta de ênfase inicial no ensino da validação aos clientes da TCD não foi um descuido. Linehan passou décadas refinando seu trabalho sobre esse conceito e desenvolvendo diferentes maneiras de ensiná-lo aos clientes. Esse tipo de pesquisa meticulosa leva tempo, mas é esperado no desenvolvimento de protocolos de treinamento.

## PROBLEMA Nº 3: AS HABILIDADES DE VALIDAÇÃO ESTÃO EM TODO LUGAR E EM LUGAR NENHUM

É verdade que as habilidades de validação têm sido discutidas principalmente no contexto terapêutico, mas, se você souber o que está procurando, descobrirá que elas aparecem o tempo todo sob diferentes nomes. O problema é que raramente são chamadas assim ou mesmo associadas à palavra *validação*. Em vez disso costumam ser apresentadas como soluções únicas para problemas específicos de relacionamentos. Por exemplo, se você for a um workshop de casais, provavelmente será apresentado à técnica "falante-ouvinte" para aprender a se comunicar melhor com seu parceiro ou parceira.[15] Se você ler *Conversas cruciais* para o trabalho, aprenderá a "habilidade de parafrasear" para ajudar a mitigar conflitos.[16] E, se você está se esforçando para se conectar com seu filho de 10 anos, pode ser encorajado a praticar o "espelhamento".[17] O que pode não ser óbvio para alguém que não esteja comparando essas estratégias lado a lado é que todas basicamente pedem que você faça a mesma coisa: resuma ou reflita o que alguém disse para demonstrar que está escutando e prestando atenção. Todas são essencialmente variações da mesma habilidade de validação.

Como são raramente associadas à palavra *validação* e são constantemente renomeadas como antídotos para problemas muito específicos, é difícil reconhecer essas habilidades pelo que são. Essa dificuldade aumenta pelo fato de que, como já vimos, nosso entendimento geral da validação tem envolvido muita confusão, para dizer o mínimo. Por isso, parece que as habilidades de validação estão ao mesmo tempo em todos os lugares e em lugar nenhum.

Entender o que é validação e como comunicá-la ajudará você a identificar as habilidades de validação, não importa como sejam chamadas. Assim que você reconhecer que é isso que a situação pede, pode usar qualquer habilidade deste livro para alcançar resultados semelhantes ou melhores. Como a validação está em todo lugar e em lugar nenhum, dominá-la é um pouco como "enxergar a matrix" – entender como, por que e em que condições ela opera vai levar você a ser infinitamente mais eficaz na hora de influenciar a mudança.

## OLHANDO PARA A FRENTE

Este livro está dividido em três partes. Os capítulos nesta primeira parte detalham o conceito de validação, revisam os resultados impressionantes associados a ela e discutem brevemente como eles surgiram. A Parte 2 introduz a Escada da Validação – a abordagem que desenvolvi para ensinar habilidades de validação – e instruções inéditas sobre como dominá-las. Finalmente, a Parte 3 mostra como usar essas habilidades junto a estratégias-padrão de mudança comportamental, como o reforço e a resolução de problemas, para transformar sua vida do jeito que for mais importante para você, seja com o intuito de salvar seu casamento ou de silenciar seu crítico interior. Ao final deste livro você estará pronto, dispondo de tudo que é necessário para começar a experimentar em primeira mão o poder da validação.

Neste capítulo falei bastante sobre a TCD, mas quero deixar claro que daqui em diante não falarei muito sobre ela, com exceção do Capítulo 4, em que discuto as explicações científicas e a filosofia por trás da validação e conto como conhecer Marsha Linehan colocou em xeque tudo que eu pensava saber sobre validação – e sobre esclerose múltipla, aliás. Para quem deseja aprender mais sobre TCD, recomendo fortemente o livro de memórias de Linehan, *Building a Life Worth Living* (*A construção de uma vida que vale a pena*, em tradução livre).

Por fim, quero deixar claro que este livro não vai lhe ensinar a fazer as pessoas se dobrarem à sua vontade. É verdade que a validação desbloqueia o potencial para a mudança, mas faz isso através da aceitação. Todos nós desejamos ser vistos e aceitos como somos. Atender a essa necessidade tornará as pessoas mais inclinadas a escutar o que você tem a dizer. Isso é fato. E também vai inspirar você a fazer o melhor por elas. Como disse o presidente Barack Obama: "Aprender a se colocar no lugar do outro, a enxergar com os olhos dele: é assim que a paz começa. E é você quem pode fazer isso acontecer."[18] Enxergar com os olhos de outra pessoa – testemunhar, entender e realmente se importar com as experiências do outro – não é tão fácil como pode parecer. Não basta querer ou saber que é importante; precisamos saber como fazer isso. As habilidades e estratégias incluídas neste livro foram desenvolvidas exatamente para isso. Elas promovem conexão, resolução e crescimento, mas em troca exigem o mesmo de você.

# 2

# Uma cura para todos – Por que você deveria largar tudo e aprender a validar

*Quando o estudo começou, ninguém se importava com empatia ou apego. Mas a chave para o envelhecimento saudável é relacionamentos, relacionamentos, relacionamentos.*

– George Vaillant, sobre o Estudo de Harvard sobre o Desenvolvimento Adulto*

Há alguns anos comecei a trabalhar com uma mulher, Dev, desesperada para se reconectar com a filha, de quem estava afastada havia vários anos. Posso dizer, sem hesitar, que ela era uma das pessoas mais gentis e incríveis que já tive o prazer de conhecer. Cirurgiã cardíaca recém-aposentada, todo ano doava mais da metade dos seus rendimentos a instituições de caridade. Quando não estava trabalhando com a organização Habitat for Humanity, acolhia animais de abrigos locais. De fala mansa, Dev era uma verdadeira força da natureza, de modo que era difícil imaginar como seu relacionamento com a filha, Kamia, podia ter se deteriorado a ponto de chegar ao total

* O Estudo do Desenvolvimento Adulto, feito em Harvard, foi realizado durante 80 anos com o objetivo de descobrir quais fatores (riqueza, fama, relacionamentos, etc.) têm o maior efeito sobre a saúde e a felicidade. Alerta de spoiler: a resposta é relacionamentos. (Liz Mineo, "Over Nearly 80 Years, Harvard Study Has Been Showing How to Live a Healthy and Happy Life", *Harvard Gazette*, 5 de abril de 2023, https://news.harvard.edu/gazette/story/2017/04/over-nearly-80-years-harvard-study-has-been-showing-how-to-live-a-healthy-and-happy-life.)

afastamento entre as duas. Pedi que ela me enviasse as mensagens de texto e os e-mails que havia mandado para a filha no esforço para se reconectar. As mensagens de Dev eram calorosas, animadas e positivas – qualidades que eu tinha observado nas minhas interações com ela. E também eram invalidadoras. Não era o que eu esperava de Dev, mas também não me surpreendeu, dados os problemas que as duas vinham enfrentando.

Kamia estava chegando ao final do quarto e último ano de faculdade. Apesar de adorar o curso e ter uma bolsa integral, sofria de leucemia crônica e tinha passado por dificuldades durante todo o ensino superior. Dev não falava com a filha desde o Dia de Ação de Graças do segundo ano de Kamia na faculdade, quando as duas tiveram uma discussão acalorada, aparentemente sobre assistir a um filme ou não. A briga terminou com Kamia chamando Dev de "megera hipócrita que sugava toda a alegria da vida e a substituía por veneno". Nos anos seguintes, a jovem tinha sido hospitalizada duas vezes depois de noites de bebedeira e Dev só soube disso porque o hospital havia entrado em contato com ela no meio da noite. As hospitalizações teriam um peso enorme para qualquer pai ou mãe, mas eram particularmente perturbadoras para Dev por causa da doença de Kamia e do distanciamento entre as duas. Ela ansiava por deixar o passado para trás e cuidar de sua maior prioridade: a saúde da filha.

Não era nenhuma surpresa que as mensagens de Dev para a filha depois do afastamento se concentrassem na doença. De vez em quando, ela até demonstrava reconhecer o estado atual do relacionamento das duas: "Sei que você deve se encolher ao ver mais um recado da sua velha mãe..." Mas era rápida em minimizar os problemas das duas e as emoções ligadas a eles: "Todas as mães e filhas passam por esse tipo de coisa. Quanto antes a gente puder rir disso tudo, melhor vamos ficar." Essas banalidades eram usadas quase exclusivamente para iniciar ou encerrar as mensagens, cujo grosso invariavelmente se concentrava na saúde de Kamia. "Aqui está um artigo que encontrei, falando sobre como o álcool compromete o funcionamento imunológico.😳" ou "Estou pensando em dar um pulo aí em março para levar alguns suprimentos médicos que sobraram e uma nova caneta de adrenalina injetável. Acho que a sua venceu há uns quatro anos.🙈" Ou a minha favorita: "Marquei uma consulta on-line para você com a Dra. Jones. Sei que você não gostou dela quando se conheceram no ensino médio, mas ela é uma das melhores oncologistas hematologistas do país.🤞" Kamia não tinha respondido a nenhuma mensagem da mãe durante quase três anos. Basta dizer que ela não apareceu para a consulta on-line.😔

Dev concordou em dar um tempo nas mensagens para Kamia enquanto trabalhava desenvolvendo as habilidades de validação que ensino neste livro. Ela se concentrou em aprender e praticar uma por semana até conhecê-las de cor e ser capaz de usá-las e identificá-las com segurança. Quando tive certeza de que ela já sabia "falar a língua" da validação, pedi que olhasse outra vez as mensagens que havia me mostrado quando começamos a trabalhar juntas. Dev disse que se lembrava do que havia escrito, mas eu lhe pedi que as lesse mesmo assim. Ela examinou cuidadosamente cada mensagem, balançando a cabeça lentamente, encolhendo-se de vez em quando e num determinado momento mordendo o lábio.

"Certo", disse ela. "Acho que eu não me lembrava do que tinha escrito. Na verdade eu sou mesmo uma megera hipócrita que suga toda a alegria da vida e a substitui por veneno."

Obviamente Dev não era uma megera hipócrita. Pelo menos para mim isso era óbvio. Era uma mãe amorosa e dedicada que não perdia uma sessão semanal em seu esforço para reparar o relacionamento com a filha que a havia magoado profundamente. Mas, dados o afastamento entre elas e as palavras de Kamia, Dev agora estava se esforçando para simplesmente parar de se enxergar como uma "mãe ruim". Para mim, abordar essa crença era tão importante quanto melhorar a comunicação com Kamia. **A autoinvalidação é como um câncer: se espalha pelo organismo, tornando-se cada vez mais difícil de conter.** Além disso, ela passa a funcionar como uma cruel profecia autorrealizável. Os sentimentos de insegurança reduzem a capacidade da pessoa, o que por sua vez reforça a insegurança. Ao trabalhar com Dev para reparar seu relacionamento com Kamia, eu me concentrei igualmente em ajudá-la a validar a si mesma. Falarei mais sobre isso depois.

A princípio o progresso no relacionamento entre as duas foi vagaroso. Primeiro Dev se concentrou em reconhecer o estado atual do relacionamento: "Eu não deveria ter feito pouco caso do tempo que estamos sem nos falar. A verdade é que isso me parte o coração, e sinto muito por estarmos assim." Em seguida ela passou a validar as dificuldades e a tristeza de ter uma doença crônica, em vez de intervir com medicamentos e consultas médicas. Depois de quatro semanas, Dev recebeu sua primeira resposta: "Eu te amo, mãe. NÃO ache que isso significa que quero que você pegue um avião e venha para cá." No fim do terceiro mês as duas já estavam trocando mensagens com regularidade, e pouco depois começaram a conversar por telefone. Com o tempo, não somente repararam o relacionamento, mas também o melhoraram. Desde então, todo ano recebo um cartão de Dev no Dia de Ação de Graças com uma foto dela com Kamia trabalhando para a Habitat for Humanity.

Comecei este livro fazendo algumas afirmações ousadas sobre o potencial transformador de dominar as habilidades de validação. Especificamente falei que saber dar validação às pessoas ajudará você a fazer o seguinte:

1. Melhorar relacionamentos
2. Reduzir conflitos
3. Influenciar pessoas
4. Estimular a mudança
5. Desenvolver a autocompaixão

Casos como o de Dev ajudam a ilustrar meus argumentos, mas histórias não substituem evidências científicas. Sempre acho frustrante e fico desconfiada quando alguém alardeia os efeitos notáveis de uma abordagem sem fornecer nenhum dado que comprove as afirmações. Fico pensando: "É mesmo? Seu plano de quatro passos vai me ajudar a encontrar o amor, perder peso, ser promovida e digitar mais rápido? Estou adorando as histórias bem escritas, mas será que você poderia mostrar um ou dois estudos para aplacar minhas dúvidas?" Em vez de pedir que você aceite minha palavra, quero compartilhar as pesquisas que estão por trás das minhas cinco afirmações. Eu sei, eu sei, parece uma coisa megachata, mas prometo que não vai ser! Coletivamente, esses dados científicos apresentam um argumento convincente para você largar tudo e aprender a validar. Os dados demonstram que a validação não somente melhora a vida como, na verdade, pode até salvá-la.

## AFIRMAÇÃO Nº 1: A VALIDAÇÃO MELHORA OS RELACIONAMENTOS

Sei que acabei de prometer dados científicos, mas voltarei a isso por meio da imaginação. Tente pensar em alguma coisa que você talvez hesite em dizer a outra pessoa. Pode ser um segredo que você jamais contou a ninguém, uma transgressão do passado que lhe causa vergonha até hoje ou uma crença que você duvida que os outros possam compartilhar. Em seguida visualize a si mesmo sentado diante de alguém cuja opinião você valoriza, como seu cônjuge, seu pai, sua mãe ou algum amigo, contando à pessoa esse segredo. Talvez possa até falar em voz alta o que você diria – se estiver sozinho –, como se estivesse falando com ela. Agora imagine-a respondendo de um modo que faça você se sentir totalmente visto e aceito (ou seja, validado). Visualize as expressões faciais dela e imagine o que ela poderia dizer para deixar claro que não mudou a visão que tem a seu respeito. Como você acha que essa experiência faria você se sentir? Em segurança? Feliz? Protegido? Você se sentiria mais próximo dessa pessoa e mais inclinado a confiar nela no futuro? Se respondeu sim a qualquer uma dessas perguntas, você não está só.

A validação melhora os relacionamentos transformando o jeito como os *sentimos*: aumentando a *confiança*, a *intimidade* e a *segurança* psicológica.[1*] Pesquisas mostraram de modo consistente que a validação é um dos mais fortes preditores de resultados relacionais, sendo capaz de prever desde o grau de compromisso até a qualidade de vários tipos de relacionamento.[2] Ao melhorar os relacionamentos, a validação pode afetar positivamente a saúde e a *expectativa de vida*. Uma vida social ruim está associada à mesma taxa de mortalidade de fumar 15 cigarros por dia.[3] **Dados demonstram que os relacionamentos de uma pessoa podem aumentar em 50% sua**

---

* Os estudos citados são do campo da psicologia social; neles a validação é citada como Responsividade Percebida do Parceiro (PPR, na sigla em inglês). A PPR é definida como uma resposta que é percebida como *compreensiva*, *validadora* e *atenciosa* por parte da pessoa que a recebe. A ideia é tão próxima da minha que me sinto segura para defender que se trata da mesma coisa. (Yan Ruan e outros, "Can I Tell You How I Feel? Perceived Partner Responsiveness Encourages Emotional Expression", *Emotion* 20, nº 3 [1º de abril de 2020]: 2, https://doi.org/10.1037/emo0000650.)

**probabilidade de sobreviver.**[4] Eu estava falando sério quando disse que a validação pode salvar vidas.

É importante mencionar que o impacto da validação é poderoso, não importa se estamos compartilhando alguma coisa vulnerável ou mesmo se conhecemos ou não a pessoa que está nos validando. Num experimento inteligente que examinou os efeitos da validação sobre a dor,[5] os pesquisadores pediram que os participantes segurassem um balde cheio d'água com os braços esticados quatro vezes, pelo maior tempo possível, com um intervalo entre cada "teste de dor". Sem que soubessem, os participantes foram alocados em dois grupos: os do primeiro grupo recebiam respostas validadoras dos pesquisadores nos intervalos, enquanto os do segundo recebiam respostas invalidadoras. Os participantes que recebiam as declarações validadoras revelaram mais sentimentos e menos preocupação, em comparação com os participantes do outro grupo. Eles literalmente se sentiram melhor. E mais, quando os pesquisadores perguntaram se os voluntários voltariam a participar de um quinto teste, os do grupo de validação tiveram o dobro de probabilidade de concordar. Ou seja, a validação fez com que as pessoas tivessem uma probabilidade maior de aceitar mais uma rodada de dor.

Não sei bem como a validação funcionou para melhorar o relacionamento de Dev e Kamia. Jamais conheci Kamia, muito menos lhe perguntei o que a ajudou a consertar as coisas com a mãe. Mas, se essa pesquisa que acabei de citar for capaz de nos dar uma ideia do que aconteceu, é provável que a confiança, a segurança e uma maior disposição para se envolver, mesmo quando isso era desagradável, tenha desempenhado algum papel.

## AFIRMAÇÃO Nº 2: A VALIDAÇÃO AJUDA A REDUZIR CONFLITOS

Os pesquisadores Laurence e Emily Alison, da Universidade de Liverpool, refutaram a crença popular de que a tortura é um método eficaz para obter informações confiáveis durante interrogatórios (em situações definidas pelo conflito). A ampla pesquisa que eles conduziram demonstra que, na verdade, a tortura prejudica a comunicação e a memória, aumenta a resistência, diminui a confiabilidade de qualquer informação obtida e culmina em distanciamento, recolhimento e trauma psicológico.[6] O que é eficaz? Abordagens orientadas pela conexão, como a que eles desenvolveram com base na psicoterapia moderna. Conexão é mais ou menos um sinônimo para validação e inclui técnicas como "encontrar um terreno comum, se abrir e revelar compreensão por meio da empatia."[7] Estudos demonstraram de forma conclusiva que as estratégias de conexão têm uma probabilidade maior de conseguir informações e reduzir a resistência por parte dos detidos, ao passo que as abordagens acusatórias - sarcasmo, intimidação, julgamento, etc. - têm o efeito oposto.[8]

Se você já fez contato com uma central de atendimento ao cliente e a "conversa" pareceu o interrogatório de um terrorista, provavelmente não ficará surpreso ao saber que a validação se mostrou fundamental para impedir conflitos e garantir uma comunicação construtiva também nessa área. A validação reduz a postura defensiva e mantém relações positivas com os clientes, resultando em clientes mais satisfeitos com o modo como seus problemas são resolvidos. Por outro lado, quando os atendentes não pedem desculpas ou deixam de realmente dar ouvidos às preocupações do cliente, é provável que a conversa fique tensa a ponto de tornar o problema em questão insolúvel.[9] Eu deveria observar que a validação tem se mostrado igualmente eficaz, e até mesmo fundamental, para a administração de conflitos nos relacionamentos conjugais e entre pais e filhos. Ela se destaca em várias abordagens que demonstraram melhorar os dois tipos de relacionamento.

Usar a validação durante conflitos é como aplicar um lindo filtro de gatinho em si mesmo durante uma reunião por videoconferência - é algo que imediatamente nos deixa menos ameaçadores e torna infinitamente mais difícil acontecer uma discussão. Por quê? A resposta parece estar no modo como isso afeta a fisiologia da pessoa que recebe a validação. À medida que o indivíduo vai se aborrecendo, sua capacidade de raciocinar, lembrar e se concentrar é drasticamente reduzida. Basicamente, as faculdades cognitivas necessárias para processar informações e resolver problemas saem voando pela janela. O sistema nervoso simpático assume o controle e suas opções de resposta se reduzem a lutar, fugir ou paralisar.

A validação modera essa resposta - reduz a excitação simpática e aumenta a nossa capacidade de raciocinar e de enxergar a situação de outra perspectiva.[10] Validar as pessoas em situações altamente estressantes, como as que resultam de conflitos, reduz os batimentos cardíacos, a reação galvânica da pele (suor) e as emoções negativas.[11] Não é nenhuma surpresa que a invalidação tenha o efeito oposto, aumentando a excitação fisiológica e limitando nossa capacidade de reagir de modo racional, o que resulta na escalada do conflito.[12]

## AFIRMAÇÃO Nº 3: VALIDAR AS PESSOAS AUMENTA SUA INFLUÊNCIA SOBRE ELAS

Para nossos objetivos, a expressão *influenciar pessoas* significa fazer com que elas lhe deem ouvidos. Você dá um conselho, e elas aceitam. Você diz o que fazer, e elas fazem. Perceba que sua influência não vai muito longe se as pessoas não estiverem envolvidas com você. Como médica, Dev tinha todo tipo de conselho a oferecer à filha, mas Kamia não queria falar com ela. Se você quer aumentar sua influência, precisa fazer com que o outro lhe dê ouvidos *e* fale com você. Nesse sentido, a validação é uma espécie de bala de prata, e comprovadamente faz as duas coisas.

### Fazer com que as pessoas falem

Como mencionei, as pessoas têm uma probabilidade maior de confiar em alguém que as valide. Curiosamente, a confiança é uma espécie de soro da verdade que nos faz falar. Pesquisas sobre relacionamentos íntimos e entre irmãos confirmam que temos uma tendência maior a nos abrir com indivíduos em quem confiamos e, num contexto profissional, os estudos revelam que, para decidir com quem vamos falar sobre nossos problemas,[13] consideramos a confiança mais importante do que simpatia e conhecimento. Esses resultados combinam com uma pesquisa feita por Christina Gamache Martin e colegas na Universidade do Oregon, que estudaram o comportamento de adolescentes que compartilham uma experiência emocionalmente angustiante com a própria mãe pela primeira vez.[14] Essa pesquisa mostrou que, quando não esperam que a resposta da mãe seja validadora, os adolescentes acabam falando menos e guardando para si as partes mais importantes da experiência. Em outras palavras, quanto menos validados e aceitos os adolescentes esperam ser, mais provável é que ofereçam uma versão amenizada da experiência. Somente as mães cujos filhos têm certeza de que vão receber validação conseguem saber o que está realmente acontecendo.

Os efeitos da validação na disposição em se abrir valem até mesmo entre desconhecidos.[15] Depois de se encontrarem pela primeira vez, as pessoas que são validadas durante uma conversa inicial compartilham mais detalhes pessoais e relatam mais sentimentos de conexão social em comparação com as que têm conversas agradáveis mas carecem de validação. **Vista como um todo, a pesquisa é clara: a validação é um modo seguro de fazer o outro falar.**

## Fazer com que as pessoas escutem

A validação deixa as pessoas mais inclinadas não somente a falar, mas também a ouvir. Existem *muitas* pesquisas nessa área, porém os resultados mais convincentes vêm de estudos sobre as pessoas mais teimosas em todo o planeta, aquelas que quase nunca se deixam convencer e com quem é praticamente impossível argumentar: os adolescentes. Um estudo feito na Universidade Columbia com mais de 500 mães e adolescentes descobriu que os jovens cuja mãe sempre usava apenas uma habilidade de validação - se abrir* - a consideravam mais digna de confiança e mais experiente em comparação com adolescentes cuja mãe raramente ou nunca usava essa habilidade.[16] Isso, por sua vez, previa se os adolescentes tinham a intenção de fumar e ter relações sexuais. Você leu corretamente: quando os pesquisadores perguntavam se eles pretendiam fumar ou fazer sexo, os adolescentes cuja mãe usava essa única habilidade de validação com frequência tinham uma probabilidade maior de responder não.**

Num estudo ainda mais chocante envolvendo adolescentes, publicado no *Journal of Interpersonal Violence*, pesquisadores examinaram a relação

---

* Abrir-se é uma habilidade de validação. Isso pode causar certa confusão, já que ela também compele os outros a falar e a se abrir mais.

** Fato curioso: pesquisas sugerem que intenções relativas a comportamentos preveem de modo confiável o comportamento futuro. (Thomas L. Webb e Paschal Sheeran, "Does Changing Behavioral Intentions Engender Behavior Change? A Meta-Analysis of the Experimental Evidence", *Psychological Bulletin* 132, nº 2 [1º de janeiro de 2006]: 249-68, https://doi.org/10.1037/0033-2909.132.2.249.)

entre adversidade, validação e violência no namoro.[17] Eles descobriram que os jovens que tinham passado por dificuldades recentes, como um boletim com notas ruins, pais que se divorciaram havia pouco tempo ou falta de amigos íntimos, tinham uma probabilidade maior de se tornar perpetradores e/ou vítimas de violência no namoro. Mas a conexão entre dificuldades e violência só foi encontrada nos adolescentes cuja mãe proporcionava níveis baixos ou medianos de validação. Quando a validação proporcionada pela mãe era alta, essa correlação desaparecia. Além disso, altos níveis de validação por parte do pai tinham efeito semelhante na relação entre dificuldades e *perpetração* de violência, mas apenas nos *garotos*. Sinto que esse estudo merece um anúncio público: **Pais, se os seus adolescentes estão passando por dificuldades, validá-los pode protegê-los de se tornar vítimas ou perpetradores de violência sexual.**

Podemos presumir que os pais nesses estudos não queriam que seus filhos fumassem, fizessem sexo nem se envolvessem em situações de violência sexual, mas eles não necessariamente diziam isso. O que se mostrava eficaz não era apontar o dedo, mas o toque suave da validação, que, em última instância, influenciava as intenções e o comportamento dos jovens.

## AFIRMAÇÃO Nº 4: A VALIDAÇÃO ESTIMULA GRANDES MUDANÇAS

Obviamente, nos sentimos bem quando somos validados. A questão é: quão bem? Será possível fazer com que o outro se sinta bem a ponto de, digamos, querer limpar a garagem enquanto você malha na esteira assistindo a reprises de *Survivor*? Aqui eu esperava apresentar a evidência A, uma foto minha malhando enquanto minha filha, Havana, limpava o piso da garagem, mas minha editora disse que a foto estava muito granulada, de modo que você terá que acreditar que isso realmente aconteceu.

A questão de saber se a validação é boa o bastante para convencer seu filho a limpar a garagem é empírica. Precisamos determinar se ela é suficientemente *gratificante*. **Qualquer coisa gratificante tem o potencial de agir como "reforço positivo" – uma recompensa dada *depois* de um comportamento e que aumenta sua probabilidade de se repetir.** Se validar Havana depois de ela limpar a garagem enquanto eu malho a motivar a fazer o mesmo na próxima vez que eu subir na esteira, sei que minha validação funcionou para reforçar positivamente o comportamento dela.

Nos estudos sobre influência que acabamos de ver, a validação sempre vinha antes do comportamento em questão: os jovens recebiam validação *antes* de fumar, e altas taxas de validação por parte dos pais pareciam *proteger* os adolescentes da violência no namoro. Quando a validação tem um efeito antes que o comportamento aconteça, podemos dizer que ela o influenciou. Isso é diferente do que ocorre quando a validação reforça um comportamento depois do fato. Reforços positivos têm um efeito muito mais poderoso sobre o comportamento e podem levar as pessoas a suportar todo tipo de condição na esperança de receber o "pagamento" que desejam (por exemplo, basta pensar no esforço hercúleo que os atletas olímpicos dedicam ao treinamento na esperança de levar para casa uma medalha de ouro).

Reforços positivos funcionam acionando o centro de recompensa do cérebro e provocando a liberação de neurotransmissores como a dopamina, que provoca a sensação de prazer. Os opioides, o orgasmo e presentes em dinheiro, por exemplo, provocam esse efeito. As pesquisas com imagens do cérebro mostram que se sentir compreendido ativa esses mesmos centros de recompensa do cérebro e também regiões associadas à conectividade social.[18] Voltando à nossa pergunta original, podemos responder com um sonoro sim: o sentimento provocado pela validação é bom o suficiente para fazer as pessoas mudarem o próprio comportamento.

O poder sem precedentes do ato de comunicar aceitação pode mudar muitas coisas, inclusive o que alguém fará no futuro. Os detalhes de como usar a validação da forma que fiz com Havana para provocar mudanças muito específicas são abordados na Parte 3, onde explicarei algumas estratégias de mudança que usei junto ao reforço positivo para transformar a faxina da garagem num jogo que minha filha queria jogar.

Por enquanto vou apenas concluir com dois argumentos importantes. Primeiro, você jamais deve subestimar o poder de recompensas verbais como a validação e o feedback positivo. Comparados com reforços palpáveis como prêmios e dinheiro – que, segundo ficou cientificamente comprovado, *reduzem* a motivação interna da pessoa ao longo do tempo –, foi provado que as recompensas verbais *aumentam* a motivação.[19] Em segundo lugar, não é possível fingir validação. Portanto, ela é adequada para reforçar comportamentos que beneficiam a pessoa cuja ação estamos reforçando ou que são mutuamente benéficos. Por exemplo, acredito de verdade que, para Havana, é importante ajudar e se orgulhar por contribuir para a família. Sem dúvida é possível fingir atenção, compreensão e empatia, mas este livro e a validação não têm nada a ver com isso.

## AFIRMAÇÃO Nº 5: A VALIDAÇÃO PROMOVE A AUTOCOMPAIXÃO

Enquanto escrevo isto, sou distraída por pontadas de culpa e pelo pensamento: "Sou uma mãe ruim." Eu sei, é *exatamente* isso que você quer ouvir da pessoa que alega poder ajudar a transformar sua vida e seus relacionamentos. Sentada no chão ao meu lado, Havana está cabisbaixa. Acabou de ouvir que eu preciso de um tempo de silêncio antes que possamos jogar outra partida de "xadrez às cegas". Não, minha filha não é um prodígio; ela me obriga a usar uma venda de modo que eu acabe derrubando as peças sempre que faço uma jogada. Preciso defendê-la: ela está com covid. (Nota: isso foi nos dias pré--Omicron, antes que houvesse vacinas disponíveis para as crianças e quando relativamente poucas pessoas tinham sido diagnosticadas com covid.)

Apesar de toda a proteção, não conseguimos mantê-la em segurança, e agora estou ocupada demais para brincar com ela. Sinceridade total: não quero brincar com ela. Estou sem energia. Entre o terror de vê-la com dificuldade para respirar à noite, a exaustão por ser seu saco de pancadas emocional esta semana e a tentativa de realizar sessões de terapia dentro do armário com clientes suicidas, estou absolutamente esgotada. Decidi me distrair com o trabalho em vez de jogar mais uma partida com minha filha triste e doente. Agora percebo que meu "radar de invalidação" foi acionado. Estou detectando invalidação em algum lugar no meu ambiente. Leitor, ele parece estar vindo de dentro. Hora de convocar as tropas da autovalidação!

Autovalidação significa simplesmente aplicar em você mesmo as habilidades usadas para validar os outros. Em *The Mindful Self-Compassion Workbook*, os grandes especialistas Kristin Neff e Christopher Germer descrevem a autocompaixão como "tratar a si mesmo como você trataria um amigo que está passando por alguma dificuldade, mesmo que seu amigo tenha feito uma besteira enorme ou esteja se sentindo inadequado..."[20] A capacidade de validar a si mesmo é uma faceta da autocompaixão.

Nenhum de nós escolhe intencionalmente censurar ou invalidar a si mesmo. Esses comportamentos são aprendidos. São mensagens internalizadas. O grau em que internalizamos a invalidação que recebemos dos outros se torna bem claro quando você examina pesquisas sobre transtornos de saúde mental. Os sintomas de depressão, ansiedade, transtorno de personalidade borderline, transtorno de estresse pós-traumático, narcisismo e até mesmo psicopatia são muito mais comuns nas pessoas expostas à invalidação generalizada – famílias ou ambientes que consistente e rotineiramente rejeitam, castigam e questionam os pensamentos e emoções expressos pela pessoa.[21] **Pelo que vejo, a tal "crise de saúde mental" é em parte uma "crise de validação".** Isso não quer dizer que todo mundo que tenha crescido ou viva num ambiente invalidador desenvolverá problemas de saúde mental ou que as pessoas que lutam com essas condições necessariamente tenham sido expostas à invalidação generalizada. O argumento é que as pessoas que são frequente e consistentemente invalidadas têm *uma probabilidade maior* de sofrer de problemas de saúde mental caracterizados por autoinvalidação e autoaversão.

Infelizmente, a invalidação não acontece apenas nas famílias; ela ecoa por toda a nossa cultura. Um estudo publicado em 2021 pela Associação Americana de Psicologia mostrou que indivíduos multirraciais experimentam vários tipos de *invalidação de identidade racial* – recebendo dos outros uma categorização racial imprecisa – e isso contribui para efeitos negativos na saúde que vão **além** dos que resultam de outras formas de discriminação.[22] A invalidação da identidade foi relatada por mais de 85% dos bissexuais, enquanto adolescentes não binários relatam invalidação generalizada em vários contextos sociais, o que contribui para o desenvolvimento de vergonha internalizada, dúvidas sobre si mesmos e problemas de saúde mental e está correlacionado com altas taxas de automutilação e tentativas de suicídio.[23]

Por fim, vale mencionar que a invalidação generalizada colabora de uma forma singular para a desigualdade de gênero. A negação, a minimização e o silenciamento dos pontos de vista das mulheres parecem ter um papel fundamental na violência de gênero contra elas.[24] As investigações sobre Jeffrey Epstein e R. Kelly são dois exemplos devastadores de como a invalidação generalizada colabora para a violência contra as mulheres.

Felizmente, assim como a invalidação de si mesmo é um comportamento aprendido, a autovalidação também pode ser aprendida. Os terapeutas são treinados para validar os clientes principalmente para mostrar a eles como fazer o mesmo por si. Claro, a validação é um ótimo jeito de o terapeuta melhorar o relacionamento terapêutico, administrar conflitos, influenciar o comportamento e reforçar o progresso. Mas com frequência a maior mudança que as pessoas precisam fazer é no modo como se relacionam consigo mesmas. Meu trabalho é dar validação aos pensamentos e emoções válidos que meus clientes aprenderam a desconsiderar, de modo a aprenderem a fazer a mesma coisa por si próprios.

O relacionamento que temos com nós mesmos é como qualquer outro. As habilidades que você usa para cultivar e comunicar aceitação não são menos eficazes quando você as direciona para dentro, para moderar seus julgamentos em relação a si mesmo, como vou explicar no Capítulo 18. **O paradoxo de que se dão conta as pessoas que desenvolveram com sucesso suas habilidades de validação é que não somente precisamos tratar os outros da forma que queremos ser tratados, mas também que devemos nos tratar com a mesma gentileza que oferecemos aos outros.** No caso de você estar se perguntando, eu decidi que meu desejo de descanso e distração é válido e que devo adiar outra partida de xadrez às cegas. Pelo menos por enquanto.

## CONCLUSÃO

Uma coisa é dizer que as habilidades de validação podem ajudar você a melhorar seus relacionamentos, reduzir conflitos, influenciar pessoas, estimular a mudança e desenvolver a autocompaixão; outra coisa é dizer que *qualquer um* pode desenvolver essas habilidades. Será que você precisa ser emocionalmente inteligente ou ter um diploma avançado em psicologia para se tornar bom nisso? Pesquisas empíricas já provaram que não. Desde familiares[25] e estudantes[26] até médicos,[27] pessoas de todo tipo se mostraram capazes de ser consideradas validadoras pelos outros *e* alcançar resultados positivos como os discutidos neste capítulo. Mudanças significativas foram relatadas depois de apenas duas sessões[28] de treinamento de validação e, num dos experimentos, depois de apenas 45 minutos.[29] Esses estudos demonstram não somente que pessoas comuns são capazes de aumentar objetivamente sua capacidade de oferecer validação após receber instruções básicas, mas também que, em consequência, elas podem alcançar melhorias significativas em sua própria vida e em seus relacionamentos.

Na minha experiência, um dos melhores critérios para prever o sucesso de uma pessoa com a validação é seu grau de entendimento do conceito. Será possível validar uma pessoa que esteja sendo irracional? E se você não entender nem sentir empatia pela posição do outro? Para se orientar nessa e em outras questões que surgem durante a prática da validação, você precisará de mais do que uma definição superficial do termo. Depois de estabelecer como a validação pode resgatar relacionamentos, mediar conflitos, estimular a mudança e proporcionar autoafirmação, agora vamos aprender o que significa realmente validar alguém.

# 3

# O que significa ser visto – Definindo a validação

*Gosto de palavras boas e fortes que significam alguma coisa.*

– Louisa May Alcott, *Mulherzinhas*

Vou lhe contar um segredo. Na verdade não é um segredo, é mais uma pergunta. No início da minha formação me disseram que eu precisava me fazer essa pergunta sempre que um cliente me procurasse com um problema. Como eu não via nenhum motivo para ser atenciosa assim apenas com os clientes, tentei manter essa pergunta em mente sempre que *qualquer um* me pedisse ajuda, inclusive eu mesma.* Posso dizer sinceramente que isso me tornou uma terapeuta, mãe, filha, consultora, irmã, cônjuge, amiga e colega infinitamente melhor. A pergunta é simples: **"Devo responder com resolução de problemas ou validação?"**

Essa pergunta se destina a questionar uma das nossas características mais amadas: queremos melhorar as coisas. Quando uma pessoa está angustiada ou nos procura com um problema, queremos afastar sua dor e ajudá-la a encontrar uma solução. Infelizmente, por mais bem-intencionados que sejam, nossos esforços com frequência saem pela culatra. Em vez de resolver o problema, nós o pioramos. Em vez de tranquilizar quem nos procurou, nós invalidamos sua angústia.

* Sim, eu procuro minha ajuda regularmente. É uma das vantagens de ser uma boa psicóloga. Brincadeirinha. É uma vantagem ser capaz de se autovalidar, e vou mostrar como fazer isso no Capítulo 18.

Considere um exemplo bem antigo: pouco depois da chegada de um nova bebê na família, a criança que agora se tornou o "irmão mais velho" declara que a odeia. "Não, você ama a sua irmã", garantem os pais. "Agora ela é só um bebezinho, mas daqui a pouco você já vai estar brincando com ela!" Claro, o bebê vai demorar pelo menos uns anos para ser uma companheira de brincadeiras. O que, no tempo das crianças, é uma eternidade! O menininho vai permanecer silenciosamente confuso e magoado com a reação dos pais ou vai reagir com mais agressividade ainda e talvez terminar punido por alguma explosão de birra. A maioria das crianças nessa situação vai se sentir invalidada e nem um pouco "animada".

Se você consegue se identificar com os pais nesse exemplo ou se recorda de situações em que fez algo semelhante, não se preocupe, eu também passei por isso! Meus instintos vivem suplantando meus pensamentos, especialmente quando se trata da minha filha, cujos problemas me sinto biologicamente impelida a resolver. Dor? Vou pegá-la para mim! Dúvida? Vou aliviá-la! Isso que estou vendo são lágrimas? Vou contorcer o rosto e fazer sons de pum até ela começar a rir. Nosso impulso inato para encontrar soluções é ótimo em certas situações, mas *não em todas*. O problema da resolução de problemas é que, com frequência, quando as pessoas nos abordam com alguma questão, não estão em busca de resolvê-la; estão em busca de validação.

Responder inicialmente com validação não impede que mais tarde você ofereça resolução de problemas ou vice-versa. Por exemplo, você pode validar imediatamente a angústia do seu companheiro porque ele se deu mal numa entrevista de emprego. E mais tarde conversar sobre o que ele pode fazer de um jeito diferente na próxima vez. **Você pode e deve alternar entre a validação e a resolução de problemas, respondendo com o que achar necessário na hora. Mas, em qualquer situação, presuma que você só pode oferecer uma coisa ou outra.**

A definição de resolução de problemas é óbvia: é o processo de encontrar soluções para as questões. Na Parte 3 falarei mais sobre a resolução de problemas e outras "estratégias de mudança". Por enquanto, vou me concentrar na validação, de modo que você tenha clareza absoluta sobre o que ela é e não é. Neste capítulo vou incentivar você a deixar de lado qualquer fantasia que possa ter sobre as pessoas que espera mudar e em vez disso se concentrar em entender o conceito. Considere que este é um teste do seu potencial de validação. Sua primeira lição é: **A capacidade de ser flexível na hora de alternar seu foco entre a mudança e a validação determina até que ponto você será bem-sucedido em cada um desses objetivos.**

## O QUE HÁ NUMA PALAVRA?

Anteriormente defini a validação como a comunicação de que a pessoa está *atenta*, *compreende* e sente *empatia* pela *experiência* do outro, aceitando-a como *válida*. A primeira parte dessa definição é sobre como validar alguém: você precisa demonstrar atenção, compreensão e empatia. E o que, exatamente, isso significa?

### Atenção plena

A atenção plena, como você talvez recorde, é definida por Jon Kabat-Zinn como "prestar atenção, com propósito, no momento presente e sem julgamentos". Com a validação, você leva essa percepção intencional e sem julgamentos até a outra pessoa. Em certo sentido, a validação é uma espécie de *prática de atenção plena interpessoal* - em vez de a respiração e o corpo servirem como âncoras para a sua atenção, como é comum nos exercícios tradicionais de atenção plena, o seu foco está na experiência do outro.

Vários problemas podem comprometer nossa capacidade de prestar atenção nos outros, mas dois merecem ser destacados porque estão entre os mais comuns e menos óbvios. O primeiro é que costumamos *superestimar* até que ponto estamos prestando atenção, em particular quando estamos convencidos de que entendemos ou nos importamos com a coisa em questão. Programas de TV como *Undercover Boss*, que usam a premissa de um chefe que finge ser um funcionário novo na empresa que ele administra, enfatizam essa questão. Antes de se disfarçar, o chefe sempre parece ter uma compreensão sofisticada de como a empresa funciona. Em todos os episódios, depois de passar uma semana nas trincheiras observando os empregados, o chefe desenvolve uma gratidão maior por eles e a percepção do que é realmente necessário para administrar a empresa.

Sim, esses programas de TV são armados, mas mesmo assim ilustram um fenômeno muito real: observar e estar atento às experiências das pessoas permite que nos conectemos com elas de maneiras que, de outro modo, não conseguiríamos. Além disso, enfatizam que trabalhar em direção a um objetivo compartilhado ou orbitar em volta de alguém é diferente de realmente prestar atenção.

Ironicamente, o segundo problema que pode prejudicar a capacidade de prestar atenção nos outros é a consciência de si. Quando sabemos que não entendemos a experiência de uma pessoa ou não nos conectamos emocionalmente com ela, tendemos a recuar. Presumimos rapidamente que nossa ignorância ou falta de interesse imediato nos fará dizer ou fazer alguma coisa ofensiva, então acabamos não fazendo nada. Nem mesmo escutamos. Mudamos de assunto, olhamos para o telefone ou nos desconectamos de algum outro modo. Mas a verdade é que você não precisa entender profundamente ou sentir enorme empatia pela experiência do outro para testemunhá-la. Na verdade, é difícil chegar à compreensão ou à empatia se você não prestou atenção.

## Compreensão

Em termos de validação, compreender significa enxergar a reação do outro, ou alguma parte dela, como lógica ou justificável. Infelizmente, em vez de prestar atenção nos aspectos razoáveis da reação da pessoa, costumamos nos concentrar no que está "errado". Você pode agradecer ao viés de negatividade por isso.[1]

O viés de negatividade é como um diabinho no ombro cuja única missão na vida é atrair nossa atenção para o que há de errado, ruim ou ameaçador no ambiente. Em termos evolutivos, esse diabinho tendencioso foi muito útil: temos uma probabilidade maior de sobreviver se nossa atenção for atraída para os dentes de um leão à mostra, e não para sua linda juba de Mufasa. Mas, em termos interpessoais, o viés de negatividade pode ser problemático. Para validar alguém, você precisa ignorar o que há de errado na perspectiva da pessoa – por mais óbvio que seja – e, em vez disso, se concentrar no que é válido. A chave para prosperar, e não simplesmente sobreviver, nos seus relacionamentos é ignorar as presas e se concentrar primeiro na juba.

## Empatia

Empatia significa se conectar com as emoções do outro. No contexto da validação, também pode significar atribuir sentido à experiência da pessoa ou demonstrar carinho por ela. Aqui a empatia se baseia no raciocínio lógico e nasce da compreensão. Eu pude demonstrar empatia pelo constrangimento que uma amiga sentiu quando seu filho adulto entrou no quarto e a pegou fazendo sexo com o marido não somente porque conheço a sensação de constrangimento, mas também porque a reação dela foi lógica.

Com frequência a empatia é confundida com piedade, o que é compreensível. Na verdade não tem problema confundir esses conceitos numa conversa ou quando compra cartões de Natal, mas, para os propósitos da validação, as diferenças entre eles são importantes: piedade é uma reação ao sofrimento ou à situação difícil de outra pessoa; empatia é se conectar com as emoções do outro, sejam boas ou ruins. Piedade é se sentir mal *pelo* outro, empatia é sentir *com* ele. A piedade olha de cima para baixo e diz: "Isso é uma droga." A empatia vai até o nível dos olhos e diz: "Eu entendo o que você está sentindo."

No verão de 2021 minha mãe foi diagnosticada com um tumor no cérebro e precisou de uma cirurgia de emergência para retirá-lo. Felizmente a cirurgia foi um sucesso estrondoso e ela se recuperou totalmente. Nessa época eu estava trabalhando com uma cliente, Ella, que perdera a mãe para o câncer quando era pequena. Assim que tive um vislumbre do que seria perder minha mãe, fui tomada de empatia por Ella. Nas semanas em que a situação esteve difícil para a minha mãe, às vezes o medo e a tristeza eram esmagadores; eu não conseguia imaginar como lidaria com a situação se fosse apenas uma criança.

Quando minha mãe se recuperou, optei por contar minha experiência a Ella, num esforço para validar algumas emoções que ela sentia em relação à sua perda.* Durante a conversa, senti aquela conexão conhecida que só a validação permite. Mais tarde naquele dia, recebi um e-mail de Ella. Eram apenas algumas frases, mas naquele espaço ela conseguiu validar a *minha* experiência de um modo que ninguém havia feito. Eu não estava buscando

---

* No Capítulo 13 descrevo como usar a habilidade de abrir-se para validar uma pessoa.

validação; não esperava nem a pressionei, mas mentiria se dissesse que não fiquei comovida com suas palavras. Ela não se sentiu dominada pela necessidade de cuidar de mim. Minha vulnerabilidade não a deixou nervosa, como algumas pessoas poderiam supor. Eu tinha me visto nela, o que simplesmente lhe permitiu se ver em mim. Frequentemente a empatia provoca esse efeito; a piedade, não.

**Perceba que sentir empatia e transmiti-la são duas coisas diferentes.** Se Ella e eu não tivéssemos comunicado nossa empatia, nenhuma de nós teria se sentido validada pela outra. Mais ainda, se tivéssemos sido ineficazes na comunicação, também não nos sentiríamos validadas. Esse é um ponto sutil porém fundamental. Antes mencionei que as pessoas emocionalmente sensíveis costumam ser menos inclinadas a treinar as habilidades de validação porque conseguem se comunicar facilmente com as emoções dos outros. Elas cometem o erro de presumir que sua capacidade especial de sentir empatia significa que são igualmente eficazes em *comunicá-la*. Mas esse não é necessariamente o caso.

Frequentemente as pessoas sensíveis recebem uma combinação atordoante de excesso e falta de feedback com relação aos seus sentimentos, o que pode fazer com que o aprendizado de comunicá-los seja desafiador. Alguém que rapidamente detecta e experimenta emoções profundas também tende mais a ser sobrecarregado por elas. Mesmo se o indivíduo consegue não ficar desregulado, suas reações costumam ser maiores do que as dos outros ao redor. Depois de anos sendo castigadas direta ou indiretamente por ser "emotivas demais", muitas pessoas sensíveis aprendem a reprimir os sentimentos negativos, em vez de expressá-los. Por outro lado, quando comunicam emoções mais "adequadas", como cuidado ou empatia, raramente recebem o feedback necessário para ajudá-las a realizar isso com consistência. Pouca gente dirá a alguém que esteja tentando demonstrar empatia que ele está pegando pesado demais ou errando o alvo. **Por já saberem que se conectam muito facilmente com as emoções dos outros, mas sem perceber que sua empatia não é necessariamente transmitida, muitas pessoas que têm o poder da sensibilidade ignoram a utilidade de aprender a comunicá-la com eficiência.**

## Uma palavrinha sobre a autenticidade

Para encerrar esta discussão sobre os componentes da validação, quero destacar que você deve pensar na validação em termos de graus: o grau em que você a comunica depende da quantidade de atenção plena, compreensão e empatia genuínas que você é capaz de transmitir. Validação que não é autêntica não é validação. É manipulação, exploração ou possivelmente ignorância, mas não é validação. Por mais astuto que você seja, acredite quando digo que não deve fingir validação com a esperança de alcançar as transformações positivas que ela promete. Não vai dar certo. A falta de autenticidade tem um custo, e esse custo inclui a própria atenção plena, a compreensão e a empatia necessárias para transformar os outros sem comprometer seu relacionamento com eles.

# O QUE VALIDAR

A validação comunica que você está atento (prestando atenção), compreende (enxerga a racionalidade do outro) e sente empatia (se conecta ou se importa) pela *experiência* de uma pessoa, aceitando-a como *válida*. Então o que constitui a experiência de alguém e como saber se ela é válida?

Para os nossos objetivos, a experiência de alguém consiste em suas *emoções*, seus *pensamentos* e seu *comportamento*. Mas é importante saber que você não precisa validar cada parte da experiência da pessoa. Lembre: o viés de negatividade conduz nossa atenção para as coisas de que não gostamos ou que achamos confusas. Sua tarefa é procurar a "essência de verdade" – o que você considera razoável – na experiência do outro e validá-la. Se você está com dificuldade para encontrar a essência da verdade, avalie se as emoções, o comportamento ou os pensamentos da pessoa fazem sentido à luz uns dos outros. Seu comportamento parece válido de acordo com os pensamentos dela? Organizar uma manifestação para exigir que o governo faça o descarte adequado do lixo nuclear é razoável se a pessoa achar que sua cidade foi exposta a partículas radiativas. Suas emoções são razoáveis de acordo com o comportamento dela? Sentir-se paranoico com uma potencial invasão alienígena é compreensível se a pessoa não dorme há três dias e esteve assistindo a uma maratona de documentários sobre aliens.

SÓ VALIDE O QUE É VÁLIDO.

Assim como você só deve demonstrar atenção plena, compreensão e empatia autênticas, só deve validar pensamentos, comportamentos ou emoções se realmente os considerar válidos.

O que você precisa trabalhar para mudar são as reações *in*válidas. Uma vez eu estava tratando um paciente com esquizofrenia que de repente parou de tomar os remédios e se convenceu de que eu estava em conluio com o governo para matá-lo. Eu não enxergava nenhuma validade nos pensamentos dele porque, obviamente, não fazia parte de um complô com o governo federal. Por outro lado, as emoções de medo e desconfiança que ele expressava pareciam razoáveis, assim como seus esforços para contatar um advogado, já que pensava que eu tramava para matá-lo. Eu não chegaria a lugar algum questionando abertamente seus pensamentos. Em vez disso, precisava me concentrar em validar suas emoções e seu comportamento e, a partir daí, trabalhar de trás para a frente.

Talvez você não se encontre com frequência na posição de ter que oferecer validação a uma pessoa com esquizofrenia, mas, num mundo tão polarizado, você deve se deparar bastante com o desafio de tentar encontrar a essência de verdade na reação do outro – quando uma parte enorme dessa reação parece sem sentido ou mesmo perigosa. Essas são as situações em que a validação se torna mais importante.

Essa ênfase em "só validar o que é válido" levanta uma questão fundamental: como saber se os pensamentos, comportamentos ou emoções de alguém são válidos?

**Os pensamentos são considerados válidos quando são lógicos, baseados em fatos e calcados na realidade.** As pessoas vivem fazendo suposições e interpretações baseadas nos fatos que cercam uma situação e inevitavelmente chegam a conclusões diferentes. Desde que as deduções da pessoa sejam lógicas ou plausíveis, você pode considerá-las válidas. Observação: você não precisa *concordar* com a perspectiva do outro para que ela seja lógica. Falarei mais sobre isso depois.

Comportamentos válidos são aqueles adequados em termos de normas culturais ou *eficazes* com relação aos objetivos do indivíduo e ao contexto (passado ou presente).* O critério de "adequação cultural" pode ser problemático porque as normas culturais de uma sociedade talvez entrem em conflito com os valores do indivíduo ou sejam opressivas e, portanto, devam ser questionadas. Rosa Parks, por exemplo, violou as normas culturais recusando-se a se sentar na parte de trás do ônibus. Seu comportamento foi consistente com seus valores e uma forma de protesto social notavelmente eficaz, apesar de ir contra o que aquela sociedade considerava adequado. Como as normas culturais podem ser espinhosas, costumo me concentrar mais em saber se o comportamento da pessoa é *eficaz* à luz de seus objetivos a longo prazo e da situação. Por exemplo, se você descobre que seu companheiro a está traindo nos últimos oito meses, sentimentos de traição, raiva e incredulidade são emoções válidas. O pensamento "Nunca mais quero tornar a ver meu companheiro" também pode ser válido. Mas incendiar a casa dele NÃO é uma reação válida, porque sem dúvida criará mais problemas para você do que resolverá e provavelmente entra em conflito com alguns dos seus objetivos (a não ser que você valorize passar um tempo na prisão).

O comportamento de uma pessoa pode ser válido à luz de seu passado, ainda que no presente não seja. Quando trabalhava como gerente de laboratório no meu primeiro emprego depois de sair da faculdade, eu levantava a mão automaticamente nas reuniões quando tinha algo a dizer. Ao me dar conta disso, fiquei preocupada achando que minha imaturidade poderia ser malvista por minha chefe, então decidi falar com ela. Ela apenas sorriu e disse:

– Você esteve na escola durante toda a vida. Dê um tempo para o seu cérebro se atualizar.

Levantar a mão e às vezes sacudi-la dramaticamente para não ser ignorada em favor do garoto ao meu lado era um comportamento eficaz para me ajudar a alcançar meus objetivos na escola. Minha chefe reconheceu a validade do meu comportamento, ainda que no momento não fosse eficaz.

---

* Comportamentos relativos a necessidades fisiológicas normais, como ir ao banheiro ou beber água, também são considerados válidos.

Por fim, **as emoções são sempre válidas**. Certo, talvez não *sempre*, mas raramente, ao contrário dos pensamentos e comportamento, é eficaz questionar as emoções de alguém. No Capítulo 11 veremos as raras situações em que invalidar emoções pode ser adequado, mas, na maior parte das vezes, dizer a uma pessoa como ela deve se sentir, ou que seus sentimentos são "errados", não dá certo. Na melhor das hipóteses, você vai entrar numa discussão em que nenhum lado pode ganhar. Na pior, você faz com que a pessoa desconfie das próprias emoções de um jeito que pode distorcer profundamente o modo como ela enxerga a si mesma e o mundo. Ainda que não haja nada de errado em tentar mudar as emoções de uma pessoa, digamos, animando-a ou acalmando-a, é bom não invalidá-la sugerindo que ela não deveria sentir o que sente. Existe uma diferença gigantesca entre ajudar uma pessoa a regular suas emoções – "É horrível sentir que as pessoas estão julgando o modo como você cria seus filhos. Vamos tentar achar algo que afaste sua cabeça dessas coisas" – e invalidá-las – "Por que você se importa com o que os outros acham?"

Tecnicamente – mas, não se prenda muito nisso, porque você *não* vai invalidar as emoções das pessoas –, as emoções são consideradas válidas quando são proporcionais à situação que as provocou e consideradas normais, esperadas ou compreensíveis dadas as circunstâncias. Para determinar se o comportamento de alguém é "compreensível dadas as circunstâncias", você precisa conhecer essas circunstâncias. Mas você só tem acesso a uma pequena fração do que está acontecendo na vida de outra pessoa a qualquer dado momento. Mesmo que possa ficar ao lado dela o dia inteiro, suas ideias ainda serão limitadas pelo que você pode observar diretamente. Dor física, química cerebral, níveis hormonais – nada disso é observável e, no entanto, todas essas coisas têm um efeito profundo no modo como a pessoa se sente e reage ao ambiente.

Se você está realmente se esforçando para enxergar a validade das emoções de uma pessoa, pode fazer perguntas, ficar curioso ou se concentrar em algum comportamento inválido, particularmente se for flagrante. Por exemplo: "Havana, gritar a plenos pulmões não vai fazer com que você consiga o que quer." Você pode ajudar uma pessoa a identificar ou rotular as próprias emoções, mas, pelo seu bem e pelo dela, não as invalide.

## O QUE A VALIDAÇÃO NÃO É

A maioria dos obstáculos que você provavelmente encontrará com relação à validação pode ser evitada simplesmente entendendo o que ela não é.

### Validação não é concordância

Sou vegetariana por motivos ambientais e éticos. No decorrer dos anos tive centenas de conversas sobre esse tema, e descobri muitos elementos para validar nos pontos de vista dos carnívoros. Em geral não concordo com a posição deles nessa questão, mas quase sempre sou capaz de encontrar algo a ser validado.

"Eu não cozinho e não confio que poderia obter minhas necessidades nutricionais se não comesse carne." *Faz sentido. Todos nós vivemos atarefados demais, e mudar a dieta completamente é algo bastante desafiador.*

"Sou uma pessoa só, por que isso importa?" *É um bom argumento. Também penso nisso às vezes.*

"Se vou parar de comer carne, também deveria parar de consumir laticínios ou usar qualquer produto de origem animal. Não creio que isso fosse saudável ou sustentável." *Nem me diga! Eu fracassei no esforço de virar vegana. Luto todo dia com a hipocrisia do meu estilo de vida.*

Esclarecendo: eu não concordo com esses pontos de vista. Tenho um monte de contrapontos do tipo "é, mas", e, se estivesse tentando questionar a opinião de alguém, poderia verbalizá-los. No entanto, se estou tentando oferecer validação – demonstrar algum grau de consciência, compreensão e empatia com relação à posição da pessoa e aceitá-la como tal –, preciso me concentrar apenas no que é válido. Como enxergo a lógica e a racionalidade desses pontos de vista, devo comunicar isso, e não o meu grau de discordância.

Perceba que validar uma parte da experiência de uma pessoa (por exemplo, suas emoções) não necessariamente reforça nem recompensa os aspectos que você quer mudar (por exemplo, seu comportamento). Uma vez trabalhei com uma executiva importante que queria ajuda para controlar sua raiva. Um dia ela me procurou perguntando como lidar com o que todos podemos concordar que é o comportamento mais ofensivo na face do planeta Terra: seus vizinhos tinham começado a pôr o lixo deles na lixeira dela. Toda semana, quando chegava a noite de pôr o lixo para fora, minha cliente levava seu saco até o meio-fio só para descobrir que eles tinham enchido a lixeira deles *e a dela*. Sinto o sangue começando a ferver só de pensar nisso. Minha cliente queria ir até a casa deles depois do trabalho e passar um sermão. Em vez disso, trabalhei com ela para redigir um e-mail ao mesmo tempo assertivo e gentil. Leitor, a mensagem que escrevemos era uma obra-prima. Uma verdadeira obra de arte. Ela a enviou e, horas depois, me repassou a resposta deles. Deu certo! Eles pediram desculpas, expressaram remorso e até a convidaram para uma noite de jogos. Tudo estava de volta a seu lugar.

Três semanas depois, acordei no meio da noite com um telefonema da polícia. Era a minha cliente. Pelo jeito seus vizinhos tinham tornado a colocar o lixo deles na lixeira dela. Furiosa, sentindo-se derrotada, ela decidiu se vingar cortando os pneus do carro novo deles. Numa garagem compartilhada. Onde havia câmeras de vigilância. Quando a polícia chegou para interrogá-la, ela resistiu à prisão e foi levada. Enquanto me contava esses detalhes, ela ficou saltando entre tentativas de se defender e culpa. Fiquei quieta e a deixei falar. O primeiro pensamento que me veio à mente foi: "Como ela pôde fazer isso?" A primeira coisa que eu disse foi: "Ver o lixo deles na sua lixeira de novo deve ter sido como um tapa na cara." E falei a sério. Ela havia trabalhado duro para ser eficaz, tivera sucesso, perdera o sucesso e, no fim, ficara com um sentimento de desespero e um saco de lixo na mão. Essa não foi minha *primeira* reação à história. Mas não estava muito atrás.

Para minha surpresa, ela começou a chorar. Passei os dez minutos seguintes simplesmente ouvindo e validando seus pensamentos e suas emoções. De jeito nenhum isso sugeria que eu considerava eficaz o jeito que ela os havia administrado (ou seja, que seu comportamento era válido). Pelo contrário, validar o que ela sentia estabeleceu a base para que eu a convencesse a assumir responsabilidade pelo próprio comportamento, a consertar as coisas com os vizinhos e se comprometer a trabalhar para tolerar emoções fortes sem tomar atitudes impensadas a partir delas. Se eu tivesse sido dura, teria pouca chance de influenciar o que ela fez em seguida. **As pessoas têm uma probabilidade muito maior de escutar o que você tem a dizer sobre o comportamento delas se confiarem que você aceita e entende o raciocínio ou as emoções que estão por trás dele.**

## Validação não é elogio nem aprovação

Como mencionei no Capítulo 1, a validação costuma ser confundida com elogio ou aprovação. É por isso que as pessoas dizem que é ruim contar com a "validação externa". O argumento é que tentar fingir ou mudar seu jeito para impressionar os outros só tornará mais difícil você se aceitar como é. E é verdade. Contorcer-se para ganhar a aprovação das pessoas vai diminuir – e não aumentar – sua autoestima. Uma identidade construída a partir de fachadas é como uma casa de papel: não fica em pé. Mas a validação comunica aceitação, não julgamento. Não é um tapinha nas costas; ela toca o coração. Uma pessoa que coloca um emoji de olhos arregalados numa selfie que você postou está dizendo: "Gosto da sua aparência." Isso é um julgamento, ainda que positivo, e um elogio. A validação não é nenhuma dessas coisas. Ela diz: "Eu aceito quem você é, não importa a sua aparência." As pessoas que sofrem de baixa autoestima e insegurança precisam de mais validação, não menos. Precisam se sentir aceitas pelo que são, independentemente de sua aparência e do seu desempenho.

## Validação não é resolução de problemas

E agora voltamos ao início! Como eu disse no começo deste capítulo, validação é o oposto de resolução de problemas: enquanto a validação comunica a aceitação das coisas como são, a resolução de problemas comunica uma avidez para mudá-las. Quando Havana chega da escola chorando porque tirou uma nota ruim no ditado e eu respondo lhe dizendo o que ela poderia fazer de maneira diferente para se preparar da próxima vez, estou abordando seu comportamento da perspectiva da resolução de problemas – ajudando-a a determinar o que ela pode *mudar* para alcançar um resultado melhor no futuro. Quando digo "Pense em como você se saiu bem em todos os outros ditados", estou abordando seus pensamentos da perspectiva da resolução de problemas – tentando ajudá-la a gerar maneiras alternativas de pensar na situação para *mudar* seu ponto de vista. Usar a resolução de problemas para abordar seu comportamento e seus pensamentos é uma tentativa indireta de intervir em suas emoções, de *mudar* o modo como ela se sente.

Se, em vez disso, eu a abraçar e disser "Ah, que pena, querida. Você deve estar desapontada", estarei validando suas emoções diretamente – é válido ficar desapontada depois de não se sair bem em algo importante.

Se eu completar, dizendo "Eu me lembro que uma vez fui chorar no banheiro quando tirei nota ruim numa prova", estarei validando seu comportamento – é razoável chorar quando a gente está chateada ou desapontada. Você poderia argumentar que só vou oferecer validação num esforço para mudar o modo como ela se sente, o que em parte é verdade. Toda a premissa deste livro é que a validação promove a mudança. A distinção é que, quando valido alguém, não me concentro num resultado específico. De novo, a validação é como um exercício de atenção plena, em que o objeto do seu foco é a experiência de outra pessoa. No meu exemplo, não estou olhando o relógio, imaginando quanto tempo Havana vai demorar para se recompor nem pensando em estratégias de estudo que posso ensinar a ela assim que a convencer de que entendi. Estou aceitando o fato de que as coisas são como "devem ser" em qualquer dado momento. Qualquer que seja a reação da pessoa, ela é baseada numa longa cadeia de causa e efeito. **A validação comunica que "está tudo bem". Não que "tudo vai ficar bem". A primeira afirmação pode posicionar você como um aliado; se pular rápido demais para a segunda, pode acabar se tornando parte do problema.**

Ainda que representem motivações opostas, a validação e a resolução de problemas não são incompatíveis. Lembre: a aceitação e a mudança são dois lados da mesma moeda. Usar a resolução de problemas com o objetivo de ajudar minha filha a se preparar melhor para as provas no futuro é totalmente razoável e pode até ser necessário se ela estiver com dificuldade para melhorar as notas. O problema é que, na ausência de validação, ela não vai ficar inclinada a ouvir nenhuma das minhas ideias brilhantes. Se uma pessoa reage à sua vulnerabilidade falando de todas as mudanças que você precisa fazer para se sentir menos vulnerável, é mais provável que você se sinta julgado do que apoiado. **Ao se sentir julgado, você também se sente incompreendido.**

---

QUANDO NÃO SENTIMOS QUE O OUTRO NOS ENTENDE OU ENTENDE NOSSOS PROBLEMAS, NÃO CONFIAMOS NO CONSELHO DELE SOBRE COMO MUDAR AS COISAS.

---

A questão de saber se a situação merece validação ou uma abordagem de resolução de problemas se aplica a você também. Saber o que você precisa de alguém aumenta sua probabilidade de receber o que quer. Lembre-se: a resolução de problemas decorre de um desejo de ajudar. Se você for capaz de direcionar os esforços do outro – dizendo coisas como "Preciso ser ouvido", "Quero sentir que alguém me entende" ou "Preciso saber que não estou louco", por exemplo –, é mais provável que eles acertem o alvo.

## RECAPITULAÇÃO

A validação comunica que você está atento (percepção sem julgamentos), compreende (enxerga a racionalidade) e empatiza (se conecta ou se importa) com a experiência do outro (emoções, pensamentos ou comportamentos), aceitando-a como válida (justificável, eficaz, lógica). Além dessa definição mais ampla, quero destacar os pontos que me pego repetindo com mais frequência para os meus clientes e alunos – seguir essas orientações vai oferecer a você as respostas certas para dois terços dos problemas que provavelmente encontrará por aí.

### Pontos para lembrar

- Só valide o que é válido.
- Comunique a validação apenas se puder fazer isso com autenticidade.
- Validação não é concordância.
- Validação não é elogio nem aprovação.
- Validação não é resolução de problemas.

# 4

# A validação e a arte do sofrimento – Um último motivo para largar tudo e aprender a validar

*Se existe algum sentido na vida, deve haver algum sentido no sofrimento. O sofrimento é uma parte indelével da vida, assim como o destino e a morte. Sem sofrimento e morte a vida humana não pode ser completa.*

– Viktor Frankl, *Em busca de sentido*

– Eu tenho esclerose múltipla – falei com lágrimas nos olhos.

Marsha Linehan me olhou sem expressão e perguntou:

– E daí?

Essa, leitor, não era a resposta que eu esperava da pessoa que tinha revolucionado a psicologia moderna com suas ideias sobre validação.

– Não posso ser uma terapeuta de TCD.

– Espera aí. O quê? – disse ela, franzindo o nariz.

Era 2011 e eu tinha passado os últimos cinco anos num programa de doutorado na Universidade Duke aprendendo tudo que podia sobre transtorno de personalidade borderline (TPB). Acredita-se que a invalidação generalizada desempenha um papel fundamental no TPB, um transtorno definido por impulsividade, automutilação, oscilações e mudanças intensas de humor e raiva. Os clientes com essa condição são muito estigmatizados na comunidade da saúde mental e frequentemente discriminados pelos profissionais.[1]* Desde o instante em que fiquei sabendo do TPB, decidi que não bastava fazer parte do problema; eu precisava fazer parte da solução. Depois de terminar o doutorado fui escolhida para uma bolsa em Terapia Comportamental Dialética (TCD) – o primeiro tratamento comprovado para o transtorno borderline – numa prestigiosa clínica em Seattle. Semanas depois de começar, os outros bolsistas e eu fomos convidados para um retiro de treinamento com Marsha Linehan, criadora do tratamento que eu pretendia dominar. Eu estava no auge da minha formação, finalmente em condições de iniciar uma carreira que me permitiria trabalhar com os clientes que eu desejava desesperadamente ajudar. Infelizmente, pelo visto, eu teria de me aposentar antes mesmo de começar.

Deixe-me recuar um pouco no tempo. No segundo ano do programa de doutorado comecei a ter náuseas crônicas. Ia para a cama com vontade de vomitar. Acordava querendo vomitar. Anos de exames médicos não davam nenhuma resposta. Com o tempo foram surgindo outros sintomas estranhos, e no fim do meu último semestre em Duke me indicaram um neurologista. Nesse ponto eu estava me preparando para atravessar o país. Tinha conseguido um estágio em Seattle. O neurologista sugeriu que fizéssemos alguns exames com o objetivo de descartar alguma explicação neurológica para os sintomas. Ele estava confiante de que suas suspeitas não se confirmariam. Famosas últimas palavras.

Na metade da viagem de carro para o Oeste com Mat, hoje meu marido, o neurologista telefonou. Disse que eu precisava procurar um médico assim que chegasse a Seattle.

– Você tem EM – disse ele.

---

* Não é incomum encontrar terapeutas que se recusam a trabalhar com pessoas que sofrem de TPB ou as encaminham a outro profissional ao primeiro sinal de problema (ou seja, de sintomas de TPB). Como me disse uma vez um psicólogo eminente: "Eu não trabalho com borderlines porque não gosto de ser processado, enganado nem ameaçado." Isso porque ele falou de um jeito elegante. *Maluco, louca, duas-caras, insuportável* e *megera* foram termos que já ouvi profissionais médicos usarem para descrever esses clientes. Mas o negócio do TPB é o seguinte: ele tem uma probabilidade três vezes maior de acontecer com mulheres do que com homens. E não qualquer mulher, mas aquelas com histórico de abuso infantil e trauma sexual. O julgamento e o preconceito que meu campo profissional perpetuou em relação às pessoas com TPB me causam enorme vergonha. É a culpabilização da vítima em sua pior manifestação.

– Igual ao Stephen Hawking? – perguntei.

– Não. Aquilo é ELA.

Eu claramente não tinha ideia do que estava enfrentando.

Os médicos de Washington confirmaram o diagnóstico de esclerose múltipla (EM). Passei o ano seguinte trabalhando e estudando de dia enquanto aplicava injeções no abdômen à noite para reduzir o avanço da doença. Eu sentia uma fadiga diferente de qualquer coisa que já tivesse enfrentado. Caía na cama nas noites de sexta-feira e dormia até domingo, acordando somente para comer e ir ao banheiro. No trabalho, trancava a porta entre um paciente e outro e me deitava embaixo da escrivaninha em posição fetal, aguentando o fluxo e refluxo da náusea enquanto caía no sono e acordava.

Não estava mais sofrendo de depressão, mas, depois de uma década criando uma fachada para mascarar os sintomas de saúde mental, eu tinha desenvolvido a habilidade de canalizar a dor para aumentar minha produtividade e me esconder à vista de todos. As pessoas sempre ficavam chocadas ao saber que eu tinha EM: "Mas você parece tão saudável!" Na época isso era importante para mim, e em muitos sentidos ainda é. Mas, seja à depressão, seja à EM, eu jamais quis dar a uma doença qualquer coisa que ela já não tivesse tirado de mim.

Terminei o estágio, recebi meu Ph.D. e me casei, tudo isso menos de um ano depois do diagnóstico. No papel e nas redes sociais eu estava vivendo minha melhor fase. Infelizmente, quando passei para a bolsa de TCD, estava me sentindo menos como se lutasse contra uma doença e mais como se estivesse lutando comigo mesma.

O cargo era ao mesmo tempo a realização de um sonho e um pesadelo para uma pessoa na minha situação. Eu estava atuando ao lado de alguns dos melhores psicólogos que já havia conhecido, fazendo um trabalho que parecia tremendamente importante; além disso, atendia mais clientes do que nunca, e absolutamente todos eram suicidas, violentos, se mutilavam ou apresentavam alguma combinação devastadora dessas três coisas. Eu ficava disponível 24 horas por dia, sete dias por semana. Meus sintomas estavam piorando e as fendas estavam começando a abrir. A certa altura vomitei durante uma sessão.

Pedi um momento à mulher que tinha acabado de admitir, em meio a lágrimas, que havia traído o companheiro. Sabendo que não conseguiria chegar ao banheiro a tempo, peguei o cesto de papel ao lado da mesa e, o mais discretamente possível, vomitei dentro. Quero deixar claro: imagino que vomitar é a *pior* reação que um terapeuta pode ter depois de alguém confessar que tem um caso com o cunhado.

Percebi que estava ultrapassando o limite da perseverança. Eu estava em negação. Isso me arrasou, mas eu precisava aceitar que, por mais que amasse o trabalho, não estava preparada para ele. Quando o retiro com Linehan apareceu, decidi que minha primeira reunião com ela seria a última.

De volta à reunião:

– Você está dizendo que não pode ser terapeuta de TCD porque tem esclerose múltipla – declarou Linehan.

– Isso mesmo.

– Está errada.

Essa talvez fosse a coisa mais *in*validadora que ela poderia me dizer.

– Você deve ser uma terapeuta de TCD *porque* tem esclerose múltipla – explicou ela, com algo que parecia exasperação.

Eu tinha ouvido dizer que Linehan podia ser brusca, mas isso era ridículo. Ela não sabia nada sobre mim nem sobre o que eu estava passando. A mãe da validação parecia mais preocupada em mudar uma decisão que eu tinha levado meses para tomar do que em me aceitar como sou.

– Se você não gosta do trabalho, dos pacientes ou da própria terapia, deve desistir. Isso é fato.

– Eu amo todas essas coisas – falei.

Ela me olhou com ceticismo e perguntou por que a TCD me atraía.

– Eu acho que seu trabalho com validação foi inovador – respondi. – Ele me tornou uma pessoa melhor.

– Eu roubei tudo do Carl Rogers – disse ela, inexpressiva.*

– É mesmo?

---

* Minha editora pediu que eu esclarecesse que Linehan não estava realmente admitindo ter roubado o trabalho de Carl Rogers. Ela é conhecida por seu senso de humor irreverente, que surgia esporadicamente em todas as nossas conversas e se refletia nesse comentário. Mas meu humor é menos sofisticado e quero deixar você com a imagem de Linehan distraindo Carl Rogers com um brinquedinho de gato enquanto pegava papéis na mesa dele e enfiava numa bolsa de couro de crocodilo.

– Mais ou menos. Mas é exatamente por isso que você deveria ser terapeuta de TCD.

– Por causa do Carl Rogers? – perguntei, confusa.

– Da validação. O seu sofrimento é uma dádiva. Não a desperdice.

Em todos os fins de tarde, durante o retiro, Linehan recitava uma prece por todas as pessoas que lutam com questões de saúde mental. As que se sentem sozinhas no mundo. Parece piegas, mas a prece era comovente. Dava para sentir a conexão dela com as vidas que se dedicava a salvar. Em 2020, logo antes de se aposentar, Linehan publicou seu livro de memórias, *Building a Life Worth Living*. Nele, detalhava o sofrimento emocional por que tinha passado depois de ser internada por muitos anos na juventude. Os sintomas que ela desenvolveu enquanto estava no hospital são consistentes com o TPB, assim como a discriminação e os maus-tratos que recebeu. É quase impossível imaginar como a jovem que ela descreve, propensa a episódios de severa automutilação e tentativas de suicídio, não só sobreviveu como se tornou uma das vozes mais decisivas da psicologia moderna. Isso é que é não desperdiçar o próprio sofrimento.

Dada sua experiência de vida, não causa espanto que Linehan tenha resolvido transformar a psicologia quando teve condições para tal. No restante deste capítulo conheceremos a ciência e a filosofia que também basearam a perspectiva de Linehan sobre a validação. Em seguida vou ensinar habilidades de validação na TCD e discutir brevemente como nós as adaptamos. Mais importante, tentarei ligar tudo isso a você e ao seu sofrimento. Sei que já apresentei um monte de argumentos sobre como a validação transforma vidas, mas quero encerrar a primeira parte com mais um: **A maior dádiva de saber validar os outros é a oportunidade de encontrar sentido no sofrimento.**

Duas observações antes de prosseguirmos:

1. A discussão a seguir, sobre a ciência das psicoterapias, pode não parecer tremendamente relevante para quem não é terapeuta. Mas se você substituir a palavra *terapeuta* por *pai, mãe, gestor, cônjuge* ou o papel de qualquer outra pessoa que esteja tentando provocar mudança, a relevância se torna aparente. Como disse o grande Carl Rogers: “Uma

atmosfera de aceitação e respeito, de compreensão profunda, é um bom clima para o crescimento pessoal, e isso se aplica a filhos, colegas, alunos e também aos clientes [da terapia]."[2]

2. Hoje em dia a maior parte das pessoas não termina de ler os livros. Você chegou a mais ou menos um quarto deste aqui, o que significa que está no ponto em que muita gente (inclusive eu) abandona seus livros. Não posso deixar de me preocupar com a ideia de que a promessa de uma discussão sobre ciência e filosofia possa instigá-lo a pensar "Mais tarde volto a este livro". Se for esse o caso, você pode pular essa parte e ir direto para "Acho que seu trabalho com validação foi inovador". Mas eu não recomendaria fazer isso, porque você vai perder a dialética, que cito durante todo o livro e é a melhor desculpa de todos os tempos para a gente se contradizer.

## "ROUBEI ISSO DO CARL ROGERS"

### A ciência: psicologia ocidental

Carl Rogers foi um personagem interessante. Em 1957 ele publicou um artigo hoje considerado lendário[3] sugerindo que qualquer melhora que uma pessoa alcance através da terapia resulta da autenticidade, da empatia e da aceitação do terapeuta.* Só isso. Quer ajudar alguém a ser mais assertivo? Aceite-o. Quer que ele grite menos e sorria mais? Aceite-o. Rogers rejeitava a visão de behavioristas como B. F. Skinner, que acreditavam que a mudança tem mais a ver com reforços e punições do que com a autodescoberta.[4] Além disso, ele se incomodava com a atitude de superioridade na terapia psicanalítica de Freud, que era a grande moda na época.[5] Na opinião de Rogers, a suposição de que os médicos são superiores aos pacientes – totalmente disseminada na psicanálise – era absolutamente tóxica. Desapontado com o estado de seu campo de atividade, Rogers desenvolveu sua própria abordagem terapêutica.[6] Ele alertava os terapeutas contra pressões na hora

* Rogers usava a expressão *aceitação positiva incondicional* para descrever a combinação de autenticidade, empatia e aceitação.

de estimular a mudança e desencorajava a interpretação e a análise.[7] Seu trabalho representou um gigantesco "dane-se" dirigido às teorias prevalecentes na época. Era um *dane-se* empático e cheio de aceitação, mas, mesmo assim, um *dane-se*.

Apesar de ser um feroz defensor das pesquisas clínicas, no início da década de 1960 Rogers abandonou a academia abruptamente. E as pesquisas sobre a terapia que ele tinha desenvolvido começaram a minguar. Em retrospecto, parece que Rogers estava certo ao dizer que a aceitação, a empatia e a compreensão criam um bom "clima" para o crescimento individual. Infelizmente, ele não ofereceu muitas técnicas para ajudar os terapeutas a estabelecer esse clima. E não havia percebido que, ainda que possa inspirar mudanças importantes, a aceitação frequentemente precisa ser usada em conjunto com – e não no lugar de – estratégias de mudança comportamental como o treinamento de habilidades e o reforço positivo.

Quando Linehan entrou em cena, as terapias comportamentais e cognitivo-comportamentais tinham se tornado o padrão-ouro. Ainda que tenham se tornado cada vez mais igualitárias e colaborativas – graças à influência de Rogers –, Linehan achava que a ênfase na mudança costumava ser problemática, particularmente quando as pessoas resistiam. "'Você não está me escutando.' 'Você está tentando me mudar'", escreveu ela em suas memórias, lembrando o que os clientes diziam quando ela tentava ajudá-los a desenvolver novas habilidades ou solucionar problemas.[8] Ela também experimentou ser totalmente rogeriana, concentrando-se mais na aceitação do que na mudança, mas isso não deu certo. "'O quê? Você não vai me ajudar?', dizia o cliente. 'Você vai simplesmente me deixar aqui, com toda esta dor?'"[9] Nesse ponto imagino que ela já devia estar ficando sem capítulos do seu manual de *Como ser um terapeuta*. Apesar dos reveses, Linehan permaneceu convencida de que a aceitação era uma peça importante do quebra-cabeça da terapia. Precisando de uma nova direção, ela foi para a rua aprender tudo que podia sobre aceitação. E com rua quero dizer mosteiros budistas.

## A filosofia: zen-budismo e dialética

Os efeitos transformadores da aceitação são enfatizados em todas as linhas do budismo. Percebendo que precisava aprofundar seu entendimento da aceitação,

Linehan fez uma pausa na carreira acadêmica para viver na Abadia Shasta – um mosteiro Zen na Califórnia.[10] De lá foi para a Alemanha, onde estudou com um mestre Zen. Imagino a imersão de Linehan na filosofia oriental como uma montagem de filme de ação. Corta para ela sentada meditando, depois lendo escrituras antigas à luz de velas, depois torcendo as mãos, frustrada, antes de finalmente abri-las em aceitação. Depois de quase um ano lançando-se no zen-budismo, Linehan voltou ao trabalho com uma compreensão melhor da aceitação e de como equilibrá-la com o behaviorismo.

No final, as habilidades de validação que ela desenvolveu permitiram que os terapeutas comunicassem a aceitação de maneiras que encontravam eco nos clientes e os tornavam mais receptivos à mudança. Elas ofereciam caminhos para a autenticidade, a aceitação e a empatia que Rogers adotava, e isso aumentou o sucesso das intervenções comportamentais que Skinner tinha inspirado.

Essa abordagem reflete a mentalidade dialética que dá nome à TCD. O "dialética" em Terapia Comportamental Dialética se refere à síntese de ideias opostas, como aceitação e mudança.[11] É uma forma filosófica de raciocínio que pode ser usada para questionar o pensamento em preto e branco – o filtro desagradável que nossa mente insiste em aplicar sobre a realidade. O pensamento em preto e branco nos permite fazer julgamentos rápidos de modo a podermos nos orientar rapidamente no ambiente (por exemplo, pegar as frutinhas "boas" e evitar os cogumelos "ruins"), mas também distorce a realidade.

A dialética substitui o "ou isso, ou aquilo" por uma perspectiva do tipo "isso e aquilo", permitindo a coexistência de opostos. Por exemplo, uma pessoa pode ser boa *e* má, fraca *e* forte. A estrutura dialética apresenta não somente uma nova "realidade" – a pessoa que é ao mesmo tempo boa e má é categoricamente diferente de alguém que seja apenas uma coisa ou outra –, mas nos atrai para mais perto da "verdade", porque a realidade tem mais nuances do que nosso pensamento em preto e branco nos faz acreditar.

Ainda que a dialética tenha se provado transformadora para os clientes, suspeito que Linehan só tenha incorporado a filosofia em seu tratamento para ter uma saída quando caísse em contradição:

– Você disse que me aceita como eu sou – insistia o cliente.

– Aceito – dizia Linehan.

– Então por que está dizendo que eu preciso fazer mais, me esforçar mais e ser mais motivado para mudar?

– Porque isso também é verdade.

– Isso é absurdo.

– Isso é dialética.

Fim.

Ao trabalhar para desenvolver as habilidades apresentadas neste livro, você vai descobrir que, em muitos sentidos, a validação é um exercício de dialética. Procurar a essência de verdade na perspectiva de outra pessoa, sobretudo quando uma parte tão grande dessa perspectiva parece "ruim", ajuda você a enxergar a realidade que existe para além dos extremos de preto e branco que sua mente prefere. Você terá que ser mais intencional ao questionar seus julgamentos. Não poderá simplesmente decretar que fulano é um idiota. Em vez disso, vai precisar descobrir o que há de razoável ou válido na perspectiva do idiota, o que inevitavelmente questionará sua conclusão de que ele é apenas um idiota.

É mais fácil contar com julgamentos desse tipo, mas também é mais doloroso. Medo e raiva em relação ao que é "ruim", autoaversão e decepção por não conseguir ser "bom" o bastante são os custos de passar a vida toda se baseando apenas em respostas instintivas e primitivas. Felizmente há outro jeito, um caminho do meio entre os extremos. Não é a rota que em geral nos atrai, mas podemos nos acostumar com ela.

## "ACHO QUE SEU TRABALHO COM VALIDAÇÃO FOI INOVADOR"

Em última instância, foram os Níveis de Validação da TCD que me ajudaram a transformar minha sensibilidade inata em uma espécie de superpoder.[12] Os níveis consistem em seis habilidades organizadas por ordem de força. Segundo Linehan, cada nível é mais completo e depende do anterior.[13]

**Nível 1. Prestar atenção:** Escute, observe e mostre-se interessado.

**Nível 2. Refletir de volta:** Reformule o que a pessoa lhe disse num tom sem julgamento.

**Nível 3. Ler mentes:** Comunique que outra coisa você acha que a pessoa pode estar experimentando com base no que ela revelou.

**Nível 4. Entender/comunicar uma compreensão das causas:** Reconheça experiências passadas e outros fatores que possam colaborar para a reação da pessoa.

**Nível 5. Reconhecer o que é válido:** Comunique que você considera o comportamento, as emoções ou os pensamentos da pessoa válidos à luz dos fatos e das circunstâncias atuais.

**Nível 6. Demonstrar igualdade:** Aja de modo autêntico, tratando a pessoa com respeito, como igual. Contenha-se para não dizer ou fazer qualquer coisa que sugira que você seja superior a ela.

Você pode olhar essa lista e pensar: "Não há nada de novo aqui. Faço essas coisas o tempo todo." Eu tenho uma experiência semelhante sempre que vejo uma receita nova. Penso: "Sei bater claras em neve." Corta para mim, duas horas depois, ligando freneticamente para confeitarias, perguntando se eles têm um bolo de aniversário com tema de *Moana*, para substituir o fiasco do Pinterest que está na minha lixeira. A moral é: não subestime a importância da técnica, do timing e do treinamento quando se trata de validação – ou de fazer um bolo, aliás.

A segunda parte emprega o método usado em programas de treinamento clínico: combinar instrução básica, exemplos da vida real e exercícios práticos para ajudar você a desenvolver habilidades de validação de modo prático e confiável. Ainda que eu ofereça aqui algo equivalente a um treinamento clínico, isso não será desafiador nem acadêmico. Eu ensino essas habilidades como as experimento: por meio de clipes e citações de filmes, histórias de transformação e um ou outro colapso ocasional. Meu objetivo é atrair sua atenção para o que já existe, aumentando o volume de uma linguagem que está ao nosso redor mas raramente é falada em voz alta ou de modo consistente para que as pessoas se tornem proficientes nela.

Ainda que as habilidades que você aprenderá tenham sido desenvolvidas para a TCD, eu jamais as reservei para clientes de TCD. Ainda não experimentei uma forma de sofrimento que não pudesse ser reduzida pelo cuidado aos outros. E não conheço melhor método de fazer isso do que por meio da validação. No decorrer dos anos adaptei, expandi e recontextualizei as habilidades de validação na TCD para torná-las mais acessíveis e aplicáveis fora da terapia. Mas, antes de passar para a minha abordagem dessas habilidades, quero cumprir a promessa de vincular tudo isso ao seu sofrimento. Para isso, preciso reiterar um ponto que acabei de levantar: ainda não experimentei uma forma de sofrimento que não pudesse ser reduzida pelo cuidado aos outros.

## "O SEU SOFRIMENTO É UMA DÁDIVA; NÃO A DESPERDICE"

Sofri um bocado na vida. Talvez não mais do que você ou aquele sujeito ali, mas não desconheço o sofrimento. Nem você. Não importa quem é, de onde veio ou onde vai parar, você vai sofrer. O que para mim é a doença para você pode ser um divórcio, o desemprego, a incapacidade de abrir sua empresa, o afastamento da família, algum tipo de inaptidão ou outra experiência que culmine no sofrimento.

O mestre zen Thich Nhat Hanh descreveu o sofrimento como a lama que faz brotar as flores de lótus. Sem lama não há flores.[14] Mas na minha experiência o sofrimento nem sempre paga dividendos. Com frequência ele simplesmente leva a mais sofrimento. Assim que foi libertado de Auschwitz, depois de passar três anos em vários campos de concentração, o médico Viktor Frankl publicou um livro, *Em busca de sentido*, baseado nas anotações que fez enquanto vivia nos campos de extermínio. No livro ele faz algumas declarações ousadas sobre o sofrimento. Resumidamente, diz que a questão do que o sofrimento faz conosco depende do que nós fazemos com ele. Criamos sentido a partir dele? Nos conectamos com os outros através dele? Se for assim, podemos prosperar. Se não, podemos não sobreviver. Segundo Frankl, "o desespero é o sofrimento sem sentido".[15] Apenas lama, nada de flores.

A perspectiva de Frankl ecoa a filosofia zen-budista, que sugere que o sofrimento não deve ser evitado, mas confrontado. Não deve ser suportado, mas transformado. Nas palavras de Thich Nhat Hanh: "Quando aprendemos a reconhecer, aceitar e entender nosso sofrimento, sofremos muito menos. Não somente isso, mas também podemos ir mais longe e transformar o sofrimento em compreensão, compaixão e alegria para nós mesmos e para os outros."[16]

Eu tinha visto que a atenção, a compreensão e a empatia eram consequências da minha sensibilidade inata e da depressão que sofri no início da vida. As habilidades de validação que passei a dominar me permitiram canalizar essas experiências de maneiras que ajudaram os outros a crescer e trouxeram sentido para a minha vida. Quando conheci Linehan, eu tinha mais ou menos ligado os pontos na minha cabeça. Mas não tinha dito nada disso em voz alta.

Também nunca tinha considerado que minha doença física era uma fonte de dor e sofrimento que poderia ganhar um sentido do mesmo modo que acontecera com minha depressão: permitindo que eu entendesse melhor os outros e os validasse. Eu associava as palavras *dor* e *sofrimento* à angústia mental que tinha experimentado com a depressão. Estava com 20 e poucos anos quando fui diagnosticada com esclerose múltipla, e nenhum colega ou conhecido sofria com uma doença crônica. Pelo menos que eu soubesse. Os primeiros supervisores a quem contei sobre a doença me aconselharam a não revelá-la aos meus clientes. Um deles insistiu: "Você não quer que eles sintam que precisam cuidar de você." "Para confiarem em você, devem enxergá-la como competente e capaz", disse outro.

Confinada a esconder o que estava se tornando uma parte central da minha vida cotidiana, logo me peguei no conhecido território da crença de que ninguém poderia entender o que eu estava passando. E uma das extensões desse pensamento era a ideia de que minha doença me distanciava dos outros. Eu a via como uma desvantagem, e não como uma vantagem. Involuntariamente tinha colocado a EM na categoria de "ruim", sem conseguir considerar a perspectiva dialética de que ela poderia ser usada para o "bem".

Depois de conhecer Linehan, decidi não abandonar minhas ambições de me tornar terapeuta de TCD. Mas aceitei que precisava fazer algumas mudanças. Não poderia atender clientes de TCD em tempo integral. Interrompi meu estágio para abrir um consultório particular em que poderia determinar meu horário e o número de casos. Comecei a supervisionar estudantes para Linehan também, uma tarefa que ela teve a gentileza de permitir que eu mantivesse depois de me mudar para a Califórnia.

Mais importante, nossa conversa durante o retiro trouxe um foco nítido às linhas turvas que eu havia conectado entre sofrimento, validação e sentido. Percebi que a dor não precisa ser bem resolvida ou estar num passado distante para podermos usá-la de modo construtivo. Na verdade, é o contrário: usar nosso sofrimento para nos conectarmos melhor com os outros *é* o modo de usá-lo construtivamente. Talvez tenhamos que aprender a moderar ou tolerar o sofrimento para podermos atender os outros plenamente, mas isso, em si, já é terapêutico.

Quando não estava claro se minha mãe sobreviveria ou continuaria a ser uma pessoa funcional depois da cirurgia no cérebro, percebi como essas circunstâncias seriam muito mais devastadoras e confusas se, como minha cliente Ella, que perdera a mãe muito jovem, eu estivesse passando por isso na infância. Como eu poderia comunicar a maior atenção, compreensão e empatia que tive em relação à experiência de Ella sem me colocar no centro da situação nem sugerir que o que eu estava passando depois de adulta poderia se comparar com a perda que ela havia sofrido na infância? Que habilidades de validação eu poderia usar para encontrar esse meio-termo? Essas foram as questões às quais voltei quando a impotência e a preocupação com minha mãe me dominaram. A crença de que essas respostas poderiam levar alívio a outra pessoa me ajudou a confrontar partes da minha experiência que, de outro modo, eu teria evitado. Quando tudo na situação da minha mãe parecia errado, me concentrar no que minha experiência poderia me ensinar sobre a de Ella foi uma das poucas coisas que pareceram certas.

De modo semelhante, quando sentia as familiares pontadas de "culpa materna" depois de dar um tempo longe de Havana quando ela estava doente, eu me lembrava de como me sentia validada quando pais e mães compartilhavam comigo dificuldades na criação dos filhos. Então eu pensava em todos os outros cuidadores se culpando pela fadiga que eles confundem com egoísmo e me perguntava se revelar minha luta interior poderia ajudar a validar a de outra pessoa. Apesar da minha intuição, a princípio decidi não incluir minha história neste livro. "Quem sou eu para achar que minhas preocupações de mãe importam ou podem ajudar alguém?", pensei. Então refleti sobre a questão mais importante: "Por que eu deveria concluir que não podem?"

O cirurgião-geral dos Estados Unidos Vivek Murthy declarou que estamos numa "epidemia de solidão".[17] Nada degrada mais um indivíduo do que sentir que não é visto nem ouvido. A atenção plena, a compreensão e a empatia são frutos do nosso sofrimento; a validação nos permite usar esses frutos para alimentar outras pessoas que estão famintas. Não quero dizer que você precise sofrer profundamente para validar alguém com eficácia nem que a validação só tenha a ver com emoções negativas. O argumento é simplesmente que, ao exercitar essas habilidades, você passará a apreciar não somente a validade de suas lutas, mas também a utilidade delas.

Enquanto examinava as pesquisas sobre TCD, não encontrei um único artigo falando que validar outros afeta nossa saúde mental ou nossa qualidade de vida. No entanto, quando examinei a história da psicologia moderna e as filosofias que a influenciaram, essa conclusão pareceu bastante óbvia. De fato, acho que várias conclusões significativas podem ser alcançadas a partir de todas essas perspectivas, e elas resumem muito bem os pontos principais deste capítulo:

1. É possível aceitar as pessoas *e* ajudá-las a mudar. Os princípios do behaviorismo são uma peça desse quebra-cabeça. As habilidades de validação são outra.
2. Somos críticos por natureza. Os seus julgamentos não vão desaparecer magicamente, mas com a prática você pode ficar melhor em percebê-los e reformulá-los. Nosso caráter é formado quando questionamos nossos instintos de maneira intencional.
3. É possível resistir ao sofrimento *e* abraçá-lo. Quando abordado desse modo – com espírito tenaz para lutar contra ele e um olhar voltado para a atenção, a compreensão, a empatia e a aceitação que ele inspira –, o sofrimento pode ser canalizado e ganhar sentido.

Depois de discutir o que é a validação, por que ela é importante e de onde veio, passamos para a próxima pergunta óbvia. Como validar as pessoas?

PARTE 2

# COMO

# 5

# A Escada da Validação – Oito degraus para ver e ser visto

*A habilidade de fazer resulta do fazer.*

– Ralph Waldo Emerson, *The Atlantic*

Este capítulo é como um manual de instruções para os outros capítulos da Parte 2. Ele oferece uma visão geral da Escada da Validação – meu modelo de validação, com oito habilidades que você pode usar. Os capítulos seguintes detalham cada habilidade individualmente. Ainda que eu apresente instruções detalhadas sobre como ter sucesso recorrendo a essas habilidades, fatores externos como normas sociais, clima político, cultura e dinâmica de poder costumam ter a última palavra no que será efetivo ou não. Se o seu sentimento do que é adequado numa determinada situação entrar em conflito com algo que eu disser, confie na sua intuição.

É importante entender o modelo e as habilidades. Dito isso, vou recorrer à dialética e dizer a você que não se preocupe se as coisas que eu disser não fizerem sentido imediato. Pessoas como Oprah, Jon Stewart e Terry Gross se tornaram astros da validação sem jamais estudar as habilidades que você vai aprender aqui. Nos exemplos que apresento da atuação dos três você vai ver que eles utilizam com extrema frequência as habilidades que estão neste livro, embora jamais as tenham estudado formalmente. Pelo menos não que eu saiba. Em vez disso, eles adquiriram essas habilidades sem querer, no exercício de suas carreiras, nas centenas de horas que se dedicaram a tentar validar os outros. Não duvido que todos esses ícones tenham muita inteligência emocional, mas só isso não os teria tornado os astros da validação que são hoje. Eles precisaram do feedback de plateias ao vivo e da mídia para reforçá-los quando eram eficazes, permitindo que desenvolvessem as habilidades sem perceber. Além disso, não podiam simplesmente desistir quando erravam.

Digo isso porque você está prestes a receber um curso rápido de validação. Tudo que os astros aprenderam através de um exaustivo processo de tentativa e erro pode ser encontrado aqui, na Parte 2. Mas, quando se trata de validar sua filha após a primeira desilusão amorosa ou sua irmã que desmanchou o noivado, você precisa estar no momento presente, e não na sua cabeça. Quando treino validação com terapeutas e clientes, dou a eles as mesmas informações que vou compartilhar com você nestas páginas. E no final do treinamento digo que ignorem tudo que aprenderam e simplesmente se concentrem em validar as pessoas. Incentivo você a fazer o mesmo. Quando estiver em dúvida, confie neste mantra simples:

---

SUA INTENÇÃO COM A VALIDAÇÃO É SEMPRE MOSTRAR QUE ESTÁ PRESENTE, QUE ENTENDEU E QUE SE IMPORTA.

---

Antes de seguirmos em frente, a terapeuta que há em mim quer ter certeza de que você está totalmente informado sobre o que vem agora. A Parte 2 tem como foco a validação *aos outros*. Mas a leitura destes capítulos pode ter alguns efeitos colaterais: você talvez ache que algumas pessoas na sua vida precisam deste livro mais do que você porque são péssimas em validação; talvez fique sonhando acordado, imaginando pessoas validando você; talvez sinta culpa por fazer isso, quando deveria estar aprendendo a validar os outros; e talvez lembre que a autora disse alguma coisa sobre como a validação leva à mudança e deseje que essa parte chegue logo. Esses efeitos colaterais são esperados. Então, por favor, não se julgue se eles aparecerem, e espero que eles não façam você parar. O importante é encarar a aceitação como um fim em si mesma, de modo que ela se torne um meio para a mudança.

## A ESCADA DA VALIDAÇÃO

Os modelos são inerentemente abstratos e às vezes dão sono, por isso prometo manter esta parte breve e incluir ilustrações sempre que possível.

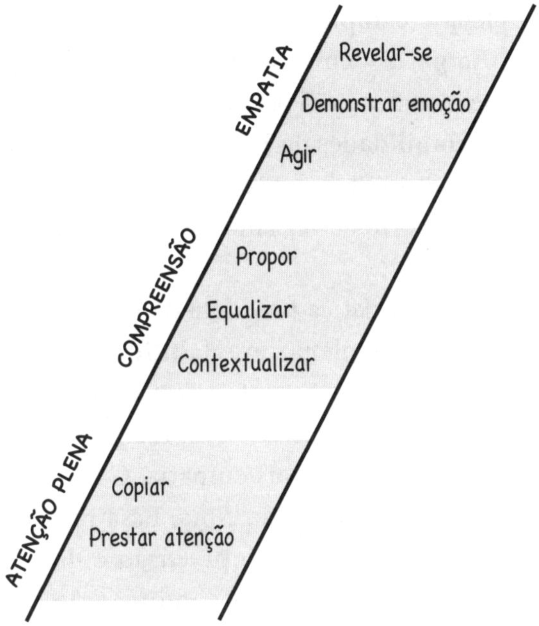


### Três conjuntos de habilidades

Por meio da atenção plena, da compreensão e da empatia, a validação mostra que você aceita a experiência de outra pessoa como válida. A Escada da Validação inclui três subconjuntos de habilidades pensadas para ajudar a comunicar essas qualidades (ver ilustração). Cada seção da escada representa um dos três conjuntos de habilidades. As **Habilidades de Atenção Plena**, na parte de baixo, costumam comunicar formas sutis de validação, mas são muito acessíveis; as **Habilidades de Empatia**, na parte de cima, são altamente validadoras, mas podem ser mais difíceis de executar. E as **Habilidades de Compreensão**, no meio, estão no meio-termo entre as habilidades de Atenção Plena e de Empatia. Quando comento a força e a dificuldade desses três conjuntos de habilidades, estou falando em termos gerais. As **Habilidades de Empatia** geralmente são percebidas como mais efetivas do que as **Habilidades de Compreensão**, que em geral têm mais impacto do que as **Habilidades de Atenção Plena**. Existem exceções a essa regra,* mas em geral é assim que elas se apresentam.

Cada conjunto de habilidades se baseia no anterior ou nos anteriores e alcança seus objetivos: as **Habilidades de Compreensão** dependem das de atenção plena e compreensão e comunicam essas duas coisas; as **Habilidades de Empatia** demonstram atenção plena, compreensão e empatia, motivo pelo qual são tão poderosas. Ainda que as **Habilidades de Compreensão** e as **Habilidades de Empatia** sejam mais validadoras, você jamais deve fingir compreensão ou preocupação. Talvez seja necessário sair da sua zona de conforto de vez em quando, mas jamais diga coisas em que não acredita.

Agora a minha característica predileta da Escada da Validação: além de comunicarem atenção plena, as **Habilidades de Atenção Plena** também funcionam como ferramentas para desenvolver compreensão e empatia; e, além de demonstrar compreensão, as **Habilidades de Compreensão** ajudam a gerar mais empatia. Cada conjunto de habilidades torna mais fácil acessar os de cima. Essa relação tem a ver com a natureza da atenção plena, da compreensão e da empatia em geral. A observação sem julgamento leva à compreensão, que, por sua vez, promove a conexão emocional.

## Oito habilidades

As habilidades na Escada da Validação permitem que você valide o que considera genuinamente válido, ao mesmo tempo que promove níveis mais profundos de aceitação. São oito habilidades no total – duas de atenção plena, três de compreensão e três de empatia (ver a ilustração na pág. 77). Observe que as habilidades em cada conjunto não estão citadas em ordem de força. Cada *conjunto* de habilidades é mais poderoso que o anterior, mas as habilidades dentro de cada conjunto são mais ou menos intercambiáveis.

---

* Você encontrará uma dessas exceções no Capítulo 6, no qual explico como o mágico Derek DelGaudio validou uma plateia inteira, ao vivo, usando apenas as Habilidades de Atenção Plena.

## APRENDER É UMA CIÊNCIA

Você não precisa empregar princípios de aprendizagem para escrever um livro, mas é bom fazer isso se quiser que as pessoas retenham e apliquem as informações que ele contém. Então quero destacar dois princípios que usei enquanto produzia este livro, porque você pode usá-los para dominar as habilidades da Escada da Validação.

O primeiro princípio é: a repetição promove o aprendizado. Como você deve ter deduzido pelas 17 vezes que repeti a definição de validação, eu me repito. Muito. Faço isso porque a repetição é um dos modos mais fáceis de ajudar você a absorver informações passivamente. Mas, para converter essas informações em habilidades comportamentais, você precisará aplicá-las. A neurociência demonstrou que repetir habilidades resulta em potenciação – reforço de conexões neurais no cérebro – a longo prazo. Quanto mais fortes forem essas conexões, mais rapidamente elas são disparadas; quanto mais rápido elas são disparadas, mais automáticas se tornam as habilidades associadas a elas. Até o momento em que realizar a habilidade exigirá pouco pensamento ou esforço.

Quando ensino validação, apresento uma habilidade de cada vez e peço que as pessoas treinem essa habilidade durante uma semana antes de apresentar a próxima.* Ao fim de oito semanas, digo para elas simplesmente se esforçarem para validar as pessoas. É isso. Na minha experiência, esse método de se concentrar em cada habilidade individual e depois afastar o foco para se concentrar no objetivo geral (validar) é o modo mais bem-sucedido de ensinar validação, e incentivo você a usá-lo ao longo da leitura da Parte 2. No final de cada capítulo você encontrará dicas de como praticar a habilidade em questão durante a semana. Depois de ter praticado cada uma, você poderá se concentrar apenas no objetivo geral – validar as pessoas – e não mais na mecânica do que está fazendo.

O segundo princípio que quero destacar é: nós aprendemos observando os outros. A abordagem de ensinar através do exemplo é conhecida

* Para desenvolver bem duas dessas habilidades – Prestar atenção e Propor –, pode ser necessário praticá-las mais do que você geralmente consegue em uma semana. Discutirei como exercitar essas habilidades quando chegarmos a elas.

como modelagem e tem se mostrado fundamental para ajudar as pessoas a desenvolver novos comportamentos. Para as habilidades interpessoais, a modelagem funciona melhor quando é orgânica. Um exemplo da vida real em que alguém usa uma habilidade é mais instrutivo do que um inventado, em que tudo acontece de acordo com o plano.

Como sou uma escritora, não tenho como efetivamente *mostrar* exemplos no livro, mas tenho algumas soluções alternativas. A primeira é incluir histórias da minha vida pessoal e do meu trabalho como terapeuta, e a esta altura você já deve ter se acostumado a me ver fazendo isso. A segunda é contar com exemplos da mídia. E a terceira é pedir que, enquanto as aprende, você fique de olho em outras pessoas que estejam usando essas mesmas habilidades.

Não se preocupe se não puder se identificar com meus exemplos de terapia ou se não tiver familiaridade com os exemplos da mídia que vou incluir aqui; concentre-se mais em identificar as habilidades que estão sendo usadas. Na verdade todas essas habilidades estão ao nosso redor. A sua tarefa é prestar cada vez mais atenção para notar quando as pessoas as usarem e também para usá-las.

## QUANDO VOCÊ FAZ BESTEIRA

Qualquer pessoa que se habitue a oferecer validação errará de vez em quando. Em geral, quanto maior for o potencial de validação de uma habilidade, mais doloroso será caso falhe. **Como acontece em qualquer escada, quanto mais alto você subir, pior a queda.** Ainda que erros sejam desagradáveis, você jamais deve achar que foi derrotado quando não conseguir comunicar um alto nível de validação. Em vez disso, apenas volte às **Habilidades de Atenção Plena** e se concentre em estar presente. De modo geral, quando nossas tentativas de transmitir um nível mais elevado de validação dão errado, é porque não estávamos escutando com atenção.

Se você estudar o comportamento de alguém – um treinador, colega, mentor ou cônjuge – que parece levar jeito para validar as pessoas, verá que ele não acerta todas, mas simplesmente não se distrai nem fica desencorajado quando sua tentativa falha.

Lembro que, na época da faculdade, quando eu estava tentando me aperfeiçoar na validação, assisti a um episódio de *Oprah* e me surpreendi com duas coisas: (1) ao ver de quantas maneiras diferentes Oprah tentava validar alguém numa única entrevista e (2) a frequência com que seus esforços não davam certo. Uma entrevista típica se desenrola mais ou menos assim: o convidado descreve um momento desafiador em sua vida e Oprah diz algo como:

– Deve ter sido frustrante.

O convidado reage, corrigindo:

– Não foi frustrante. Foi aterrorizante.

Oprah recua um passo sem se deixar abalar, apesar de ter falhado na sua tentativa de validação diante de uma plateia ao vivo:

– Aterrorizante? O que houve de aterrorizante na situação?

Ela ouve, atenciosa, e talvez interrompa uma ou duas vezes para esclarecer ou repetir algo que a pessoa disse. Em seguida retoma a dianteira, oferecendo alguma ideia que a pessoa não tenha articulado e verificando se ela encontra eco. Talvez precise fazer isso várias vezes, mas alguma hora acaba acertando o alvo. O convidado confirma balançando a cabeça em resposta à validação hábil e começa a lacrimejar enquanto Oprah segura sua mão. A câmera se vira para a plateia; não há um único olho seco. Todo mundo está fascinado. O que se destaca nas entrevistas de Oprah não são as vezes em que ela fracassa, mas o impacto que provoca quando tem sucesso.

Embora os profissionais como Oprah pareçam inabaláveis, pode doer quando as pessoas não respondem bem ou ficam incomodadas com suas tentativas de validá-las. Quando isso acontecer, lembre que a validação não está centrada em você (a não ser que esteja validando a si mesmo), mas em levar atenção plena, compreensão e empatia para a experiência de outra pessoa, de modo que ela se sinta aceita. Não deixe seu ego distrair você desse objetivo. Aproveitar o feedback e ajustar sua abordagem são coisas validadoras em si mesmas. **Quase todo mundo aprecia a oportunidade de ser ouvido por alguém que está genuinamente disposto a escutar.**

Além disso, é importante mencionar o outro risco, talvez maior, que você corre ao tentar validar alguém: expor-se à invalidação. Para subir a Escada da Validação, você precisa revelar mais do seu eu autêntico. As **Habilidades de Atenção Plena** na base da escada mostram que você está prestando atenção; não é necessário revelar muita coisa, de modo que nesse nível não há muito a ser invalidado. Para subir para as **Habilidades de Compreensão** você precisa compartilhar seus pensamentos. Aqui as coisas começam a ficar pessoais. Qualquer pensamento que você expresse está aberto a ser invalidado, o que pode doer. Na semana passada eu estava no parque com Havana e comecei a conversar com uma babá que disse que estava trabalhando em dois empregos em tempo integral enquanto cuidava do marido doente.

– Você deve sentir que está o tempo todo cuidando das pessoas – falei, procurando validá-la.

Ao que ela exclamou, exasperada:

– Não sinto, não!

Não me senti simplesmente uma idiota, mas rejeitada. Tive vontade de cortar o papo e sair correndo. Em vez disso, voltei às **Habilidades de Atenção Plena** até sentir mais confiança na minha compreensão para tentar de novo. Depois acabamos superando o que logo percebi ser fruto da barreira do idioma. Mesmo assim, estaria mentindo se dissesse que a reação dela à minha tentativa inicial de validação não doeu.

Para aplicar com sucesso as **Habilidades de Empatia** que estão no alto da Escada da Validação você precisa ser mais vulnerável ainda. Além de revelar seus pensamentos, essas habilidades exigem que você compartilhe seus recursos, suas emoções e experiências. A natureza pessoal das **Habilidades de Empatia** é o que as torna tão impactantes. E também é o que as torna tão arriscadas. Nos capítulos a seguir veremos os riscos associados às habilidades de validação de maior impacto e oferecerei maneiras de administrá-los. Por enquanto, vou apenas acrescentar que com grandes riscos vêm grandes recompensas. Os conjuntos de habilidades mais elevados não apenas lhe permitem validar os outros de modo mais profundo, mas em troca lhe permitem também experimentar níveis mais altos de validação.

## RECAPITULAÇÃO

A Escada da Validação consiste em três conjuntos de habilidades usadas para comunicar vários graus de validação. Esses três conjuntos são formados por um total de oito habilidades de validação. As melhores estratégias que você pode usar para dominá-las rapidamente são treinar e ficar de olho em outras pessoas que as usem bem. Você vai descobrir que as habilidades na parte mais alta da Escada da Validação têm uma probabilidade maior de comunicar *in*validação quando são mal executadas. Quando são bem utilizadas, também têm uma probabilidade maior de resultar em validação recíproca – você e a pessoa que você está validando se sentem vistos. Agora vamos passar para o primeiro conjunto de habilidades na Escada da Validação: as *mágicas* **Habilidades de Atenção Plena**.

# 6

# Prestar atenção – O jogo de todos os bons ouvintes

*O maior elogio que já recebi foi quando uma pessoa perguntou o que eu estava pensando e prestou atenção na minha resposta.*

– Henry David Thoreau, *Vida sem princípio*

**"Por favor, aproveitem este momento para desligar seus celulares e silenciar quaisquer distrações. Obrigado pela atenção."** Essas palavras aparecem na tela no início de *In and Of Itself*, a adaptação cinematográfica da apresentação de Derek DelGaudio ao vivo num teatro. O filme reúne cenas do show de mágica realizado mais de 500 vezes em três anos.

DelGaudio é um artista desprovido de carisma. Sua voz é monótona, seus movimentos são contidos e, como observou um espectador, "Ele tem olhos tristes". Passados cerca de três quartos do show, DelGaudio pergunta a alguém da plateia como ele acha que a apresentação vai terminar. O filme destaca várias respostas que os espectadores deram em suas muitas apresentações. Uma pessoa diz que haverá um clarão de luz e que DelGaudio será substituído por um elefante. Outra prevê, poeticamente: "Todo mundo encontrará o amor. Ninguém se sentirá julgado. Nossos 'eu sou' vão se tornar 'nós somos'." Quando ouvi isso pensei: *Esse sujeito obviamente nunca foi a um show de mágica.* Hoje estou convencida de que ele era adivinho ou um espectador assíduo, porque acertou na mosca. DelGaudio realiza o impossível diante dos nossos olhos, mas não desafiando nossas expectativas sobre o mundo físico, digamos, serrando alguém ao meio ou fazendo um elefante surgir do nada. Em vez disso, ele transcende os limites da comunicação e dos relacionamentos usando a validação como sua arma de prestidigitação. O efeito é simplesmente mágico. No final do último truque de DelGaudio eu me senti vista, aceita e valorizada, apesar de estar sozinha, no escuro, de pijama. Vou mostrar como ele faz sua magia de validação, mas primeiro preciso descrever seu truque incrível. Se você ler com atenção, talvez possa captar as 10 a 15 coisas que ele diz para validar habilmente a plateia.

O filme começa com imagens do foyer, onde os espectadores estão chegando para o show. Nós os vemos espalhados em volta de uma parede muito iluminada, com centenas de cartões pendurados. A parte de cima dos cartões é sempre igual, e todos dizem "EU SOU". A parte de baixo é diferente e inclui descrições como "feminista", "divertido", "professor". É pedido a cada pessoa que escolha um cartão na parede e depois o entregue a um funcionário antes de entrar no teatro. Os cartões só são citados de novo no final do show, quando DelGaudio olha para a pilha de cartões recolhidos que aparece no palco. Sem lê-los nem tocá-los, ele se vira para a plateia. Em seguida pede que se levantem os espectadores que pegaram o cartão que melhor descreve a visão que têm de si mesmos. Quase todo mundo fica de pé.

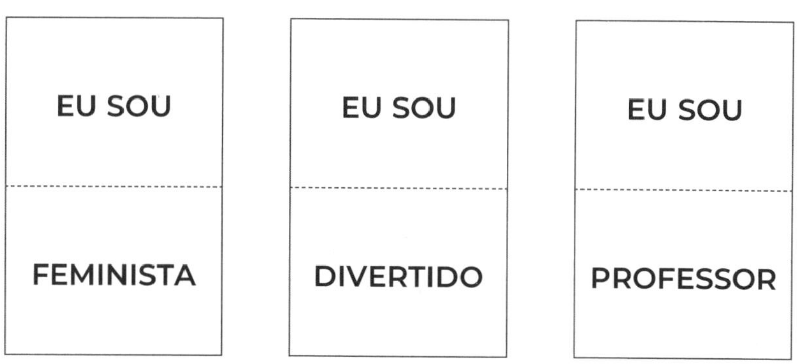


Ele continua: "Eu me lembro de ler que a verdadeira identidade... é a que existe no nosso coração e é vista por outra pessoa. Sinceramente, não faço ideia se hoje em dia isso é verdade fora destas paredes, mas aqui" – ele olha fixamente uma pessoa da primeira fila – "estou vendo um barman."

O homem da primeira fila abre o que só pode ser descrito como um sorriso gigantesco. Como DelGaudio sabia que ele tinha escolhido o cartão "eu sou barman"?! O olhar de DelGaudio vai até a mulher ao lado do barman. "Uma curiosidade", diz ele, e recebe outro olhar de surpresa depois de outra *adivinhação* correta. Uma ligeira mudança em seu tom de voz robótico apresenta alguma leveza enquanto ele declara que uma mulher mais velha, de óculos, é na verdade "uma maconheira noturna".

Nos 15 minutos seguintes, DelGaudio "adivinha" corretamente o cartão de cada um. "Amante, alquimista, sincero", diz ele enquanto seu olhar salta de pessoa em pessoa. A cada resposta certa, o ímpeto parece aumentar. Os espectadores vão ficando visivelmente comovidos com as palavras dele, as palavras *deles*. Ele só está repetindo as descrições que eles escolheram para si mesmos.

"Um bom samaritano", diz ele a um homem idoso de óculos. A mão do homem sobe até a boca, onde treme incontrolavelmente enquanto ele tenta controlar as lágrimas. Nesse ponto as pessoas não estão simplesmente assistindo ao show de DelGaudio; estão olhando umas para as outras, assentindo, trocando sorrisos, até mesmo estendendo a mão por cima do corredor para tocar no ombro de outras.

"Vegano, divertido, feminista." Ele faz uma pausa por um segundo e assente ligeiramente antes de dizer "bem-sucedida" enquanto encara uma mulher como se confirmasse pessoalmente que isso é verdade. Justo quando você começa a suspeitar que todas as pessoas na plateia são infiltradas, pagas para fingir surpresa e se emocionar, ele encontra Bill Gates. "Um líder" declara DelGaudio. Gates dá um sorriso amarelo antes de se sentar.

O clímax emocional acontece na metade do truque, quando DelGaudio se vira para um homem que tem o tipo de expressão desesperada e distante que parte o coração desta terapeuta. DelGaudio põe as mãos na cintura. Fita o homem por alguns segundos que mais parecem minutos, antes de baixar a cabeça e fechar os olhos. Em seguida levanta a cabeça, encarando de novo o homem, que olha para ele, ansioso. DelGaudio começa a falar, mas se detém, como se a palavra que esse homem escolheu para se descrever fosse dolorosa demais para ser dita em voz alta. Finalmente ele diz: "Um zé-ninguém." O homem mantém o contato visual com o mágico enquanto cruza os braços para abraçar a si mesmo. Seus olhos se suavizam e brilham, úmidos, enquanto ele se senta de novo. As lágrimas estão refletidas também nos olhos de DelGaudio. Parece algo terno, solidário, até mesmo amoroso.

Inicialmente DelGaudio revela as descrições dos cartões das pessoas ainda em cima do palco. Depois começa a andar pelos corredores, chegando a entrar nas fileiras de poltronas, onde fica cara a cara com as pessoas da plateia enquanto recita as palavras que elas escolheram para se descrever.

Ele está essencialmente realizando dois truques ao mesmo tempo. Não tenho ideia de como faz o primeiro, adivinhando corretamente os cartões que cada um escolheu antes de entrar no teatro. Esse truque é impressionante, mas não resulta no efeito de "ver e ser visto" que define o show. Para esse "truque" ele conta quase exclusivamente com as **Habilidades de Atenção Plena:** Prestar atenção e Copiar. No início do show ele pediu que os espectadores lhe dessem toda a atenção; no "truque" final, alcança esse efeito poderoso dando ao público toda a sua atenção.

Coloquei *truque* entre aspas porque não há truque, engodo ou ilusão por trás do que ele está fazendo. Como você sabe, a validação só funciona se for sincera. Nem mesmo os mágicos podem escapar dessa exigência. "O momento de assistir às pessoas sendo e se sentindo real e *genuinamente* vistas é a magia do show", disse DelGaudio numa entrevista à revista *GQ*.[1] "Tudo leva àquele momento em que uma pessoa olha para outra e simplesmente revela: 'Eu vejo você, cara. Vejo você aí de pé. Sei quem você é. Entendo você totalmente. Neste momento eu vejo todos vocês.' E isso é como um presente que nós lutamos para receber todos os dias. E, como todos estamos lutando para recebê-lo, nos esquecemos de dá-lo."

Nas próximas páginas mostrarei como DelGaudio dá o presente de ser visto a um teatro cheio de desconhecidos usando as **Habilidades de Atenção Plena** - Prestar atenção e Copiar. Mais importante, explicarei tudo que você precisa saber para experimentar a magia dessas habilidades em primeira mão. Este capítulo aborda a habilidade de prestar atenção - o que é e de que modo você, como DelGaudio, pode usá-la para validar as pessoas sem dizer uma palavra.

## PRESTAR ATENÇÃO

Numa frase,[2] prestar atenção significa atentar-se e escutar sem julgamento, de um modo que demonstra interesse e cultiva a compreensão.* Essa ação revela que você está "ali" – física, emocional e mentalmente – e que a outra pessoa é digna da sua atenção. Uma mensagem sutil mas poderosa.

Na física, o "efeito do observador" se refere à perturbação causada pela observação.[3] Ao observar e medir dados como energia térmica ou a posição de elétrons, mudamos o modo como eles se comportam. Uma série de estudos em psicologia realizados entre 1924 e 1932 demonstrou que um efeito semelhante ocorre nas interações humanas. No que passou a ser conhecido como efeito Hawthorne, pesquisadores descobriram que, quando sabiam que estavam sendo observadas, as pessoas mudavam seu comportamento.[4]

A descoberta de que as pessoas agem de modo diferente quando sabem que estão sendo observadas não daria uma boa manchete clicável hoje em dia. Mas o que continua a nos cativar é a magnitude desse efeito. Em 2010, o cineasta sul-africano Craig Foster desenvolveu um laço improvável com um polvo fêmea, visitando-o todos os dias em seu habitat natural durante um ano. Ainda que no início se encolhesse com medo quando Foster se aproximava, ele lentamente começou a procurá-lo e chegou a se grudar ao seu peito e permitir que o segurasse. Os dois jamais trocaram palavras, obviamente, e Foster não usou nenhum petisco para conquistá-lo. O relacionamento dos dois foi estabelecido e cultivado apenas pela observação. "Eu me apaixonei por ela, mas também por aquela espantosa 'estranheza selvagem' que ela representa e pelo modo como isso me transformou."[5] O documentário de Foster, *Professor Polvo*, com imagens que ele fez nesse período, se tornou uma sensação internacional e ganhou o Oscar de melhor documentário de longa metragem.[6] Não estou dizendo que você deva esperar um Oscar por colocar essa habilidade em prática, mas, se ganhasse, não seria a primeira vez.

---

* O que chamamos de "atentar-se" pode ser referido por outros nomes e expressões, entre os quais "prestar atenção", "escuta ativa", "escuta profunda", "escuta com atenção plena" e "ouvir e observar". Todas essas habilidades são mais ou menos sinônimas.

A capacidade da escuta ativa para forjar conexões não vale só para os relacionamentos entre humanos e polvos. Marcar presença é a linguagem da intimidade. Você responde aos convites que recebe? Fica na arquibancada para assistir ao jogo da sua filha? Se oferece para acompanhar seu amigo à primeira reunião dele no AA? Testemunhar sem julgamentos as experiências capazes de moldar a vida de alguém – esse é o modo mais direto de validar a importância delas. Esses momentos, facilmente considerados insignificantes, podem determinar características cruciais dos nossos relacionamentos, inclusive se os teremos ou não.

A desatenção, por outro lado, priva nossos relacionamentos dos nutrientes de que precisam para prosperar; além disso é um jeito rápido de invalidar os outros e com frequência é usada como arma para essa mesma finalidade. Basta olhar os políticos durante um debate. Em vez de acompanhar ou fazer anotações reagindo ao que o oponente disse, muitos fazem questão de parecer entediados ou distraídos. Eles têm pequenas conversas paralelas com pessoas fora da imagem ou ficam *realmente* ocupados em ajeitar os broches de lapela. O presidente russo Vladimir Putin prefere se sentar com uma postura de preguiça e assumir um ar sonolento, dando a impressão de que está lutando para permanecer acordado. O sujeito chega a ser exagerado para mostrar que o oponente não é digno de sua atenção.

Não estou simplesmente dizendo que prestar atenção é bom e ignorar as pessoas é ruim. Não haveria nada de validador se uma pessoa o olhasse com raiva e levantasse o dedo médio enquanto você faz um discurso. **Para que seja considerada validadora, sua atenção precisa demonstrar interesse e ausência de julgamento.** Ser capaz de fazer isso de modo confiável, independentemente de quem esteja diante de você – ou compareça ao seu show de mágica – exige habilidade.

## COMO PRESTAR ATENÇÃO

Odeio ser portadora de más notícias, mas prestar atenção não é o mesmo que demonstrar estar prestando atenção. A primeira é um processo cognitivo; a segunda é uma habilidade interpessoal. Mesmo que você não julgue e esteja genuinamente interessado em alguém, sua atenção não cumprirá os critérios de validação se não for percebida. Para passar consistentemente no teste de atenção, você precisará usar linguagem não verbal, escutar, fazer perguntas e comentar.

## Usar linguagem não verbal

Mais conhecida como linguagem corporal, a linguagem não verbal inclui *comportamentos* físicos como assentir e fazer contato visual, além de *deixas vocais* como volume, tom, velocidade e expressões simples como "Aham", "É" e "Hmm". Daqui a pouco falarei mais sobre deixas vocais.

Quando se trata de expressões não verbais, algumas são melhores do que outras para comunicar envolvimento. Felizmente pesquisadores vêm estudando esse tema há anos e desenvolveram uma compreensão sofisticada de quais são mais eficazes para indicar atenção, conexão e segurança. Eles se referem a essas expressões não verbais como "comportamentos de proximidade", chamados assim porque reduzem a distância psicológica entre as pessoas.[7] Eu os limitei[8] às Quatro Grandes:*

1. Contato visual
2. Proximidade (ficar perto ou se inclinar para perto)
3. Gesticular
4. Assentir

Durante toda a sua apresentação, DelGaudio faz um uso magistral das Quatro Grandes. No truque que descrevi, ele conta exclusivamente com o *contato visual* (nº 1) para se comunicar com a pessoa com quem está falando. Em vários momentos, ele deixa seu olhar se demorar em determinada pessoa por vários segundos antes de falar, o que aumenta o tempo que ele passa olhando para ela, vendo-a. Ao ganhar *proximidade* (nº 2) com a plateia, ele vai aumentando a sensação de intimidade durante o truque. E, ao *gesticular* (nº 3) e *assentir* (nº 4), habilmente provoca reações nas pessoas

---

* As normas culturais podem influenciar o modo como os comportamentos não verbais são interpretados. Manter contato visual, por exemplo, é considerado mais importante em países da Europa Ocidental do que em países da Ásia Oriental e pode até ser percebido como algo desrespeitoso em algumas culturas. Quando em dúvida, observe o outro e o imite.

na plateia. Ele cruza os braços; elas levantam uma sobrancelha. Ele assente (nº 4); elas assentem de volta. Quanto mais ele se envolve com as pessoas desse modo, mais elas se envolvem umas com as outras – não falando, mas através desses comportamentos de proximidade básicos.

Qualquer um que incorpore as Quatro Grandes é capaz de alcançar resultados semelhantes. Usá-los em conjunto, como DelGaudio faz, pode amplificar seus efeitos, culminando num poderoso sinal de validação que captura a atenção das pessoas e abre o coração delas. Observe que você não precisa ser dramático para que as Quatro Grandes sejam eficazes. Você pode deliberadamente afastar os olhos do telefone para demonstrar que está ouvindo, mas não precisa exagerar. **O segredo para ser natural é ser intencional com relação ao que está fazendo, sem se concentrar demais na impressão que está passando.**

## Escutar

Escutar não significa simplesmente calar a boca e dar à outra pessoa a chance de falar. Se você está pensando no que vai dizer a seguir ou tentando decidir se deve jantar pizza pela terceira noite seguida, não está escutando. Só está em silêncio. Para escutar, você precisa da sua atenção integral. Para prestar atenção (ou seja, para escutar com a intenção de validar alguém), precisa de mais envolvimento ainda: além de se concentrar no que está sendo dito, você precisa preencher as lacunas. Alguém que esteja tentando organizar os pensamentos em tempo real está sujeito a várias restrições (capacidade de memória funcional, ansiedade, vontade de fazer xixi, etc.). Prestar atenção faz com que você se junte mentalmente ao outro, que está tentando lhe dizer alguma coisa. Você avalia como a informação que ele está oferecendo se relaciona com as outras coisas que sabe sobre ele ou sobre o mundo e se esforça para desenvolver um entendimento mais completo do sentido que ele é capaz de construir na hora, de improviso.

Esse tipo de envolvimento é fácil quando você entende do assunto que está sendo discutido ou ao menos se importa com ele; mas, quando não é o caso, pode ser tremendamente doloroso. Atendendo clientes, desde adolescentes até idosos, com frequência me pego em conversas que não me interessam particularmente. Para dizer o mínimo. Na metade do tempo nem sequer entendo o que meus clientes estão falando. Você consegue acreditar que fizeram *doxxing* da Jenna no Discord? Acho que não, porque sou pouquíssimo familiarizada com esses termos. Não é sacanagem o Erik ganhar uma "promô" depois de estar apenas no nível cinco há menos de um ano? Não conheço Erik, não me importo particularmente se ele vai ganhar uma "promô" nem faço ideia do que significa ele estar no nível cinco.

Quando eu era uma jovem terapeuta, costumava roer as unhas implacavelmente nesses momentos. A combinação de ansiedade por não entender de que meus clientes precisavam e o puro tédio significavam que eu não conseguia manter o esmalte nas unhas por mais de um dia. Felizmente encontrei uma solução alternativa – ou melhor, descobri um jogo que logo percebi que a maioria dos bons ouvintes já jogava.

O *Jogo*, como o chamo, não é complicado; você só precisa responder a esta pergunta em duas partes:

## OBJETIVO

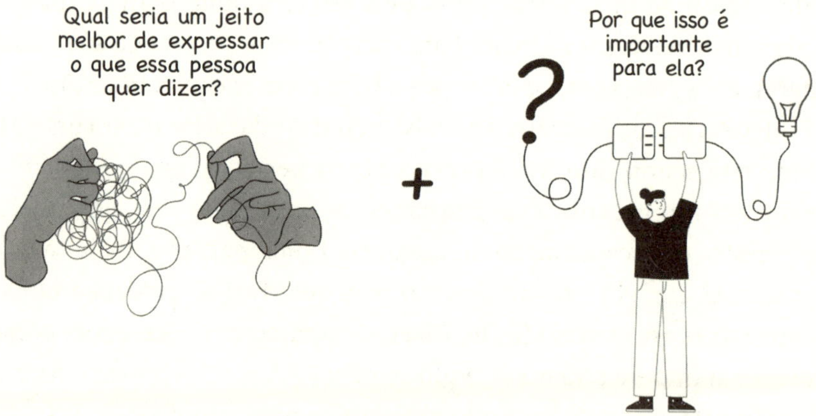


REGRAS

- Não revele suas respostas à pessoa que está falando.
- Todo comentário ou pergunta deve demonstrar interesse ou um esforço para entender o ponto de vista da pessoa que está falando.

- Qual seria um jeito melhor de expressar o que essa pessoa quer dizer?
- Por que isso é importante para ela?

### Regras:

- Não comunique suas respostas à pessoa que está falando. Pelo menos não se seu intuito for prestar atenção. Como no Sudoku, esse é um jogo contra você mesmo. É tecnicamente possível vencer sem dizer nenhuma palavra.
- Você pode fazer perguntas e comentários, mas está limitado aos que demonstrem *interesse* ou o esforço de *entender* melhor o ponto de vista do outro. (Veja a seção "Fazer perguntas e comentar".)

Para vencer no *Jogo*, você precisa abandonar a noção de que é o outro que precisa explicar tudo. Em vez disso, você é que precisa entender a mensagem e compreender por que aquilo importa para ele. O desafio está em encontrar um jeito *melhor* de apresentar o ponto de vista da pessoa. Esse elemento-chave do jogo é fundamental para neutralizar a condescendência e conter seu viés de negatividade. Nosso cérebro é rápido em enquadrar o que ouvimos, pensando "Já entendi", "Isso é idiota" ou "Não estou nem aí", para podermos voltar a pensar em coisas mais importantes como "O que vou almoçar hoje?" ou "Por que eles não falam do Bruno?". Quando aceita o desafio de esmiuçar a mensagem da pessoa, você deixa de ser um juiz passivo e vira um participante ativo.

Perceba que nada disso significa que você precisa concordar com o ponto de vista do outro ou gostar dele. Como num debate em que você recebe um tema aleatório e precisa defender uma posição, o *Jogo* exige que você pense de um modo que o envolva, mesmo se o assunto não for capaz de despertar seu interesse. **Todos os melhores validadores abordam a escuta desse modo, não como uma absorção passiva de informação, e sim como uma construção ativa de sentido.**

### Fazer perguntas e comentar

Se for adequado, você pode falar com a outra pessoa durante o *Jogo*, mas está limitado a fazer perguntas sobre a experiência dela ou comentá-la. Dependendo do *que* você pergunta e *como* faz isso, seus comentários podem ser percebidos como um sinal de que está prestando atenção ou como algo irritante.

**Se o seu intuito é prestar atenção, suas perguntas e seus comentários devem demonstrar *interesse* ou um esforço para *entender* melhor o**

**outro.** É isso. Afirmações como "O que você acha que ele quis dizer com isso?", "Você ficou surpresa?" e "Uau" demonstram interesse, ao passo que "Você pode me explicar isso?" e "Poderia repetir essa parte" comunicam esforço para entender.

Os melhores comentários e perguntas refletem interesse pelo outro *e* desejo de entendê-lo. Ainda que a produção tenha pedido ao público de DelGaudio para pegar um cartão, a tarefa era um modo velado de perguntar: "Como você se vê?" Essa pergunta cumpre bem os quesitos de "Demonstrar interesse" e "Esforço para entender alguém".

O modo *como* você pergunta e comenta é tão importante quanto o que você diz. Aqui entram as deixas vocais. Considere a pergunta: "Você se acha um bom pai?" Tente fazer essa pergunta do modo mais crítico e cheio de julgamento que conseguir. Certo, agora tente fazer a mesma pergunta, mas de modo gentil e solidário. Dá para perceber a diferença? Feita de um jeito, talvez com um tom de voz suave, devagar e com uma leve inflexão em "pai", parece uma pergunta atenciosa e curiosa. Dita de outro modo, com um tom afiado, voz mais alta e ênfase no "você", a mesma frase parece um ataque.

Se já foi acusado de parecer ríspido apesar de esse não ser seu intuito, talvez você seja vítima de suas deixas vocais. Eu mesma sempre falei muito rápido. No decorrer dos anos, fui obrigada a aceitar que às vezes isso pode parecer impaciência ou nervosismo. O truque para administrar com eficiência características como falar depressa ou roboticamente é ter consciência disso. Você não precisa mudar seus padrões de fala, mas, se alguém reage mal às suas tentativas de contato, você deveria ajustar a entonação, a velocidade ou o volume da sua voz.

Se você tem consciência dos seus padrões naturais de fala, pode ajustá-los intencionalmente para criar um efeito validador. Como sou uma pessoa que fala rápido, de um jeito animado, quando falo mais devagar e pausadamente, isso é perceptível. Ao fazer isso, me afasto do meu estilo frenético habitual e sinalizo que estou sendo atenciosa e intencional. O oposto também vale – para alguém como DelGaudio, por exemplo. Sem dúvida ele tem consciência de sua fala monótona e fica mais animado quando quer prestar atenção e atrair a atenção da plateia para determinadas emoções, como quando ajustou seu tom de voz para reconhecer o bom humor da pessoa que se identificou como "maconheira noturna". Essas mudanças são sutis, mas não menos impactantes. **Sempre que você muda seus padrões naturais de fala reagindo a uma pessoa, isso demonstra que ela afetou você. Significa que ela tem sua total atenção.**

## QUANDO PRESTAR ATENÇÃO

Assim, prestar atenção inclui usar as Quatro Grandes expressões não verbais, escutar com atenção usando o *Jogo* e fazer perguntas e comentários. Você não tem chance de demonstrar compreensão ou empatia por alguém se não lhe dedicar sua atenção. Por isso, sempre que quiser validar, você precisa prestar atenção em algum nível. A verdadeira questão é: quando o melhor a fazer é oferecer *apenas* sua atenção? Quando usar somente essa habilidade, e não qualquer uma das outras?

Prestar atenção será útil quando você não entender nem sentir empatia pelo ponto de vista do outro. Se na ceia de Natal você se pegar preso numa conversa com um tio que fala sem parar, defendendo posições políticas ofensivas, provavelmente esse é o único passo que poderá dar para validá-lo. Prestar atenção também é o melhor curso de ação sempre que for inadequado falar. Quando você quiser validar sem interromper a outra pessoa – pense em reuniões, enterros, encontros de pais e professores, etc. –, a atenção é o seu melhor amigo.

## ATÉ MESMO SEU MELHOR AMIGO PODE TRAIR VOCÊ: ERROS E SOLUÇÕES AO PRESTAR ATENÇÃO

Usar expressões não verbais, escutar e fazer perguntas e comentários pode parecer uma estratégia à prova de erros, mas essas abordagens básicas podem sair pela culatra. Quando prestar atenção dá errado, geralmente é por causa da intensidade ou do timing.

### Intensidade

O contato visual pode ajudar muito a comunicar atentividade e construir conexões. Mas em algumas situações pode dificultar as coisas. As pessoas tendem a evitar o contato visual quando se sentem constrangidas, culpadas, envergonhadas ou, em alguns casos, tristes. Fazer perguntas nessas ocasiões pode parecer invasivo, levando as pessoas a se fechar em vez de se abrir. **Se você abordar um momento delicado com muita intensidade, arrisca-se a quebrá-lo.** Para administrar ou corrigir a intensidade, basta que você leia o ambiente. Se uma pessoa parece envergonhada, constrangida ou insegura com relação a algum assunto, contenha suas perguntas e seus comentários, não force o contato visual, diminua suas deixas vocais e dê um passo atrás – literalmente.

## Timing

As pessoas falam quando querem falar, e não quando *você* quer que falem. Experimente perguntar às crianças "Como foi o seu dia?" ao buscá-las na escola, e você entenderá o que quero dizer. Exigir que as pessoas sejam vulneráveis ou esperar que se abram simplesmente porque você está pronto para prestar atenção raramente dá bom resultado. Ainda que nossas intenções possam parecer benevolentes – estamos tentando nos conectar, o que há de errado nisso? –, na verdade podemos estar reagindo mais às nossas próprias necessidades do que atendendo às do outro. Queremos preencher um silêncio que nos deixa desconfortáveis, satisfazer nossa curiosidade ou provar que somos bons pais, amigos, cônjuges, etc. Essas motivações vão contra o espírito da validação, que é concentrar-se, quase meditativamente, na experiência do outro. **Oferecer nossa atenção a alguém que não a deseja reflete falta de tato. Não é validador; é simplesmente irritante.**

Não há nada de errado em fazer perguntas do tipo "Como foi o trabalho?" ou "O que aconteceu na escola?", desde que você não espere muito em troca nem fique pegando no pé da pessoa com outras perguntas, como se estivesse querendo arrombar a vida dela (por exemplo, "Como foi na escola?" "Só tudo bem?" "Por que você não quer falar?" "Aconteceu alguma coisa?" "O que aconteceu?!"). Em vez disso, concentre-se em demonstrar interesse e curiosidade diante das declarações que surgirem espontaneamente, quando você menos espera. Os comentários espontâneos são como portas entreabertas sinalizando que a pessoa está pronta para deixar você entrar. Raramente alguém dá sinais claros como: "Querida, realmente seria bom receber alguma validação em relação à minha frustração com aquele cara do trabalho." Em vez disso a pessoa diz algo como "Meu colega Alex é um saco" e puxa o assunto na cama, quando você está prestes a cair no sono, e não durante o jantar, quando você perguntou "Como foi o seu dia?". Não estou dizendo que você deva abrir mão do seu sono ou achar que todo e qualquer comentário casual aponta para algo mais profundo. Estou simplesmente dizendo que prestar atenção nas discussões que as pessoas iniciam pode oferecer mais oportunidades de aprofundar o relacionamento do que tentar forçar uma conversa.

Se parece que as pessoas raramente se abrem ou se você está querendo reacender uma conexão que esfriou, procure encontrar momentos que conduzam a uma conversa íntima. Depois do jantar, num encontro em um café, caminhando, trocando mensagens de texto tarde da noite ou andando de carro são situações perfeitas para conversas profundas. Você pode esperar um retorno insatisfatório se abordar as pessoas imediatamente antes ou depois do trabalho, das aulas ou de outras atividades exigentes, porque, em geral, elas costumam estar concentradas em se preparar para essas atividades ou se recuperar delas. Por outro lado, quando conseguir a centelha que estava esperando, tenha cuidado para não soprá-la com muita força. Permita o silêncio, sobretudo se parecer que aquele momento pode escorrer pelos seus dedos se você não ficar atiçando-o com perguntas. Se a outra pessoa mudar de assunto, tente voltar a ele apenas uma vez. Se ela não morder a isca, deixe para lá. As pessoas não se abrem em resposta à pressão, e fazer isso só diminui a probabilidade de voltarem a recorrer a você no futuro.

## RECAPITULAÇÃO

- Prestar atenção significa atentar-se e escutar sem julgamento, de um modo que demonstre interesse e cultive a compreensão.
- Você pode prestar atenção fazendo o seguinte:
  - » Usando as Quatro Grandes expressões não verbais: contato visual, proximidade, gesticular e assentir.
  - » Escutando com atenção por meio do *Jogo*:
    1. Qual seria um jeito melhor de expressar o que essa pessoa quer dizer?
    2. Por que isso é importante para ela?

» Fazendo perguntas e comentários. Atenha-se aos que demonstram *interesse* ou indicam que você está tentando genuinamente *entender*.

- Prestar atenção é sempre um passo necessário para a validação. Você deve usar essa habilidade exclusivamente se não for adequado falar ou se não entender nem sentir empatia pelo ponto de vista do outro.
- Dentre os erros ao prestar atenção, estão os seguintes:
  » Usar intensidade demais.
  **Solução:** Leia o ambiente. Faça os ajustes necessários.
  » Tentar forçar oportunidades de prestar atenção, em vez de aproveitá-las quando elas surgirem naturalmente.
  **Solução:** Espere a pessoa se abrir e não a sufoque quando ela fizer isso.

## DICAS PRÁTICAS

1. Memorizar as Quatro Grandes e se lembrar de usar linguagem não verbal em termos gerais já é um bom ponto de partida. Você pode colocar um lembrete no telefone ou na geladeira para se lembrar de prestar atenção nas expressões não verbais esta semana, mas na hora não pense demais no que está fazendo.
2. Algumas habilidades na Escada da Validação são menos intuitivas e têm aspectos que você precisa treinar para internalizar. O *Jogo*, componente da habilidade de prestar atenção, é uma delas. Na minha experiência, o *Jogo* começa a se tornar uma resposta automática depois de umas 25 repetições. Para desenvolvê-lo esta semana, treine-o nas seguintes situações:
   » Conversas de baixo risco sobre temas que importam para você (por exemplo, conversar com seu companheiro ou companheira sobre um podcast que os dois ouviram).
   » Conversas de baixo risco sobre assuntos que não são do seu interesse (por exemplo, conversar com seu companheiro ou companheira sobre o podcast de xadrez que ele ou ela acabou de ouvir.)

» Discordâncias ou conversas de baixo risco quando você não entende o ponto de vista do outro (por exemplo, conversar com seu companheiro ou companheira sobre o podcast *Odeio gatos*, que ele ou ela andou ouvindo).

**Dica:** Lembre-se de fazer perguntas e comentários que demonstrem interesse ou um esforço de aprofundar sua compreensão. E nada diz que essas conversas precisam acontecer ao vivo. Comunicação por meios eletrônicos ainda é comunicação.

# 7

# Copiar – Como se conectar com qualquer pessoa

*Vivo nas expressões faciais do outro, assim como sinto o outro vivendo nas minhas.*

– Maurice Merleau-Ponty, *Fenomenologia da percepção*

Adoro este capítulo! Em parte porque terei a oportunidade de falar sobre o meu marido falando sobre Seth Rogen falando sobre cogumelos mágicos, mas também porque poderei contar a você sobre meu plano de um passo para a paz mundial. Há muita coisa a abordar, então vou direto ao ponto.

Copiar é a segunda das duas **Habilidades de Atenção Plena** e, como o nome indica, não tem mistério: consiste simplesmente em imitar ou refletir as palavras ou o comportamento do outro.[1]* Essa habilidade é mais eficaz quando combinada com as perguntas e comentários cujo intuito é demonstrar atenção. Por exemplo, alguém diz, sorrindo:

– Aquele restaurante foi o melhor em que estive nos últimos anos.

Você responde:

– "O melhor nos últimos anos?" – imitando o sorriso (Copiando). – O que você pediu? (pergunta demonstrando que você está prestando atenção e quer saber mais).

Você pode resumir um pouco o que a pessoa falou e trocar algumas palavras, mas copiar tem um potencial mais validador quando mapeia o

* Refletir de volta, Refletir com precisão, Imitar, Espelhar, Falante/Ouvinte, Parafrasear e Escuta reflexiva são variações dessa mesma habilidade.

mais diretamente possível o que o outro expressou. Daqui a pouco vou mostrar como ser eficaz, e não desagradável, ao fazer isso.

Pode não parecer que copiar o outro seja um bom jeito de oferecer validação, mas lembre-se: como é uma **Habilidade de Atenção Plena**, ela só precisa demonstrar que você está prestando atenção sem julgamento. Você pode suspeitar que não seja muito, mas, como dissemos com relação à habilidade de prestar atenção, reconhecer a existência de alguém sem julgamento nem preconceito pode ser incrivelmente comovente. Derek DelGaudio só conseguiu criar uma experiência em que "ninguém se sentirá julgado" e em que "Nossos 'eu sou' vão se tornar 'nós somos'" em grande parte porque recorreu à habilidade de copiar. Ele dava sua total atenção a cada pessoa e dizia as palavras que elas achavam que melhor as descreviam. Não oferecia nenhuma interpretação nem elaborava a partir das descrições que as pessoas tinham escolhido; simplesmente as repetia, literalmente.

Felizmente você não precisa ser um profissional treinado para colher os benefícios dessa habilidade. Pesquisas demonstraram que o simples ato de instruir alguém a copiar o outro afeta positivamente o modo como os dois se sentem com relação um ao outro.[2] Como você poderia esperar, o jeito como as pessoas se *sentem* em relação às outras afeta o modo como *tratam* umas às outras. Naquele que talvez tenha sido o mais famoso estudo sobre o copiar, o pesquisador Rick B. Van Baaren e seus colegas instruíram garçons a repetir em voz alta ou não os pedidos dos clientes.[3] Eles descobriram que os clientes cujos pedidos tinham sido repetidos deixavam gorjetas significativamente maiores. Resultados semelhantes foram informados num estudo posterior sobre o copiar e comportamento pró-social.[4] Nesse experimento, os pesquisadores copiavam ou não as posições de pernas e braços dos participantes durante uma conversa. Os participantes não sabiam que estavam sendo imitados. A conversa durava apenas seis minutos, e depois disso o pesquisador deixava cair "sem querer" algumas canetas no chão. Os participantes que tinham sido copiados sem saber pegaram as canetas do chão com mais frequência (100%) do que os que não tinham sido (33%).

PESQUISAS MOSTRARAM QUE TANTO A PESSOA COPIADA QUANTO A QUE COPIAVA RELATARAM UMA CONEXÃO E UM ELO EMOCIONAL MAIS FORTES UMA COM A OUTRA.

E, antes que você comece a devanear sobre todas as gorjetas que vai receber e todas as canetas que vão pegar para você, lembre que copiar, como qualquer habilidade de validação, afeta tanto o validador quanto a pessoa validada.[5] Esse é um ponto crucial! Pegue seu marcador de texto, mande uma mensagem para um amigo, escreva isso numa caneca para nunca mais esquecer quão importante é. Porque quanto mais afinado e conectado você estiver com um indivíduo, mais difícil será justificar o ato de tratá-lo mal. Se copiar o outro realmente faz com que nos sintamos mais conectados com ele, essa habilidade de validação tem o potencial de reduzir a discriminação. Na verdade, ficou comprovado que ela faz exatamente isso.

Num estudo realizado em 2012, estudantes não negros foram divididos aleatoriamente em três grupos. Os do primeiro grupo foram instruídos a assistir a um vídeo e copiar os movimentos de um ator negro que pegava um copo d'água e bebia repetidas vezes. Os do segundo grupo foram instruídos a assistir ao vídeo *sem copiar* o ator. O terceiro grupo recebeu as mesmas instruções do primeiro, só que o ator, assim como eles, *não era negro*. Em seguida os participantes realizaram uma tarefa destinada a avaliar seu racismo implícito – um preconceito inconsciente que pode fazer uma pessoa se comportar de maneira discriminatória ainda que não pretenda.[6] No final, os participantes que tinham copiado o ator negro demonstraram ausência de preconceito implícito, ao passo que os dos outros dois grupos demonstraram ter preconceito contra pessoas negras.[7] Os pesquisadores desse estudo sugerem que a conexão resultante de copiar alguém pode nos levar a enxergá-lo menos como um "outro" e mais como nós mesmos.

Se você está pensando "Será que as pessoas designadas aleatoriamente para copiar o ator negro já tinham menos racismo implícito do que as do outro grupo?", talvez você prefira uma experiência que faça uma comparação entre antes e depois. Nesses estudos, os pesquisadores avaliam a pontuação dos participantes antes e depois de uma tarefa para ver se o que fizeram interferiu no resultado final. É aí que entra o Xbox. No uso mais engenhoso já registrado do jogo *Dance Central 3*, do Xbox 360 Kinect, Ron Tamborini e seus colegas da Universidade Estadual do Michigan demonstraram que, em comparação com a classificação que fizeram antes, os participantes brancos que copiaram atentamente os passos de dança de um dançarino virtual negro durante três músicas classificaram as pessoas negras em geral como significativamente *mais* confiáveis depois de realizar a tarefa.[8] Esses efeitos dependiam completamente da sincronia dos participantes com os dançarinos virtuais: quanto melhor copiassem os movimentos do dançarino, mais pronunciados pareciam ser os efeitos.

Esses estudos dão apenas um pequeno vislumbre do impacto do ato de copiar sobre a sensação de afiliação e pertencimento. Outros demonstram que copiar reduz a tendência de culpar as vítimas,[9] convence as pessoas a doar mais para instituições de caridade[10] e aumenta a empatia em relação a cidadãos que estão em lados opostos de uma guerra.[11] No âmbito dos relacionamentos amorosos, ficou demonstrado que copiar aumenta a atratividade.[12] Essa habilidade só seria melhor se fosse mais fácil de usar. Brincadeirinha. É tão fácil que até um bebê é capaz de fazer. Literalmente.

## SEU MESTRE MANDOU

Ao usar essa habilidade, você tem duas opções: copiar as palavras e copiar o jeito da pessoa.

### Copiar as palavras

Eu queria oferecer o exemplo mais orgânico possível, então me infiltrei. Numa noite, durante um jantar, pedi a meu marido que me contasse sobre o livro que estava lendo. Sem que ele soubesse, eu pretendia copiar o que ele diria, por isso gravei a conversa no meu telefone para poder transcrevê-la depois. Mais tarde contei a Mat sobre minha operação e ele aceitou numa boa que eu a incluísse no livro.

Vamos lá: ele estava lendo a autobiografia de Seth Rogen, *Yearbook*. É, é agora que vou falar sobre Mat falando sobre Rogen falando sobre cogumelos mágicos. Desculpe, sei que quando você comprou este livro sobre validação não estava procurando uma história sobre uso de drogas, mas cá estamos.

**Mat:** Eles iam comer os cogumelos, pegar as compras e fazer um piquenique. Acharam que o efeito iria bater quando chegassem ao parque. Mas não, a onda bateu quase imediatamente, quando estavam no supermercado.
**Eu:** Antes de comprarem as coisas? [Pergunta demonstrando atenção]
**Mat:** É! [Mat começa a rir.] Seth acabou dando todo o dinheiro que tinha ao caixa e saindo com a comida. Depois de um tempo eles chegaram a um parque lindo em Amsterdã, mas Seth precisava fazer cocô, então disse ao amigo: "Já volto. Só preciso achar um banheiro." E o cara disse: "Por favor, não me deixe sozinho agora, de jeito nenhum!" O cara estava aos prantos.
**Eu:** Ah. Ele estava chorando? [Pergunta demonstrando atenção + cópia]
**Mat:** Ele estava doidão demais. Mas Seth precisava mesmo fazer cocô, por isso disse: "Eu preciso ir agora mesmo, senão a coisa vai ficar muito esquisita e ruim."
*Nós dois rimos.*
**Eu:** Eles estão num parque lindo e ele precisa fazer cocô. [Cópia]
*Mais risos.*
**Mat:** Aí ele acha um banheiro. E, quando volta, vê o amigo deitado de cara no chão, com os braços ao lado do corpo, e fica muito assustado porque o cara parece estar morto. Então ele pergunta "Ei, o que está acontecendo?" e o amigo responde "Estou me escondendo".
**Eu:** "Estou me escondendo?!" [Cópia]
*Nós dois gargalhamos.*
**Mat:** É! Ele diz algo como: "Estou tentando ficar totalmente imóvel para ninguém me ver." E Seth: "Do que você está falando? Ninguém está olhando para você." E o amigo: "Então está dando certo."
**Eu:** "Então está dando certo!" [Cópia] Isso é hilário.*

* Percebo que houve muitas risadas. Só quero esclarecer que Mat e eu não estávamos usando drogas. Essa história *é* mais engraçada se você ouvir Rogen contando.

Essa é uma versão condensada da nossa conversa, que foi bem mais longa, e aqui o uso que faço dessa habilidade fica um pouco mais evidente do que na transcrição completa. Chamo atenção para esse fato porque copiar é mais eficaz quando é menos perceptível. O segredo para ser validador e não soar robótico é combiná-la com perguntas que demonstram atenção e comentários, como faço no início da conversa, quando pergunto se eles ficaram doidões antes de comprar qualquer coisa.

Repetir os adjetivos ou as descrições exatas que as pessoas usam pode ser particularmente eficaz porque essas palavras são como a cor que elas escolheram para pintar um detalhe específico (por exemplo, "Eles estão num parque lindo"). Repeti-las confirma que você está vendo o mesmo que a outra pessoa e entende o que parece importante para ela. Copiar o tom e a abordagem estilística que o outro usa em e-mails e mensagens de texto é outro modo sutil de copiar e demonstrar sintonia. Certifique-se de prestar muita atenção no uso de pontos de exclamação e emojis por parte do seu interlocutor, porque esses elementos transmitem o tom, a intensidade e o nível de formalidade com que ele se sente confortável.

Resumir ou repetir os pontos principais do argumento do indivíduo também conta como copiar – presumindo que você se atenha ao que a pessoa disse e não à sua *interpretação* do que ela disse. Copiar reflete a posição do outro; as interpretações, por outro lado, podem turvar as coisas. De novo, você não precisa *concordar* para reafirmar a posição dele. Duvido seriamente que DelGaudio concordasse com a pessoa que se enxergou como "um zé-ninguém". Ele estava simplesmente validando o fato de que era assim que o indivíduo se enxergava.

Por mais que copiar pareça um comportamento calculado, você não precisa se concentrar em todas essas estratégias. Meus únicos pensamentos na conversa com Mat eram (1) copiá-lo e (2) garantir que Havana não nos escutasse falando sobre drogas. Depois de aprender essas técnicas, você vai descobrir que gravita naturalmente na direção delas. Ver outras pessoas usando essa habilidade e experimentá-la vai reforçar o que você aprendeu, de modo que, quando decidir se gravar secretamente tendo uma conversa com seu marido sobre Seth Rogers, terá um bom exemplo do que é copiar, para contar ao mundo. Isso supondo que ele permita.

## Copiar o jeito da pessoa

Desde criança eu tenho dificuldade com uma questão que fico sem graça em admitir. Eu copio o sotaque dos outros sem querer. Não é de propósito. Mas, se não tiver cuidado, começo a adotar o sotaque de qualquer um, frequentemente num grau cômico. Se eu tiver tomado uma taça de vinho, aí a coisa piora e passo a falar como se tivesse nascido no mesmo país que a pessoa.

Fiquei aliviada em saber que o impulso inconsciente de copiar sotaques é comum e motivado não por um desejo inconsciente de zombar dos outros, mas por uma tentativa involuntária de validá-las. Às vezes chamado de efeito camaleão, pesquisas confirmam que copiamos naturalmente os sotaques, as tendências vocais, os comportamentos e as expressões faciais das pessoas com quem conversamos.[13] De fato, somos programados para copiar o jeito como as pessoas falam e se comportam. Estudos com bebês mostram que eles têm uma tendência natural a imitar expressões faciais e emocionais.[14]

Copiar os outros inconscientemente pode parecer um tique esquisito da espécie humana, mas, como acontece com todas as características hereditárias, esta parece ter servido a uma função evolutiva. Para permanecer vivo, você precisa de uma tribo. Para construir uma tribo, você precisa entender as pessoas e ter empatia por elas. Por acaso, copiá-las nos ajuda a fazer exatamente isso.[15]

Nosso cérebro associa determinadas expressões faciais e contrações musculares a emoções específicas. Franzir as sobrancelhas para dentro e para baixo, por exemplo, é associado à raiva. Estimular esses músculos das sobrancelhas imitando uma expressão facial de raiva pode fazer você sentir raiva. Copiar expressões associadas a emoções específicas ativa o córtex motor do cérebro *e* as regiões usadas no processamento das emoções. Por meio desse ciclo de feedback confiável, copiar as pessoas nos ajuda a entendê-las e ter empatia por elas.[16] Vale repetir: esses efeitos não são de mão única. Copiar leva *tanto* o copiador quanto o copiado a sentir uma conexão mais íntima, compartilhar emoções semelhantes e até mesmo relatar melhores interações um com o outro.[17] Esse parece ser o jeito que a natureza inventou para ajudar as pessoas a desenvolver empatia umas pelas outras e validá-las ao mesmo tempo. Isso para você ver como a natureza é eficiente.

Portanto, percebendo ou não, você já sabe que copiar as palavras e o jeito dos outros é uma forma de validá-los e já faz isso em algum nível para estabelecer e manter sua tribo. Minha sugestão é que você copie com mais frequência e intencionalidade quando quiser validar alguém (a não ser que se empolgue demais com os sotaques – nesse caso, fique longe do álcool). O motivo para isso é que não imitamos todos, indiscriminadamente. Pelo contrário, temos uma probabilidade maior de copiar pessoas atraentes[18] e em posição de poder.[19] Se essas são as únicas pessoas que você precisa validar, tudo bem. Caso contrário, você ficará feliz ao saber que imitar as pessoas *intencionalmente* não é menos eficaz do que fazê-lo espontaneamente.[20] As duas coisas resultam em deliciosos frutos de compreensão e conexão.

Como já nascemos programados para copiar os outros, a maioria[21] das pessoas não precisa fazer muito esforço para isso.* Quando errei em minha tentativa inicial de validar a babá assoberbada que encontrei no parque, percebi que precisava me basear nas **Habilidades de Atenção Plena.** Na ocasião não fiquei pensando "Ela está cruzando os braços, então *eu* vou cruzar os braços" ou "Ela levantou a sobrancelha direita! Vou fazer o mesmo. Ah, porcaria, nunca consegui levantar uma sobrancelha só". Em vez disso, simplesmente registrei que deveria tentar copiá-la. Um lembrete delicado costuma ser a única coisa necessária para dar asas a essa tendência natural.

Um último jeito de usar essa habilidade com o objetivo de validação fica em algum ponto entre repetir o que a outra pessoa disse e imitar suas ações. Trata-se de colocar as ações dela em palavras. Por exemplo, se Mat dissesse "A casa está bonita" depois de eu ter passado o dia fazendo faxina e organizando tudo, eu poderia agradecer o elogio, mas não me sentiria particularmente validada. Se em vez disso ele dissesse "A casa está bonita. Uau, você limpou as janelas?! Estão brilhando! Isso aí na copa são etique-

---

* Quero enfatizar que *a maioria* das pessoas não precisa de mais do que um lembrete gentil para copiar as outras, porque algumas precisam de apoio adicional para desenvolver essa habilidade. A cópia espontânea é reduzida em pessoas com baixo nível de empatia, como as que estão no espectro do autismo. Pesquisas demonstraram que copiar intencionalmente as expressões faciais dos outros pode ajudar essas pessoas a identificar e processar as emoções das outras com precisão.

tas feitas à mão? Você deve ter demorado horas!", eu saberia que ele tinha noção do tempo e do esforço que dediquei. Segurar um espelho para a experiência de uma pessoa é um jeito óbvio, mas frequentemente esquecido, de mostrar que você a enxerga.

## COPIAR: A CURA PARA OS CONFLITOS

Como é uma **Habilidade de Atenção Plena**, copiar se aplica às mesmas situações em que prestar atenção funciona. E sua capacidade para promover a confiança e a compreensão também a torna um excelente antídoto contra o conflito.

Depois de milhares de horas de pesquisas sobre relacionamentos, John Gottman e sua esposa, a psicóloga Julie Gottman, desenvolveram uma abordagem para a terapia de casais baseada em suas descobertas. O Método Gottman de Terapia de Casais é um dos vários tratamentos comprovados para casais que esperam melhorar ou salvar o relacionamento. Quando estava aprendendo essa terapia, eu precisava praticar os vários métodos dos Gottmans com meus clientes. John Gottman é conhecido como o sujeito capaz de prever se um casal vai se divorciar com mais de 90% de precisão.[22] Um estudo clínico randomizado mostrou que os parceiros que simplesmente liam seu livro *The Seven Principles for Making Marriage Work* eram significativamente mais felizes no relacionamento até um ano depois de lê-lo.[23] Que terapeuta não gostaria de pôr em prática os métodos dos Gottmans? Era o que eu pensava, até me deparar com a Intervenção Gottman-Rapoport (conhecida simplesmente como Rapoport).[24]

Um dos principais métodos de gerenciamento de conflitos propostos por Gottman, a técnica Rapoport parecia tão artificial que eu não conseguia enxergar um jeito de usá-la sem comprometer meu respeito por mim mesma. Minha aversão pode parecer extrema, mas considere o que a intervenção exige: como terapeuta, eu precisaria interromper a discussão de um casal para sugerir que um dos membros abandonasse sua posição e em seguida instruí-lo a ouvir e repetir o ponto de vista do outro, fazendo ajustes até que a outra pessoa ficasse satisfeita. Porque, você sabe, nada promove a paz como obrigar um lado a assumir a posição do outro com os dentes trincados enquanto ouve repetidamente que está entendendo tudo errado. Para piorar a situação, eu deveria entregar uma prancheta ao ouvinte para que ele pudesse anotar (Copiar) o que o outro dizia. Quando a pessoa que falou fica satisfeita com o resumo da que ouviu, as duas trocam de lugar. Eu não sabia se poderia manter os dois parceiros na sala por tempo suficiente para que isso acontecesse. Só podia imaginar o feedback que receberia dos clientes depois: "Tudo estava indo bem até que ela nos forçou a fazer um exercício realmente constrangedor. O constrangimento maculou o nosso relacionamento para sempre. E agora não temos alternativa a não ser o divórcio..."

Por sorte, pouco depois de aprender a técnica Rapoport, participei de um *escape room*. Se você não conhece, nesse jogo você paga para ser trancado numa sala com seus amigos para resolver quebra-cabeças e enigmas. Nós recebemos lindas pranchetas eletrônicas chamadas Boogie Boards para anotar pistas e apagá-las com facilidade depois de cada enigma. Eu adoro artigos de escritório e imediatamente percebi que podia usar a Boogie Board no lugar das pranchetas para a parte das anotações da Rapoport. Se a intervenção de Gottman fosse a única justificativa para a compra desse brinquedinho, tudo bem. Nada pode ficar entre mim e os artigos de papelaria. Comprei duas Boogie Boards e comecei a experimentar a Rapoport para ajudar casais a enfrentar conflitos durante as sessões. E vou lhe dizer uma coisa: funcionou como mágica! Provavelmente porque é um negócio mágico mesmo. Quer dizer, é basicamente a mesma "mágica" que DelGaudio usou.

A utilidade do exercício Rapoport fica evidente para as pessoas quase no mesmo instante. Para suplantar qualquer resistência inicial, basta garantir ao primeiro ouvinte que ele terá a vez dele de contar seu lado da história. Em vez de ficar desencorajada com a "tarefa de escrita", a maioria das pessoas fica ansiosa para mostrar como escuta bem, nem que seja só para provar a si mesmas.

Então por que copiar é um antídoto tão poderoso contra o conflito? Porque o desafio de tentar repetir os argumentos de uma pessoa obriga você a reduzir a velocidade. **Quando você reduz a velocidade, para de se concentrar em arrumar argumentos contrários e preparar críticas, e começa a processar e copiar, enxerga coisas que deixaria passar batido.** É a diferença entre andar a toda velocidade numa via expressa e percorrer um bairro andando devagar. Você tem mais tempo para processar o que está acontecendo quando desacelera; é mais fácil frear e não atropelar pessoas. Com a habilidade de copiar funcionando ao fundo para promover a compreensão e a empatia, detalhes importantes entram em foco, tornando mais fácil enxergar o "nós somos" por trás do "eu sou".

Gottman diz que desenvolveu a intervenção Rapoport com base no livro de Anatol Rapoport *Fights, Games, and Debates*, que propõe estratégias de resolução de conflitos internacionais. Depois de ver do que essa intervenção é capaz, não tenho dúvida de que serviria bem à comunidade global. Além disso, imagine como seria bonitinho ver os líderes mundiais lendo as anotações que fizeram em suas Boogie Boards no esforço para validar uns aos outros! Paz mundial instantânea! Certo, talvez não. Mas tentar assimilar os argumentos de outra pessoa a ponto de repeti-los com precisão ajudará você a afrouxar alguns nós quando sentir a tensão aumentando numa discussão. Você não precisa necessariamente anotar o que a outra pessoa está dizendo se achar que isso vai ser constrangedor, mas, se experimentar essa abordagem, vai descobrir que poucas pessoas se ofendem por você estar prestando atenção nas preocupações delas.

## ERROS AO COPIAR

Como surge em nós naturalmente, a habilidade de copiar não é tão cheia de erros potenciais quanto algumas outras. Você só terá problemas se não conseguir equilibrá-la com a habilidade de prestar atenção ou se atrair o foco para o que está fazendo. Alguns terapeutas encorajam as pessoas a usar preâmbulos do tipo "ouvi você dizendo..." para copiar as palavras do outro. Eu discordo. Na minha experiência, esse tipo de fala pode trazer um ar de falsidade ou até mesmo de julgamento. É melhor se concentrar em copiar sem transformar toda a interação numa coisa elaborada demais. Esse conselho de "não transformar numa coisa elaborada demais" pode parecer contraditório vindo da mulher que defende que as pessoas tomem notas durante discussões. Mas nesta última situação o objetivo é ajudar você a copiar melhor, e não a atrair o foco. Os adereços são esquecidos rapidamente assim que cumprem sua função.

Contar com um lembrete delicado para copiar, em vez de ficar se monitorando obsessivamente, ajudará você a aproveitar sua tendência natural sem ser óbvio nem forçar a barra. A única outra coisa a ser lembrada é quais comportamentos copiar. Nunca, jamais, copie uma pessoa que esteja sendo agressiva, grosseira ou violenta. Copiar expressões não verbais de tristeza ou angústia (isto é, olhar para baixo, chorar, etc.) pode ser validador, mas você deve ter cuidado para não ultrapassar o limite e não sobrecarregar a pessoa. **Copiar deixa de ser eficaz no minuto em que a situação parece estar saindo do controle.** Dentre os sinais de que isso está acontecendo estão expressões de pânico, angústia e choros incontroláveis. Quando isso acontecer, pare de copiar e comece na mesma hora a confortar a pessoa.

Copiar crianças pequenas pode lhe dar uma sensação real de como é atravessar a fronteira entre o conforto e o caos e voltar. As crianças se beneficiam tremendamente da validação que sentem ao ver suas emoções refletidas por um adulto. Isso lhes mostra que seus sentimentos são verdadeiros, adequados à situação e confiáveis. Além disso, elas notoriamente têm dificuldade para regular emoções, o que faz com que copiar suas emoções negativas seja um pouco como andar na corda bamba. No início desta semana, por exemplo, Havana me chamou ao seu quarto depois de eu colocá-la na cama, dizendo que estava com medo de ter pesadelos.

– Pesadelos dão medo demais. Prefiro não dormir! – disse ela com os olhos arregalados.

– Tem alguns que dão medo *mesmo* – falei, repetindo a palavra que ela havia usado e arregalando os olhos.

Leitor, essa não foi a coisa certa. Ela começou a chorar como se eu tivesse literalmente confirmado seu pior pesadelo. Rapidamente mudei de abordagem e a abracei.

– Mas lembre – falei – que a gente pode ter pensamentos amorosos para espantar os pesadelos! Deixa que eu começo...

Esse último conselho só se baseia frouxamente nos dados científicos. E, sim, às vezes exagero para ajudar minha filha a dormir. O negócio é que a transição da validação para o conforto não precisa ser graciosa; só precisa acontecer.

## RECAPITULAÇÃO

- Copiar significa espelhar as palavras de uma pessoa (o que ela diz), o seu jeito (gestos e expressões) ou colocar as ações dela em palavras (reconhecer seus esforços).
- Copiar funciona em qualquer situação em que é benéfico prestar atenção. Também é particularmente útil durante conflitos.
- Ao copiar, tenha cuidado para não:
  - » Transformar a coisa num grande acontecimento.
    **Solução:** Equilibre essa habilidade com perguntas e comentários, e se lembre de copiar sem se monitorar excessivamente.
  - » Copiar o comportamento errado.
    **Solução:** Jamais copie comportamentos agressivos; se você passar do ponto copiando sentimentos negativos como a tristeza, pare e comece a confortar.

## DICAS PRÁTICAS

1. Use o lembrete "Lembre-se de copiar" para tentar copiar intencionalmente alguém em cada dia desta semana. Coloque um alerta no seu celular ou um adesivo no seu espelho para não se esquecer.
2. Na próxima vez que estiver numa situação de conflito, experimente a intervenção Rapoport. Você pode fazer isso formalmente, anotando o que a outra pessoa diz, ou informalmente, tentando acompanhar mentalmente os argumentos dela. Se a pessoa for um companheiro íntimo ou algum familiar, você pode tentar apresentar o exercício para ela, de modo que ambos tenham a oportunidade de ser ouvidos.

# 8

# Contextualizar – Descobrindo o xis da questão

*Eu mesma sempre achei que, quando examino uma coisa, ela se torna menos assustadora.*

– Joan Didion, *The Center Will Not Hold*

Quando Jeff, o filho da minha amiga Kim, entrou no primeiro ano, foi possuído por um demônio maligno. Pelo menos era o que parecia. A criança doce, que antes perguntava se podia trazer formigas para dentro de casa para protegê-las da chuva, desapareceu. No lugar dela havia um garoto decidido a destruir e perturbar tudo que pudesse. Kim foi chamada pela primeira vez à escola no início do ano letivo, quando Jeff foi apanhado desenhando na carteira com um marcador permanente que tinha roubado de casa; logo os telefonemas da escola se tornaram semanais. À medida que o ano se arrastava, a paciência da professora ia se esgotando. Kim pediu para falar com ela depois de Jeff lhe contar que ela o havia chamado de babaca. "Eu disse que ele estava *agindo* feito um babaca, não que ele *era* um babaca" – esclareceu a professora. Kim ficou furiosa.

A professora de Jeff acabou saindo da escola no meio do ano. Kim teve esperança de que as coisas melhorassem com a professora nova. E melhoraram – durante um dia inteiro. Então Jeff começou a dar trabalho de novo. Kim não ficou surpresa quando recebeu um recado da professora nova pedindo uma reunião, mas se surpreendeu com a abordagem dela: em vez de falar do mau comportamento de Jeff, ela se concentrou em obter informações. Ele tivera problemas no jardim de infância?

Tinha algum problema com amigos? "Espera aí, o quê?", perguntou ela quando Kim mencionou que Jeff se recusava a praticar leitura em casa e dava um chilique sempre que precisava fazer tarefas fora da escola. "Hum", murmurou ela.

Algumas semanas depois a professora indicou uma especialista em aprendizagem que fez uma bateria de testes com Jeff ao longo de vários dias. "Ele tem dislexia", contou Kim depois de uma reunião na escola para falar dos resultados. "Estou me sentindo péssima."

Jeff não era uma criança problema; só estava com dificuldades. A professora parou imediatamente de mandar que ele terminasse em casa as tarefas que não conseguia fazer na aula e começou a se encontrar com ele depois do horário para revisar lições e cobri-lo de elogios enquanto ele se sentava num trono (a cadeira da professora). Com a balança da punição e do reforço pendendo para o lado do reforço, o demônio não teve chance. No fim do ano, Jeff já tinha voltado a ser a criança gentil que sempre soubemos que era.

No início do ano ninguém conseguia entender o comportamento de Jeff. Estava fora do esperado e ia contra a cultura da sala de aula. Além disso, era tremendamente ineficaz: ele ficava sempre de castigo e parecia sentir raiva na maior parte do tempo. Mas, depois de descobrirmos a dislexia, seu comportamento passou a fazer mais sentido. Essa informação adicional bastou para transformar a compreensão de todo mundo e permitiu que as pessoas o validassem. Aí está o poder de contextualizar.

Ainda que a reação de Jeff ao primeiro ano não fosse "normal", era compreensível no contexto do seu transtorno de aprendizagem e de sua dificuldade para acompanhar as aulas. **A contextualização reconhece que a reação da pessoa faz sentido em algum contexto – sua fisiologia, sua história, etc. –, ainda que seja problemática ou ineficaz fora dele.**[1*] Nessas situações, a validação se baseia na suposição de que todo efeito tem uma causa.

Para contextualizar, você primeiro precisa determinar a cadeia de causa e efeito que levou à reação de alguém e em seguida comunicá-la. A cadeia

* A contextualização também é conhecida como Comunicar uma compreensão das causas, Historicizar e Validar em termos de causas suficientes (mas não necessariamente válidas).

não precisa ser elaborada. Aqui vão alguns exemplos que reuni na semana passada para lhe dar uma ideia do que quero dizer:

*Vou ficar aqui em cima com você. Não tem cobra nenhuma lá embaixo, mas sei que você tem medo de que tenha, por causa de quando você era pequena.*

– Havana, contextualizando o medo irracional de cobras que sua avó desenvolveu depois que alguns garotos colocaram cobras de jardim embaixo do seu vestido quando ela era criança.

*Minha palestra é sobre depressão, e no momento estou em depressão, e, se você está familiarizado com isso, provavelmente está familiarizado com aquela névoa de cérebro exausto que deixa você incapaz de se lembrar de qualquer coisa – por isso eu trouxe minhas anotações. É feio, mas, sinceramente, às vezes a depressão também é, então foda-se.*

– Jenny Lawson, contextualizando sua "névoa de cérebro exausto" e o uso de anotações durante uma TEDx Talk[2] (Viva a autovalidação!)

*Entendo totalmente. Com a esclerose múltipla você precisa ter um cuidado extra para proteger a saúde.*

– Um administrador contextualizando meu pedido para dar aulas remotamente depois do *lockdown*, apesar de o departamento ter exigido a volta às aulas presenciais.

O truque para contextualizar não se trata de descobrir o que dizer. Como você pode ver a partir dos meus exemplos, a mensagem é sempre alguma variação de "dado *x*, *y* faz sentido". Tem mais a ver com encontrar a conexão entre *x* e *y*. Como as outras **Habilidades de Compreensão** apresentadas neste capítulo, contextualizar se baseia no raciocínio lógico. Em primeiro lugar, exige dedução e, em segundo, comunicação. No momento em que você para de julgar a reação de uma pessoa – nossa tendência automática, graças ao demônio do viés de negatividade – e começa a tentar encontrar sua origem, aumentam suas chances de conseguir validá-la.

Contextualizar facilita a compreensão ao desarmar dois de seus principais inimigos: o "deveria" e o medo.

## DEVERIA

Você já ouviu a expressão "Pare de se culpar, achando que 'deveria' fazer isso ou aquilo."? Se não, diga-a em voz alta. O negócio é que temos expectativas irreais em relação a nós mesmos e depois ficamos inquietos e incomodados quando não conseguimos alcançá-las. Mas não guardamos os julgamentos apenas para nós mesmos; usamos o "deveria" com os outros também. E quanto mais nos concentramos em como uma pessoa "deveria ser", mais difícil é aceitá-la como ela é.

Contextualizar é um modo de colocar um ponto final no "deveria":

"Meu filho tem 12 anos; ele deveria ser capaz de fazer o dever de casa sem eu ter que ficar lembrando o tempo todo!" *Não, não deveria! Você vem lembrando-o de fazer o trabalho de casa desde o primeiro dia de aula da vida dele. Ele não desenvolveu sozinho as habilidades para administrar tarefas, e seus lembretes o pouparam de ter que enfrentar as consequências naturais de não cumprir suas obrigações.*

"Eu deveria ter parado de lembrá-lo do dever de casa há anos." *Não, não deveria! Até agora, quando mencionei isso, você não sabia que os lembretes podem ter colaborado para o problema. Em teoria, você poderia ter tido informações e recursos diferentes e vivido uma vida diferente, mas não teve. Você viveu a vida que está vivendo. E, no contexto desta vida, suas decisões como mãe fazem sentido.* ***Há um motivo válido para você fazer as coisas que está fazendo, e não é porque você é uma péssima mãe.***

O segredo para contextualizar, e para questionar os "deverias" em geral, é lembrar que *compreensão é diferente de aprovação.* Não é o mesmo que aprovar um comportamento, e não existe nada que diga que, por aceitar as condições atuais, você sacrifica sua capacidade de mudá-las no futuro. Explicações não são desculpas. A professora que tenta entender os fatores que colaboram para o mau comportamento de uma criança tem uma probabilidade maior de conseguir mudá-lo do que aquela que simplesmente o considera um babaca.

## MEDO

É incrivelmente difícil nos conectarmos com pessoas das quais achamos que precisamos nos proteger. Uma criança do primeiro ano pode começar a parecer "malvada" se constantemente ameaça a paz que você está tentando manter. Como abordei no Capítulo 2, as emoções negativas como o medo e sua prima em primeiro grau, a raiva, podem ativar nossa reação de luta/fuga/paralisia, prejudicando nossa capacidade de raciocinar. Mesmo que nosso sistema nervoso ainda não tenha pulado do penhasco da excitação do sistema simpático, as emoções podem prejudicar nossa objetividade: quanto mais frustrada se sentia a primeira professora de Jeff, mais crítica ela se tornava.

Mas não precisamos permanecer presos na casa de espelhos das emoções negativas. **Mesmo sendo verdade que os sentimentos afetam o raciocínio, também é verdade que o raciocínio afeta o modo como nos sentimos.** Para determinar a validade de algo, precisamos avaliar sem preconceitos a reação de uma pessoa. Essa análise bem pensada leva à compreensão, que é um catalisador da empatia e da compaixão. Lembre que as **Habilidades de Empatia**, que estão no topo da Escada da Validação, dependem da compreensão e sem ela vão fracassar. No contexto da validação, a mente é um canal para o coração.

Além de inspirar empatia e compaixão, contextualizar reduz as emoções intensas que nos distanciam dos outros e distorcem a realidade. Como observou a falecida Joan Didion: "Quando examino uma coisa, ela se torna menos assustadora."[3] Assim que vemos que não precisamos nos proteger, fica muito mais fácil estabelecer uma conexão. Contextualizar e as outras **Habilidades de Compreensão** nos ajudam a perceber que as sombras mais monstruosas que encontramos não passam de mãos pequeninas na frente de uma lanterna.

Em geral é nesse ponto da minha palestra sobre contextualização que alguém nos fundos grita: "Mas e os monstros?" Ou uma pessoa na primeira fila ergue a mão educadamente e pergunta alguma versão de: "Como você valida uma pessoa que se comportou de modo imoral ou cometeu um crime, e por que você desejaria fazer isso?"

Essas são boas perguntas, porque em lugar nenhum a contextualização é mais difícil do que quando a compreensão parece ser algo perigoso.

Se o "monstro" em questão é alguém em condições de abusar física, sexual, financeira ou emocionalmente de você ou das pessoas que estão sob seus cuidados, o medo é justificado e você deve seguir seus instintos que lhe dizem para buscar proteção. Alguém que esteja sofrendo abusos não está em condições de mudar o comportamento do abusador. A validação não funciona numa dinâmica abusiva porque, num contexto como esse, não há como garantir a imposição de limites, regras ou consequências. A vítima de abuso deve dar validação apenas a si mesma, escapando da situação na primeira oportunidade.

Por outro lado, se a pessoa em questão *não* é alguém de quem você precise se proteger, seus instintos podem ter um efeito indesejado. O medo nos faz enxergar em visão de túnel. Ele nos faz concentrar toda a nossa atenção no que está errado, excluindo todo o resto. O resultado é que tendemos a reduzir o "criminoso" ao crime dele. Achamos que, se a pessoa fez alguma coisa ruim, ela é ruim e precisa ser castigada. Que, se não a envergonharmos e invalidarmos, ela continuará agindo dessa forma. Pelo menos é isso que o medo nos diz.

Mas o medo é um mentiroso. A última coisa de que as pessoas precisam é mais vergonha e invalidação. Na maioria das vezes, quando se comporta mal, o indivíduo se sente mal depois. E, se tiver sorte, sua dor ficará limitada aos sentimentos de culpa. A culpa diz: "Eu agi mal." Quando a dor é acompanhada de feedback negativo por parte dos outros ou internalizada como uma falha de caráter, ela se transforma em vergonha. A vergonha diz: "Eu sou mau." É aí que mora o problema. As pessoas que acham que fizeram algo errado podem se desculpar e se esforçar para mudar o próprio comportamento. Para as pessoas que acreditam que são más, restam poucas opções.

O medo nos diz que esfregar os erros da pessoa na cara dela vai impedi-la de repeti-los, mas isso só a torna mais perigosa. As pessoas não se sentem apaziguadas pela vergonha; elas reagem violentamente. A vergonha está altamente correlacionada a comportamentos autodestrutivos como automutilação, transtornos alimentares, ideações suicidas, etc.[4] e a comportamentos de externalização como violência doméstica, crimes violentos e bullying.[5] Além disso, ela parece representar um papel causal no desenvolvimento de traços de personalidade como narcisismo e até mesmo psicopatia.[6] Nas palavras de Karl Marx, "A vergonha é uma espécie de raiva que se volta contra si mesma. E, se uma nação inteira sentisse vergonha, seria como um leão se encolhendo antes de dar o bote."[7]

Você não incentiva o bom comportamento convencendo o indivíduo de que ele é mau. Em vez disso, precisa afirmar que ele é uma pessoa decente que cometeu um erro. Talvez você precise estabelecer limites e impor consequências, mas isso deve ser feito lado a lado com a compreensão, não no lugar dela. Identificar os motivos válidos para uma pessoa ter feito coisas destrutivas a ajuda a entender sua reação e seu comportamento para poder evitá-los no futuro. Se a vergonha é a cidade estranha na qual ela se sente perdida, a contextualização é o mapa que mostra como ela chegou lá – e como sair de novo.

## ENCONTRAR A VALIDADE NO COMPORTAMENTO PROBLEMÁTICO

O comportamento não acontece isoladamente; ele ocorre dentro de um contexto. **Portanto, para validar um comportamento que não faz sentido, você precisa encontrar um contexto em que ele faça.** Em 1997 Marsha Linehan escreveu um capítulo sobre validação num livro de psicoterapia e identificou três contextos em que o comportamento problemático pode ser válido: (1) o passado, (2) desinformação e (3) transtorno.[8] O capítulo é voltado para terapeutas mas se aplica a qualquer um, porque, assim como a morte, os impostos e os sinais de Wi-Fi fracos, o comportamento problemático é inevitável. Os contextos que Linehan identificou não são os únicos em que o comportamento problemático pode ser válido, mas são os mais comuns.

### O passado

*Condicionamento* é o termo chique que os cientistas comportamentais usam para descrever como associações feitas no passado afetam o comportamento atual. É importante observar que as associações feitas na infância e os traumas costumam persistir muito depois de as circunstâncias já terem mudado. Um homem que cresceu numa casa onde os gritos vinham constantemente acompanhados de violência física pode se sentir angustiado e começar a se fechar quando sua esposa levanta a voz durante uma briga. E se a esposa vier de uma família intensa, em que as discussões acaloradas eram associadas à resolução de conflitos, ela vai se sentir compreensivelmente frustrada e pressionar o marido a continuar a conversa. A reação de cada um é válida à luz do seu respectivo *condicionamento*, ainda que não seja eficaz no momento em questão.

Associações feitas no contexto de prazer e dor intensos também têm grande força. Muitas pessoas que sofreram com vícios experimentam um pico de dopamina e um desejo aumentado de usar substâncias quando se deparam com acessórios para uso de drogas, mesmo depois de manter a sobriedade por muitos anos.[9] Enquanto isso, desde que teve queimaduras de terceiro grau quando sua camisa pegou fogo no nosso fogão a gás, Mat mantém uma distância exagerada de fogões quando passa por eles, mesmo se forem elétricos... ou estiverem desligados.

Não estou sugerindo que você deva ficar especulando sobre o histórico das pessoas ou inventando narrativas sobre o passado para dar um sentido ao comportamento delas. Simplesmente supor que todos os problemas de relacionamento de uma pessoa decorrem dos seus "problemas com a mãe ou o pai" não é validá-la; é ser condescendente.

Mas, se houver uma conexão óbvia entre o que você vê no presente e o que você sabe sobre o passado da pessoa, reconhecer isso pode ter um efeito profundo. Validar o comportamento de alguém no contexto de seu histórico torna mais substancial a aceitação que você está buscando demonstrar. É como se você dissesse: "Eu vejo como o mundo o moldou, e não julgo você por isso."

### Desinformação

Se você não sabe de nada no passado da pessoa que ajudaria a explicar a reação dela no presente, talvez ainda possa contextualizar parte dessa reação. Como vimos no Capítulo 3, a reação da pessoa pode ser uma resposta válida para pensamentos inválidos. E qual é a maior fonte de pensamentos inválidos? A desinformação.

Não ir a uma consulta com o dentista na terça-feira quando seu cartão de marcação diz que a consulta é só na quinta-feira é válido. Quem preencheu o cartão cometeu um erro, mas o seu comportamento faz sentido com base na desinformação que você recebeu. Obviamente a desinformação pode ter consequências muito mais devastadoras do que perder uma consulta no dentista. Quanto maior a consequência, mais difícil contextualizar o comportamento de alguém com base na desinformação que o motivou. Mesmo quando fica claro que a pessoa está reagindo a mentiras ou à propaganda, não hesitamos em julgá-la. Como ela pode ser tão "crédula", "idiota", "ignorante"?! *Suspiro.* Esses julgamentos estão nos destruindo. Estão nos dividindo. Prejudicam o respeito necessário para o diálogo construtivo. E, na ausência desse diálogo, ficamos mais cheios de razão, isolados e dominados pelo ódio.

Martin Luther King disse: "Como um câncer não tratado, o ódio corrói a personalidade e devora sua unidade vital. O ódio destrói os valores e a objetividade do homem."[10] O julgamento dá origem ao ódio. E nos permite enxergar os outros como se fossem inferiores: menos inteligentes, menos morais, menos humanos. Ainda que a objetividade seja envenenada pelos julgamentos, o ódio não pode existir sem eles. **Quando você estiver contextualizando o comportamento em termos de desinformação, não basta identificar a conexão lógica entre as duas coisas. É necessário abster-se de julgar a pessoa que foi enganada.**

## Transtorno

Além do passado e da desinformação, o comportamento problemático pode ser válido com base na disfunção biológica que o está provocando. Se a serotonina está em falta no seu cérebro, você vai ficar deprimido e agir de acordo. Se ele estiver inundado de dopamina, você vai achar difícil dormir.[11] Mesmo que o comportamento da pessoa entre em conflito com os objetivos dela, ele ainda pode ser válido no contexto de um transtorno físico ou mental existente.

Como sociedade, em geral não temos facilidade em falar sobre transtornos, quanto mais em validar as inúmeras maneiras pelas quais eles podem afetar uma pessoa. Uma das preocupações mais comuns em relação à contextualização nessas circunstâncias é que ela acabe reforçando comportamentos que, embora provocados pela doença, ainda são problemáticos. Por exemplo: "Sei que a artrite de mamãe torna mais difícil fazer exercícios, mas validar a dificuldade só fará com que ela tenha uma probabilidade menor de tentar."

Para colocar de lado a preocupação com o reforço excessivo, basta lembrar que você só precisa *validar o que é válido*. Por exemplo, eu posso validar o motivo que levou uma pessoa que sofre com dores de artrite a parar de se exercitar. Eu poderia dizer: "Seu corpo está literalmente pedindo que você pegue leve." Ou: "Nossa espécie não teria evoluído muito se a gente reagisse a um tornozelo quebrado correndo com ele." Posso reconhecer que evitar exercícios é uma reação válida à dor física *e* trabalhar com a pessoa para encontrar maneiras de aumentar os exercícios com o objetivo de reduzir o progresso da doença, diminuir a dor e combater a fadiga. A resistência da pessoa é válida diante do transtorno, mas não de seus objetivos.

No meu trabalho estou constantemente equilibrando a balança entre contextualizar um comportamento com base em um transtorno e desafiar o indivíduo a mudar esse comportamento para alcançar seus objetivos. Faz todo o sentido alguém com depressão passar o fim de semana inteiro na cama, ignorando mensagens de texto dos amigos e só se levantando para ir ao banheiro. A depressão faz isso. Posso validar que o comportamento dela é compreensível diante de sua condição de saúde. Fazer isso não prejudica minha capacidade de afirmar que ceder à depressão só piora as coisas. Pelo contrário, preciso que a pessoa aceite enxergar como o transtorno a afeta para poder motivá-la a mudar.

Assim como não é bom tirar conclusões precipitadas sobre o passado dos outros, você não deve presumir que alguém tem uma doença simplesmente porque não gosta de seu comportamento ou não o entende. Sugerir que um comportamento é patológico por ser diferente é um modo seguro de invalidar. Diferença não é o mesmo que transtorno.*

## RECAPITULAÇÃO

- Contextualizar é reconhecer que a reação da pessoa faz sentido em determinado contexto, mesmo que seja problemática ou ineficaz.

---

* O verdadeiro transtorno prejudica a capacidade da pessoa de trabalhar ou agir no mundo. Se o comportamento de alguém (sono excessivo, uso de drogas, medo de falar em público, etc.) está interferindo em sua capacidade de realizar atividades cotidianas, você deve pensar em encaminhá-lo a um médico.

- Contextualizar se baseia no raciocínio lógico. É um modo de dizer: "Dado *x* (contexto), *y* (reação) faz sentido." O truque é encontrar o *x* da questão.
- Contextualizar facilita a compreensão desarmando dois dos seus maiores inimigos: o "deveria" e o medo.
  - » Vergonha demais leva as pessoas à violência; compreensão suficiente pode levá-las à mudança.
- Se você está achando difícil encontrar a validade de um comportamento problemático, pense se ele pode ser contextualizado em termos das seguintes coisas:
  1. O passado
     - » Uma reação que é problemática agora pode ter sido eficaz em algum momento anterior.

     **Alerta:** Não leve suas suposições muito a sério.
  2. Desinformação
     - » O comportamento pode ser válido se for baseado em informações inválidas.

     **Alerta:** Não julgue as pessoas por acreditarem nas mentiras que contam a elas.
  3. Transtorno
     - » O comportamento disfuncional pode ser válido em termos de um transtorno, mesmo que isso entre em conflito com os objetivos da pessoa.

     **Alerta:** Diferença não é o mesmo que transtorno.

## DICAS PRÁTICAS

1. Costumamos reagir ao comportamento problemático com julgamentos e dizendo como o outro *deveria* se portar. Assim, esta semana, use essas ideias como deixas para contextualizar. Se por acaso todo mundo à sua volta estiver especialmente bem-comportado, imagine como você poderia contextualizar para validar um mau comportamento sobre o qual você leu ou viu na mídia. Pense no que você poderia dizer para comunicar sua lógica de "dado *x*, *y* faz sentido" e observe

especialmente qualquer julgamento que surja durante o processo (por exemplo, "Estou inventando uma desculpa para ela" ou "Ela não merece isso").

2. É mais fundamental e difícil praticar a contextualização quando o comportamento da pessoa é imoral ou entra em conflito com os seus valores, mas você não deve se encontrar numa situação assim diariamente. Para fazer alguns exercícios esta semana, busque no noticiário ou nas redes sociais exemplos de comportamentos muito ruins. Se você não tiver as informações necessárias para descobrir quais condições levaram à reação de uma pessoa, use o que sabe para elaborar algumas hipóteses sobre as circunstâncias que provavelmente levaram a pessoa a fazer o que fez.

**Nota:** Isso que você está elaborando são hipóteses, não suposições. As hipóteses não são levadas a sério, podem ser refutadas e não incluem julgamentos. Gerar hipóteses é um modo de entender o mundo; fazer suposições é o modo mais seguro de distorcê-lo.

# 9

# Equalizar – "Qualquer pessoa no seu lugar faria o mesmo"

*Quando você se enxerga nos outros, é impossível magoar alguém.*

– Anônimo

Na primavera de 2020 fui considerada culpada de invalidar Havana por um júri composto por mim, Mat – que mais tarde foi descoberto como cúmplice do crime – e Havana. A decisão foi unânime: mamãe (e, em menor grau, papai) fizeram "m". O que aconteceu foi o seguinte: nós três decidimos fazer uma caminhada a uns 45 minutos de casa. Havana começou a enjoar pouco depois de entrar no carro, o que significava que já não estava em sua melhor forma quando chegamos à trilha. A princípio era só o enjoo; mas, sendo mãe dela há 7 anos, eu sabia que havia uma boa chance de seu humor seguir pelo mesmo caminho. Havana sempre foi rápida em se recuperar fisicamente do enjoo do automóvel, por isso pensei que, se a mantivesse distraída, talvez conseguisse dar um jeito na situação antes de começarmos com o pé errado. Até parece.

– AAAAIIIII – gritou ela na minha frente depois de trombar num galho.

Fazia menos de dez minutos que estávamos caminhando. O grito dela abafou o rap "Sou a rainha das caminhadas" que eu estava cantando (e compondo ao mesmo tempo) atrás dela. Diante do tribunal, testemunhei que, na verdade, fiquei chateada por meu rap ter sido interrompido por aquela exclamação desnecessária de dor. Como eu estava atrás, vi que o galho mal havia roçado as costas dela.

– Aquele galho me atacou! – declarou Havana quando perguntei se ela estava bem.

– Você está enjoada?

Ela me olhou furiosa, como se dissesse: "Não ouse sugerir que estou exagerando."

– Não, não estou mais com vontade de vomitar. Aquela árvore só me apunhalou nas costas.

Inspecionei o galho fino. Não tinha nenhuma rebarba nem espinho e parecia tão ameaçador quanto um fio de macarrão. Levantei a blusa de Havana no lugar onde ela disse que doía, mas não encontrei nenhum arranhão nem irritação na pele para confirmar o que ela estava dizendo.

– Vamos continuar andando – falei, deixando transparecer um pouco de frustração na voz.

– Por que você não se importa? Eu fui atacada! – insistiu Havana.

– Eu me importo, querida, mas você não pode ficar gritando assim na floresta. Outra pessoa fazendo caminhada pode achar que você está correndo perigo.

– Eu estou correndo perigo! Um galho me atacou!

– Vamos continuar – falei com mais firmeza e frustração.

Claro que a partir daí a coisa foi simplesmente ladeira abaixo. Entre os destaques da caminhada estão Havana insistindo que nos sentássemos a cada dez minutos para ela descansar as costas, eu e Mat dando sermão sobre os perigos de ser dramática e Havana sugerindo que voltássemos e cortássemos o galho para impedir que ele "atacasse" mais alguém.

Todo mundo ficou aliviado quando chegamos em casa, especialmente Havana, que disse que precisava tomar banho, mas, por causa do ataque do galho, estava com muita dor e não conseguia levantar os braços.

– Achei que você tivesse dito que ele tinha machucado suas costas – falei, ajudando-a a tirar a blusa.

– Ele machucou, mas agora mexer os braços também dói...

E foi então que eu vi. Um carrapato cravado na escápula direita de Havana. A pele em volta estava vermelha e inchada. Além disso, devo mencionar que esse foi o momento exato em que me lembrei da placa onde estava escrito "Cuidado com os carrapatos", na entrada do parque. Epa. Na trilha, ela só conseguiu levantar a mão até a lombar quando lhe pedi que mostrasse onde doía. Como não vi nada, contei com minhas suposições – ela está enjoada por causa da viagem de carro, não gosta da minha incrível capacidade de compor um rap, etc. – para entender a reação dela. E, na minha opinião, nada disso justificava a reação. Claro, a visão em retrospecto é tudo, e, se na ocasião eu soubesse o que agora sabia, teria validado que a reação de Havana era proporcional ao crime. E que, se houvesse um carrapato com uma placa de "Lar, Doce Lar" nas minhas costas, eu gostaria que os outros pegassem leve também. Dito de modo simples, eu teria equalizado.

Equalizar comunica que a reação da pessoa é razoável ou justificável com base na situação atual e no funcionamento biológico normal.[1*] É a capacidade de dizer "qualquer pessoa no seu lugar faria o mesmo". Havana não estava agindo a partir de um condicionamento anterior, de uma ansiedade com relação à saúde ou de desinformação (ainda que eu claramente estivesse). Sua reação era típica de uma criança picada por um carrapato.

Equalizar não é mais nem menos eficaz que contextualizar; as duas coisas simplesmente se aplicam a situações diferentes. Por exemplo, se alguém literalmente jogasse o bebê fora junto com a água do banho, você precisaria contar com a contextualização, porque esse comportamento não tem nada a ver com o que a maioria das pessoas faz depois de dar banho numa criança. Além do mais, como assim!? Se a pessoa então dissesse que estava exausta depois de passar a noite em claro com o bebê – que estava com uma erupção cutânea por causa da água da banheira –, você poderia equalizar, porque quem não estaria exausto depois de uma noite sem dormir cuidando de um bebê?

Quando a reação de alguém é razoável dadas as circunstâncias, racionalizá-la em termos de algum outro contexto pode ser realmente *in*validador. Considere o exemplo de um pai que entra em pânico e vai correndo ao pronto-socorro porque o filho levou uma bolada na cabeça durante o treino de beisebol. Contextualizar a reação desse pai com base no severo transtorno de ansiedade que ele tem – "faz sentido você correr para a emergência, já que vive ansioso" – seria uma tremenda grosseria. Em vez disso, reconhecer que a reação do pai é o que seria de esperar de outra

* Também conhecido como Reconhecer o que é válido, Validar como for razoável no momento e Normalizar.

pessoa que estivesse na mesma situação – "eu teria pirado se fosse você" – confirma a validade inerente dessa reação.

## COMO EQUALIZAR

Como as outras **Habilidades de Compreensão**, equalizar se resume a raciocínio lógico e comunicação.

### Raciocínio lógico

Para determinar se uma pessoa está agindo normalmente, você precisa comparar o comportamento dela com alguma coisa. A abordagem-padrão, relativamente automática, é ver se a reação dela é consistente com todas as informações que você coletou durante seus anos observando o comportamento humano:

> **Abordagem-padrão**
> A reação da pessoa = o modo como as pessoas costumam reagir

Reconhecer que é comum chorar depois de perder um ente querido, por exemplo, não parece exigir nenhuma energia mental. Você simplesmente sabe que essa é a reação normal; não precisa pensar. Não há nada errado em contar com deduções automáticas, mas, para alcançar todo o potencial de validação dessa habilidade, você precisa se acostumar a usar a abordagem da Regra de Ouro, em que se imagina na situação do outro para ver se a reação dele combina com a sua:

> **Abordagem da Regra de Ouro**
> A reação da pessoa = o modo como eu reagiria

Considere a diferença entre pensar que o sofrimento de uma pessoa é razoável (abordagem-padrão) e imaginar como você se sentiria, o que pensaria e o que faria depois de perder um ente querido (abordagem da Regra de Ouro). Enorme diferença. Colocar-se no lugar do outro, mesmo que seja apenas por meio da imaginação, exige um nível mais alto de processamento cognitivo, que envolve os sistemas visual, motor e sensorial do cérebro.[2] Pesquisas sugerem que a prática de imaginar ativamente a experiência de outra pessoa permite intuir melhor seus pensamentos, sentimentos e necessidades. Isso significa que a abordagem da Regra de Ouro que você usa para equalizar pode ajudar a gerar empatia.

No direito dos Estados Unidos, a abordagem da Regra de Ouro, conhecida como argumento da Regra de Ouro,[3] é vista como um catalisador tão poderoso da empatia que em alguns estados não é permitido aos advogados pedir que os jurados se imaginem na situação da vítima. Isso porque qualquer emoção forte evocada pela abordagem da Regra de Ouro pode afetar o veredito dos jurados. Validar é exatamente isto: combinar a lógica com a emoção.

## Comunicação

Às vezes me torturo pensando nas coisas validadoras que poderia ter dito à minha filha no decorrer dos anos se ao menos tivesse tido uma intenção mais clara. Em vez de "As coisas nem sempre acontecem como a gente espera", me imagino dizendo: "Eu também ficaria decepcionada se minha amiga cancelasse o encontro na última hora." Em vez de "Tudo bem você não terminar seu texto no último dia; é só um cursinho de escrita", digo: "Sempre fico arrasada quando não alcanço meus objetivos." Em vez de "Um Darth Vader sem máscara não vai entrar pela sua janela e encostar a cara dele na sua; ele nem é de verdade. Agora vá para a cama", eu digo: "Eu também pirei quando o Darth Vader tirou o capacete na primeira vez que assisti a *O retorno de Jedi*. Eu não deveria ter deixado você ver o velho Anakin pela primeira vez antes de ir para a cama."

Nas minhas revisões mentais de validação com Havana, equalizo dizendo que reagiria de modo semelhante se estivesse no lugar dela. Quando ela entrar na adolescência, provavelmente precisarei adotar um ângulo diferente de abordagem. Neste momento, com 8 anos, ela me idolatra. Ouvir que eu – uma mulher adulta, capaz, que sabe tudo – teria a mesma reação que ela significa que sua resposta é legítima. Mas, quando ela tiver 17 anos, parte do meu brilho terá se apagado. Talvez surjam ocasiões em que seja validador me comparar a ela, mas provavelmente precisarei contar com pontos de referência melhores. Dizer "Imagino que qualquer amiga sua teria feito o mesmo" quando Havana contar que foi embora de uma festa depois de alguém derramar bebida nela tem uma probabilidade maior de ser aceito do que: "Eu [sua mãe velha e sem noção] teria ido embora da festa se alguém derramasse bebida em mim."

Em termos gerais, equalizar na primeira pessoa – dizer que a reação de alguém é a mesma que *você* teria – é o modo de ação se você for uma figura de autoridade ou alguém que a pessoa admira. Pense em como é deliciosa uma validação quando um médico se coloca no seu lugar dizendo algo do tipo "Se eu fosse você, gostaria de receber uma segunda opinião" ou "Se fosse o meu filho, eu faria o mesmo". Delícia.

A comparação na terceira pessoa – declarar que a reação de alguém é a mesma que outras pessoas teriam – pode ser mais adequada se você não conhecer bem a pessoa nem a situação pela qual ela está passando. Quando reclamo com meu irmão solteiro como tem sido difícil cuidar da minha filha no verão e ele diz "É, todos os meus amigos com filhos estão dizendo que a falta de colônias de férias este ano está acabando com eles", eu me sinto mais validada do que se ele dissesse: "É, se eu tivesse um filho, tenho certeza de que também ficaria frustrado com a falta de opções."

Não importa se você vai comparar o comportamento do outro com o seu ou o de outra pessoa, há um truque para potencializar o poder de equalizar: incorporar o Qualificador de Caroline. Batizado com o nome desta que vos fala, o Qualificador de Caroline adoça a mensagem-padrão – "no seu lugar qualquer um faria o mesmo" –, acompanhando-a com alguma versão de "e você está lidando com isso melhor do que a maioria das pessoas". Não sei se é porque sou sensível ou se tenho uma visão distorcida do que é "normal" depois de tratar de transtornos mentais durante tanto tempo, mas costumo ficar pasma ao ver como as reações das pessoas me parecem "acima da média". Quando me coloco no lugar delas ou comparo sua reação com meu banco de dados interno de reações típicas, a resposta delas em geral me parece acima da média.

Quando a mulher que servia de barriga de aluguel para minha colega sofreu um aborto espontâneo no segundo trimestre de gravidez, ela pediu um tempo para discutir isso durante o encontro semanal da nossa equipe de consultoria clínica. Minha colega disse que estava trabalhando contra a ânsia de minimizar e evitar suas emoções; em vez disso, queria "sentir seus sentimentos" e começar a frequentar um grupo de aconselhamento em busca de apoio. A consciência, a intenção e a elegância que ela trouxe para essa experiência foram inspiradoras. Apesar de ser terapeuta, eu não fazia ideia de que existiam grupos de aconselhamento para abortos espontâneos, muito menos havia conhecido alguém que tivesse participado de um. O sofrimento da minha colega parecia compreensível e normal, mas o modo como ela administrava suas emoções foi excepcional. Eu poderia sinceramente dizer que também ficaria arrasada e acharia difícil ir trabalhar se estivesse no lugar dela. Mas, segundo uma perspectiva de validação, pareceu igualmente importante acrescentar que, na minha opinião, ela estava administrando a situação melhor do que eu (e a maioria das outras pessoas).

## QUANDO EQUALIZAR É FUNDAMENTAL

Você pode contar com a abordagem-padrão ou com a Regra de Ouro para entender logicamente a experiência do outro e começar a ter empatia por ele. Dependendo do relacionamento, pode ser mais eficaz comunicar sua compreensão na primeira ou na terceira pessoa. **Não importa como você faça, mas se alguém foi invalidado por ter uma reação normal a circunstâncias anormais, equalizar pode ter um efeito significativo.** Para dizer o mínimo. Ser levado a achar que está louco é como estar num avião perdendo pressão na cabine. Nessas situações, equalizar é a máscara de oxigênio de que as pessoas precisam para manter a cabeça no lugar.

### Quando uma reação normal a uma situação anormal foi invalidada

"Certamente alguém havia caluniado Josef K., pois numa bela manhã ele foi detido sem que tivesse feito mal algum."[4] Essa é a primeira frase de *O processo*, de Franz Kafka, a história de um homem que é detido em casa sem que jamais lhe digam por quê. Durante todo o livro, Josef K. é submetido a uma quantidade enlouquecedora de bobagens burocráticas enquanto aguarda o julgamento – ele só pode se encontrar com um supervisor se usar um casaco preto específico, é censurado por chegar tarde em cumprimento a uma intimação apesar de ninguém ter falado a hora em que deveria chegar e não consegue receber nenhuma informação sobre seu processo ou as acusações. Nada faz sentido. Quando fica com raiva ou tenta tomar atitudes razoáveis,

Josef K. é ridicularizado por ser irracional. Nessa realidade absurda, suas reações normais são constantemente invalidadas.

O que eu amo em *O processo* é que, apesar de não ser realista, há algo profundamente familiar na experiência de Josef K. Talvez seja um emprego bizarro que você teve, em que todo mundo parecia roboticamente feliz mesmo trabalhando em condições péssimas, ou uma dinâmica de *gaslighting* em que alguém fez com que você duvidasse das suas percepções. Até mesmo algo corriqueiro como dizerem que você não pode devolver uma calça jeans quando ainda está no prazo de devolução é capaz de fazer a gente se sentir como Josef K. Mas quanto mais séria e arrebatadora for a versão particular de *O processo*, mais importante é equalizar a reação da pessoa. Para lhe dar uma ideia do que estou querendo dizer, vou contar a história de Marie Adler. *Aviso de conteúdo: neste exemplo são citados estupro e agressão sexual. Você pode pular para a próxima sessão, "Quando a situação anormal é o perfeccionismo".*

Em 2016, o artigo "Uma inacreditável história de estupro"[5] ganhou o Prêmio Pulitzer[6] pela arrepiante reportagem sobre Marie Adler, que, em 11 de agosto de 2008, afirmou ter sido estuprada por um estranho enquanto estava sozinha em seu apartamento. O artigo conta que Marie ligou para o serviço de emergência imediatamente após a agressão. Ela foi levada a um hospital, onde foi descrita como "sem demonstrações de perturbação aguda". Sua mãe adotiva ficou preocupada com as inconsistências no modo como Marie se apresentava; os policiais estavam preocupados com as inconsistências em sua história e nos detalhes que ela ficava lembrando depois do fato. Vários dias depois, quando investigadores telefonaram para Marie para outra rodada de perguntas, ela voltou atrás em seu depoimento e escreveu um novo, dizendo: "Havia muitas coisas estressantes acontecendo e eu queria ficar perto de alguém, mas não havia ninguém disponível, por isso inventei essa história e não esperava que ela fosse tão longe... Não sei por que não pude fazer algo diferente."[7]

Marie foi processada e perseguida publicamente por suas ações. Nos anos seguintes lutou com problemas mentais e, a certa altura, pensou em cometer suicídio. Então, em 2011, detetives encontraram fotos da agressão que ela sofreu em posse de um homem que acabou se declarando culpado de 28 estupros e outros crimes. A declaração inicial de Marie – de que tinha sido agredida por um estranho enquanto estava sozinha em casa – era verdadeira.

A divisão de investigações criminais onde Marie fez sua denúncia não contava com uma unidade especializada em crimes de natureza sexual. Do contrário, os detetives poderiam estar familiarizados com os protocolos de investigação de estupros e com o que deveriam esperar. Saberiam, por exemplo, que é comum as vítimas parecerem calmas depois de uma agressão sexual, que frequentemente confundem os detalhes e podem voltar atrás na denúncia. Mesmo que os investigadores não pudessem se colocar no lugar dela, pelo menos perceberiam que a reação de Marie era semelhante às de outras vítimas de estupro.

Não posso deixar de imaginar como a vida dessa mulher poderia ter sido diferente se, em vez de invalidá-la, os detetives tivessem dito coisas como "É normal se lembrar de novos detalhes depois de semanas; ligue para a gente caso se lembre de alguma coisa" ou "Não se preocupe se você se lembrar das coisas fora de ordem, isso é comum depois de um trauma" ou "Se estiver pensando em voltar atrás em sua história para a gente parar de pedir que você fique se lembrando da agressão que está tentando desesperadamente esquecer, entenderemos e a deixaremos em paz".

Quando a pessoa tem uma reação normal a circunstâncias anormais, equalizar pode ajudá-la a entender a realidade em que se encontra. O outro lado da moeda é que, ao não ser "vista", ela pode facilmente perder a si mesma de vista.

## Quando a situação anormal é o perfeccionismo

Padrões perfeccionistas são como aqueles jogos nas barraquinhas de parques de diversões que você jamais ganha. São apresentados como fáceis e ao alcance de qualquer um, quando na verdade as vitórias são impossíveis e inalcançáveis. As pessoas que esperam alcançar padrões perfeccionistas – ou que os outros esperam que alcancem – ficam presas num mundo absurdo em que normal e difícil são confundidos com perfeito e fácil. Incapazes de alcançar a perfeição, são bombardeadas com mensagens dizendo que seus pensamentos, sentimentos ou seu desempenho não são normais.

*Todos os outros conseguem manter a casa arrumada mesmo trabalhando em tempo integral e criando filhos.*

*Ninguém precisa trabalhar tanto só para se sustentar.*

*Nenhuma das outras mães tem dificuldade para se levantar junto com os filhos de manhã.*

Claro, até certo ponto todos estamos acorrentados ao perfeccionismo. Essas três afirmações foram tiradas do meu próprio diálogo interior perfeccionista. Num mundo de perfis cuidadosamente redigidos e com tudo photoshopado, é uma batalha morro acima desenvolver uma noção exata do que é "normal". Essa distorção constante faz com que a equalização seja ainda mais fundamental, pois tal habilidade não somente valida as reações das pessoas, como também recalibra as expectativas delas.

Um cliente meu, um médico que vou chamar de Lou, chegou uma vez à sessão com um problema conhecido: não conseguia se manter em dia com os e-mails no emprego novo e estava com dificuldade para completar a tempo as anotações sobre os pacientes, em parte por causa da sobrecarga de e-mails. *Sem problema*, pensei. Nós discutimos maneiras de agilizar seu processo e bolamos um plano para ele falar com a diretora, caso todo o resto não funcionasse. Bom, todo o resto não funcionou, tampouco sua conversa com a diretora, que minha mente crítica queria desesperadamente que fosse escalada para o papel de Cruella de Vil.

Ela disse que não: Lou não podia receber ajuda de nenhum funcionário para responder aos e-mails dos pacientes; sim, todos os e-mails precisavam ser respondidos até o fim do dia; não, ele não podia ter um tempo reservado a cada semana para fazer essas tarefas, como é costume na maioria dos hospitais, e podia muito bem fazer o trabalho em seu tempo livre. A diretora não validou nenhuma das preocupações de Lou. Em vez disso, pareceu sugerir que ele deveria cumprir com o programa. Mesmo assim as exigências não pareciam razoáveis. Como os outros médicos estavam dando conta? Lou não sabia. A diretora não era amada, de jeito nenhum, mas ninguém mais estava reclamando das expectativas nem da carga de trabalho.

– Talvez seja o TOC – disse ele depois de meses sem conseguir chegar em casa a tempo de pôr os filhos na cama.

Lou tinha um histórico de transtorno obsessivo-compulsivo que se manifestava em verificações excessivas. Quando começamos a trabalhar juntos, ele verificava se o fogão estava apagado, depois verificava de novo para garantir que estava apagado, em seguida verificava outra vez só para ter certeza, e depois... Você entendeu. No trabalho, ele costumava repassar compulsivamente os pedidos e as receitas que tinha redigido, motivado pela ansiedade acerca da possibilidade de ter cometido algum erro. Mas isso tudo tinha ficado no passado. Lou tinha reagido positivamente ao tratamento e fazia anos que estava sem sintomas.

– Você está verificando as coisas de novo? – perguntei.

Ele achava que não, mas tinha começado a duvidar. Lembrei-o da ansiedade implacável e dos pensamentos obsessivos que causavam suas compulsões. Ele admitiu que os capangas da máfia* estavam perceptivelmente ausentes. Mas, se não era o TOC, o que era? A situação de Lou estava ficando cada vez mais kafkiana. Ele começou a procurar outro emprego.

Até que um dia a diretora foi embora. Foi demitida ou saiu por conta própria, Lou não sabia ao certo. Uma nova diretora assumiu, e a primeira coisa que ela fez foi pedir aos médicos um relato anônimo sobre suas necessidades e dificuldades. Em seguida marcou uma reunião com eles e se concentrou principalmente em abordar as preocupações que todos haviam levantado com relação ao gerenciamento dos e-mails. No fim das contas, Lou não estava sozinho. Ele fazia parte de uma maioria silenciosa. Seu esgotamento e seu desalento não eram reações anormais a exigências razoáveis; eram reações normais a expectativas irreais. Ainda que a nova diretora não apresentasse nenhuma solução imediata para o problema dos e-mails, Lou abandonou sua busca por emprego. Não se sentia mais assoberbado com desalento e dúvida; sua máscara de oxigênio estava firme no lugar. Se você conseguir fazer isso, equalizar é *a* habilidade de validação a usar com alguém que esteja sofrendo com exigências e padrões perfeccionistas. A questão é se você consegue usá-la ou não.

---

* Às vezes eu chamo os sintomas de saúde mental de "capangas da máfia" porque *é isso que eles são*: forças silenciosas, ameaçadoras, que espreitam na nossa vida, estalando os dedos e fazendo gestos de cortar o pescoço sempre que você começa a se divertir.

## ERROS DE EQUALIZAÇÃO

Felizmente existem poucos erros que você pode cometer ao equalizar. Os dois maiores são (1) diminuir a experiência da pessoa e (2) invalidar crenças fortemente arraigadas.

### Erro nº 1: Diminuir a experiência da pessoa

Um ótimo exemplo de como a equalização pode sair pela culatra é quando tentamos usar essa habilidade com adolescentes. A adolescência é uma fase repleta de novidades: primeiro amor, primeiro emprego, pelos pubianos! Essas novas experiências viram a vida dos adolescentes de cabeça para baixo. Como muitas das coisas que eles pensam, sentem e fazem não *parecem* normais, os adolescentes não querem necessariamente ouvir dizer que todas as coisas pelas quais estão passando são normais. Em vez de validar a intensidade e a singularidade da situação deles, equalizar pode reduzi-la a algo comum. Isso vale para qualquer um que esteja reagindo a uma situação nova ou intensa.

Se você está com medo de diminuir a experiência de alguém, só precisa validar a singularidade da situação. Não importa quão comuns sejam, não existem duas situações exatamente iguais. Equalizar *e* validar sua singularidade permite que você demonstre compreensão sem parecer um sabe-tudo; acrescentar o Qualificador de Caroline também pode ajudar:

*Ouvi muitas pessoas divorciadas dizerem que demora um tempo para se acostumar a ficar sozinho em casa à noite* (equalizar). *Imagino que seja muito mais difícil morando no meio do mato, como você* (validando a singularidade da situação). *Estou impressionada de ver que você não encheu sua casa de armadilhas, estilo* Esqueceram de Mim, *nem se cercou de dobermanns* (Qualificador de Caroline).*

---

* Em geral as pessoas costumam ser cautelosas demais quando se trata de validar emoções como o medo e a tristeza porque temem amplificar essas emoções negativas no outro. Mas, na realidade, a validação costuma reduzir a excitação simpática, a não ser que o indivíduo já esteja inundado (isto é, com batimentos cardíacos acelerados) ou angustiado demais. Se minha amiga me ligasse quando estava deitada sozinha à noite tendo um ataque de pânico, o Qualificador de Caroline poderia atrapalhar mais do que ajudar. Mas, se o indivíduo não estiver numa angústia esmagadora, você não deve ter medo de reconhecer as emoções dele nem a singularidade da situação.

### Erro nº 2: Invalidar crenças fortemente arraigadas

É bom estar atento à possibilidade de invalidar crenças fortemente arraigadas sempre que estiver na terra kafkiana do perfeccionismo. As pessoas que se invalidam por não alcançar padrões perfeccionistas costumam internalizar esses padrões, considerando-os normais. Dizer a um indivíduo que se acha gordo que seu IMC é normal pode *in*validar a percepção que ele tem de si mesmo. Se uma autoimagem negativa é fundamental para o modo como ele se enxerga, é improvável que se sinta visto por alguém que a questione.

Você saberá se invalidou uma crença fortemente arraigada porque, bom, a pessoa vai agir como se você a tivesse invalidado. Um dos sinais é insistir ainda mais em seu argumento, dizendo algo como "Você não entende" e, se vocês estiverem num filme antigo, lhe dando um tapa na cara. Se você se deparar com esse tipo de reação, recue e tente contextualizar. Alguém que tenha uma percepção distorcida do que é normal reage assim a partir de um condicionamento, de desinformação ou, em alguns casos, de um transtorno. Lembre-se: se uma reação não faz sentido com base na situação atual, tente encontrar o contexto em que faz.

## RECAPITULAÇÃO

- Equalizar comunica que a reação da pessoa é razoável ou justificada com base na situação atual e no funcionamento biológico normal. É a habilidade que diz "qualquer pessoa no seu lugar faria o mesmo".
- Como as outras **Habilidades de Compreensão**, equalizar se divide em raciocínio lógico e comunicação.
  - » Abordagens de raciocínio lógico:
    - › Padrão: A reação da pessoa = o modo como as pessoas costumam reagir.
    - › Regra de Ouro: A reação da pessoa = o modo como eu reagiria.
  - » Comunicação:
    - › Primeira pessoa: Dizer que a reação da pessoa é a mesma que *você* teria (use isso se você for uma autoridade ou um colega).
    - › Terceira pessoa: Declarar que a reação dela é a mesma que

    você imagina que *outros* teriam (use isso se você não conhecer bem a pessoa ou a situação).
    › Qualificador de Caroline: Adoce a mensagem de equalização padrão que diz "no seu lugar qualquer pessoa faria o mesmo" incluindo "e você está lidando com isso melhor do que a maioria".

- Equalizar é fundamental quando...
  - » Alguém tem uma reação normal a uma situação anormal.
  - » A situação anormal é o perfeccionismo.
- Dentre os erros associados a equalizar estão os seguintes:
  - » Diminuir a experiência da pessoa.
    **Solução:** Validar a singularidade da situação ou usar o Qualificador de Caroline.
  - » Invalidar crenças fortemente arraigadas.
    **Solução:** Dê um passo atrás e contextualize ou use as **Habilidades de Atenção Plena**.

## DICA PRÁTICA

Treine usar a abordagem da Regra de Ouro colocando-se no lugar de outra pessoa. Quando se tratar de comunicar sua compreensão, experimente as abordagens em primeira e terceira pessoa. Idealmente você pode treinar a equalização diariamente esta semana, mas, se não for possível, pelo menos tente se colocar no lugar de outra pessoa. Observação: não presuma que você é bom nessa habilidade só porque é emocionalmente intuitivo ou capaz de entender diferentes pontos de vista. Compreender e comunicar compreensão são coisas diferentes.

**Macete:** Equalizar em combinação com o Qualificador de Caroline é um ótimo modo de oferecer reforço positivo a uma criança pequena. Comunicar que ela está se comportando de modo mais maduro, independente, etc., do que você quando tinha a idade dela é o mesmo que lhe dar um doce. Por exemplo: "Não acredito que você fez todas as tarefas sem eu ter de ficar lembrando. Eu nunca conseguia fazer isso quando tinha a sua idade."

# 10

# Propor – Como ler mentes

*A coisa mais importante na comunicação é ouvir o que não é dito.*

– Peter Drucker, *A World of Ideas*

Leitor, eu sou sua alma gêmea. Quer dizer, não sou, mas, se passarmos tempo suficiente juntos, talvez você comece a achar que sou. Não estou falando em termos místicos ou espirituais. Com *alma gêmea* quero dizer alguém que parece conhecer você melhor do que você mesmo e uma pessoa com quem você se sente profundamente conectado. A habilidade de validação conhecida como *propor* pode provocar exatamente esse efeito. Ela comunica uma compreensão da experiência de alguém que vai além do que foi revelado. Na verdade eu não sou a Yoko Ono de nenhum John Lennon; simplesmente sou boa em propor.

Tecnicamente, propor significa declarar o que você acha que a outra pessoa está pensando, sentindo ou querendo fazer com base no que ela disse e no que você sabe sobre a situação.[1]* Propor costuma ser descrito como "leitura da mente", mas tem mais a ver com ler nas entrelinhas. No primeiro capítulo, quando descrevi a transição da resolução de problemas para a validação com meu cliente suicida, fiz isso propondo:

> *"Isso é uma bosta", falei.* (Propondo um pensamento que ele podia ter na ocasião.)

---

* Outros nomes para essa habilidade são Ler mentes, Articular o não verbalizado e Leitura da mente.

*"Você baixa a guarda por um segundo e é imediatamente atacado com um monte de perguntas de uma aluna de pós-graduação esforçada demais, que você quer acreditar que se importa com você, mas que provavelmente só está fazendo o que disseram a ela para fazer."* (Propondo um pensamento.)

*"E, como se não bastasse, a coisa toda está sendo transmitida para uma sala cheia de pessoas que você nunca viu."* (Propondo um pensamento.)

Talvez você demore um pouco para dominar a habilidade de propor. Eu mesma trabalhei nela mais do que em qualquer outra da Escada da Validação, e por bons motivos. O tal efeito de alma gêmea é espantoso. Antes alardeei que, se usasse essa habilidade com você, ela poderia fazê-lo se sentir profundamente conectado comigo. Mas, como sempre acontece com a validação, esses efeitos não são de mão única. Eu também sentiria a conexão. E, mesmo sabendo que isso não é exclusivo de apenas uma pessoa no universo, como a ideia tradicional da alma gêmea, as conexões que essa habilidade cria não são menos significativas.

## COMO LER MENTES

Neste ponto você já sabe: as **Habilidades de Compreensão** podem ser divididas em raciocínio lógico e comunicação. Com o ato de propor, você primeiro precisa de algumas hipóteses sobre a experiência da pessoa; em seguida precisa compartilhar suas deduções sem insultá-la nem - que Deus nos livre - invalidá-la.

Nem sempre é difícil usar essa habilidade. Para propor "você deve estar exausta" a alguém que lhe disse que não dorme há três dias não é necessário uma vasta habilidade interpessoal. Mas você não vai alcançar o efeito *alma gêmea* apontando o óbvio. Para aproveitar o poder dessa habilidade, você tem que ser capaz de ler nas entrelinhas e comunicar suas deduções com um grau exato de confiança. Basicamente, precisa ler a mente da pessoa sem deixá-la desconfortável. Eu sei, não é exatamente moleza. Esse nível da habilidade de propor exige uma boa quantidade de inteligência emocional (QE), mas o negócio é o seguinte: ao contrário do quociente de inteligência (QI), que é difícil de aumentar, o QE pode ser aprimorado.[2]

Esse é um dos muitos motivos pelos quais eu afirmo que a sensibilidade emocional é uma vantagem, mas não uma exigência, quando se trata de dominar as habilidades de validação. O QE necessário para habilidades como propor pode ser desenvolvido quebrando-a em partes menores e a treinando. Então vamos lá!

## Raciocínio lógico

Se você quer descobrir o que outra pessoa está pensando, precisa de algumas informações como ponto de partida. E onde é mais fácil obter informações sobre as pessoas? No telefone delas. Brincadeirinha. O melhor modo de obter informações sobre as pessoas com o objetivo de propor é usar as **Habilidades de Atenção Plena.** Especificamente prestar atenção fazendo o *Jogo* e perguntando. Vou deixar Elna Baker mostrar como isso é feito.

Elna Baker é produtora de *This American Life*, um podcast semanal e programa de rádio. Além disso, ela é ótima em validação. Num episódio chamado "Comédia romântica"[3] Baker conversou com sua amiga, a comediante Michelle Buteau, sobre um obstáculo incomum que ela enfrentou em seu primeiro relacionamento sério: depois de namorar durante três anos e criar uma vida com o homem com quem esperava se casar (mais tarde eles romperam), ela descobriu que ele era analfabeto. Tendo contado versões dessa história várias vezes em seu show de stand-up, Michelle é educada e divertida, mas Elna sabe o que ela está fazendo. Abaixo incluí um trecho da entrevista. Veja se consegue identificar as duas habilidades de validação que Elna Baker usa para acrescentar uma profundidade inesperada à história e se conectar com Michelle.

> **Elna:** [explicando aos ouvintes como Michelle começou a se ressentir do companheiro por se recusar a procurar ajuda] Mesmo quando estavam felizes, ela parava e pensava: *Espera, não, não. Nós estamos esquecendo que existe um problema enorme. E precisamos dar um jeito nele antes que tudo possa ficar bem.* Ela começou a se ressentir do companheiro.
> **Michelle:** *Nós nem rimos mais. Não damos as mãos como antigamente. Nem fazemos sexo como antes, simplesmente porque você não está indo à aula. Tipo, se você fosse ao menos a uma aula, eu ficaria feliz demais.*
> **Elna:** Você sentia algo como *Se você me amasse aprenderia a ler?*

**Michelle:** Claro. Puxa, não é esquisito? Mas eu me sentia totalmente assim. Era tipo: *Quem vai ler para os nossos filhos à noite? Você precisa dar um jeito.* Aquilo parecia a ruína da minha existência. Eu não conseguia falar disso com ninguém, porque era embaraçoso demais. Não queria que meus amigos pensassem mal dele, saca? E queria que ele ainda se sentisse um homem, por isso meio que carregava a coisa sozinha. E num determinado ponto simplesmente olhei para mim mesma e pensei: *Você precisa sair dessa.* Mas mesmo então era algo do tipo: *Como abandonar uma pessoa quando ela está por baixo?*
**Elna:** Bom, em certo sentido, na verdade, isso fez o relacionamento durar mais porque tudo passou a ter a ver com o fato de ele aprender a ler. E, se você conseguisse resolver o problema, talvez a coisa desse certo.
**Michelle:** Ah, meu Deus, o que você é? O Dr. Phil com peitos? [risos]. É, quer dizer, eu sinto como se sempre vivesse assim. *Se ao menos eu pudesse perder aqueles 10 quilos...* Bom, então, é, havia isso. Você sabe, se nós conseguíssemos resolver o problema, teríamos a vida que merecíamos.*

As interjeições de Elna Baker são breves mas intencionais: ela usa o ato de prestar atenção (**Habilidade de Atenção Plena**) para ter ideias, que depois propõe (**Habilidade de Compreensão**). Lembre-se:

Atenção Plena → Compreensão → Empatia

Na entrevista, depois de Michelle descrever seu ressentimento cada vez maior com a falta de atitude do namorado, Elna pergunta: "Você sentia algo como *Se você me amasse aprenderia a ler*?" A pergunta demonstrando atenção se destina a reunir mais informações sobre o motivo para esse problema ser importante para Michelle, e isso ajudará Elna a prosseguir com a entrevista. Ela obviamente é muito boa nisso! Como previsto, Michelle

* Mat disse que esse trecho faz com que Michelle Buteau pareça uma babaca. Não é. Em outros pontos da entrevista ela descreve que ficou de coração partido depois de saber das circunstâncias que levaram ao analfabetismo do ex-namorado e que se sentia profundamente comprometida em apoiá-lo quando estavam juntos. A incapacidade de dialogarem ou trabalharem para resolver o problema acabou separando-os. Além disso, ele a traiu, teve isso também.

lhe revela um monte de coisas com as quais Elna pode trabalhar, coisas que ela usa em seguida para criar algumas conexões. Em vez de guardar suas ideias, Elna se arrisca a propô-las: "Bom, em certo sentido, na verdade, isso fez o relacionamento durar mais..." Então Michelle exclama: "Ah, meu Deus, o que você é? O Dr. Phil...?" Se você ouvir a gravação da entrevista, fica claro que Michelle não está zombando da entrevistadora, mas impressionada com a compreensão dela. Elna destacou algo que Michelle não tinha articulado. Não está somente prestando atenção; ela entende. Ela compreende a coisa toda de um modo que Michelle talvez não entendesse até aquele momento. E aí está: o efeito de alma gêmea.

Usar o *Jogo* como trampolim é o modo mais lógico de abordar a habilidade de propor: você coleta dados, chega a algumas hipóteses e em seguida as declara para ver se a outra pessoa demonstra reconhecimento. Mas você também pode usar a abordagem da Regra de Ouro, colocando-se no lugar da outra pessoa para descobrir o que propor.

Quando eu estava tendo dificuldade para me conectar com o cliente suicida que descrevi no Capítulo 1, não usei o *Jogo* para acender as lâmpadas de que precisava para enxergar o que deveria propor; em vez disso, tentei olhar a situação pela perspectiva dele. A visão da palavra V-A-L-I-D-A-Ç-Ã-O no monitor foi a dica imediata para parar de me concentrar na minha experiência – no meu medo, no meu fracasso, no meu pânico – e começar a pensar na dele. Como terapeuta, eu estava pensando: "Estou perdendo-o. O que faço?" Se eu fosse a cliente, sendo bombardeada com perguntas de uma aluna de pós-graduação que claramente tinha ficado ansiosa com minha revelação de vulnerabilidade, pensaria: "Isso é uma bosta." Pensaria: "Você baixa a guarda por um segundo e é imediatamente atacado com um monte de perguntas de uma aluna de pós-graduação esforçada demais, que você quer acreditar que se importa com você, mas que provavelmente só está fazendo o que disseram a ela para fazer."

Como terapeuta sendo observada pelos colegas e pelo supervisor, eu estava pensando: "Eles sabem que sou uma idiota. Vão passar por essa porta a qualquer minuto para salvar esse cara de mim. Vou para a cadeia dos terapeutas, onde mereço apodrecer por causa da minha incompetência." Como uma cliente que se sente exposta e deseja retirar o que disse, eu pensaria: "E, como se não bastasse, a coisa toda está sendo transmitida para uma sala cheia de pessoas que eu nunca vi." Se eu fosse meu cliente, quereria sair dali. E foi isso que fizemos.

## Comunicação

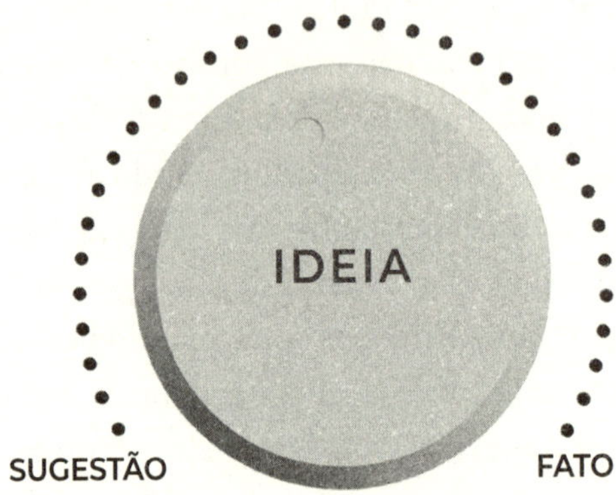


Imagine um dial com a palavra *Ideia*. Se você virar o botão no sentido anti-horário, sua ideia será proposta como sugestão, por exemplo: "Talvez você esteja cansada de se esforçar tanto para agradar sua sogra, não é?" Se virá-lo no outro sentido, a coisa é declarada como um fato, por exemplo: "Você está cansada de se esforçar tanto para agradar sua sogra." Se você quiser alcançar um resultado de efeito ou projetar confiança no seu entendimento, declare a ideia mais como um fato. Para demonstrar deferência ou respeito pela experiência da pessoa, tente transmiti-la como sugestão. Perceba que os papéis, as dinâmicas do relacionamento e as normas culturais também podem determinar se é mais eficaz declarar as ideias como sugestões ou fatos.

Introduções como "talvez", "imagino se" e "parece que" estão do lado da sugestão no dial da Ideia; parecem menos invasivas, autoritárias e pretensiosas. Declarar ideias na forma de perguntas também ajuda você a permanecer no território da sugestão. Dizer "Você acha que voltaria a trabalhar em tempo integral se não se sentisse tão culpada por ficar longe dos filhos?" parece mais curioso e aberto à correção do que "Você voltaria a trabalhar em tempo integral se não sentisse tanta culpa por ficar longe das crianças".

Em termos gerais, propor sugestões é o melhor a fazer quando você só estiver querendo conhecer a pessoa ou se ela for alguém por quem você precisa mostrar um nível saudável de respeito, como um orientador, um gerente ou Meghan Markle. Estou falando sério sobre Meghan Markle. Quando Oprah, a rainha das propostas, entrevistou a ex-duquesa de Sussex, sabia que deveria se ater a sugestões. "Você ficou em silêncio ou foi silenciada?",[4] perguntou Oprah quando Markle tentou delicadamente explicar por que permaneceu muda quando a mídia estava espalhando desinformações a seu respeito. Esse momento foi o mais próximo que Oprah chegou de declarar suas ideias de modo casual durante a entrevista, mas mesmo no momento mais ousado ela girou o botão ligeiramente na direção da sugestão, apresentando seu argumento como uma pergunta.*

Propor sugestões em vez de fatos funciona bem ao validar alguém que seja facilmente influenciável, costuma duvidar de si ou presume que você sabe mais (por exemplo, crianças), porque essas almas doces e cheias de confiança podem ter uma probabilidade maior de acreditar no seu ponto de vista do que no delas.

Girar seu botão na outra direção, declarando uma coisa como fato, geralmente é mais eficaz. Com meu cliente suicida, eu disse "Isso é uma bosta", e não "Talvez você esteja começando a sentir que esta sessão de terapia é uma bosta". Ao falar com a mãe da minha amiga sobre seu casamento se desfazendo, eu disse "Isso é horrível", e não "Isso parece horrível?"**

Apresentar seus pontos de vista de modo factual dá peso a eles. Diz: "É assim que as coisas são", e não "É assim que as coisas parecem ser?". Se o que você propõe encontra eco na outra pessoa, sua certeza pode

---

* Como você é uma pessoa que sempre lê as notas de rodapé, talvez tenha notado que as "perguntas demonstrando atenção" e as "sugestões propostas como perguntas" parecem ser a mesma coisa. Não são. As primeiras são usadas para coletar informações e mostrar que você está prestando atenção; as sugestões se destinam a demonstrar compreensão. Como nós temos todo o tempo e o espaço do mundo aqui na nota de rodapé, quero aproveitar a oportunidade para esclarecer que a pergunta de Elna Baker "Você sentia algo como *Se você me amasse aprenderia a ler*?" devia se destinar não a coletar mais informações, mas a demonstrar compreensão. Dado o ponto ao qual ela chega, acho que foi uma pergunta genuína, mas, com uma validadora hábil como ela, pode ser difícil saber ao certo.

** Para o caso de você não ter visto, eu dei esse exemplo na Introdução. Mas, se está lendo a nota de rodapé, provavelmente leu a Introdução. Você é como eu.

servir como uma marreta para acabar com a dúvida e a insegurança dela. Fico me lembrando de uma mulher de 30 e poucos anos no meu grupo de mães que começou a chorar e assentir enfaticamente quando eu disse "Você deve estar arrasada" depois que ela me contou que seus pais estavam se divorciando. Essa mulher era muito ligada aos pais e o casamento dos dois servia de exemplo para o seu. Parecia óbvio que ela estava abalada com a notícia, mas pelo jeito não tinha certeza se era razoável uma mulher adulta e casada, que não morava mais com os pais, ficar tão arrasada com a separação deles. Ao propor uma emoção que ela não tinha revelado, comuniquei que sua reação era racional, compreensível e, como tal, válida.

Propor suas ideias dessa forma implica algum grau de certeza da sua parte. Esse grau pode ser amplificado ou reduzido por meio de expressões não verbais de atenção (as Quatro Grandes: proximidade, contato visual, gesticular e assentir). Uma noite dessas eu estava lidando com um monte de problemas de saúde. Sentia muita dor por causa de um tratamento de canal feito no início da semana, peguei uma infecção por fungos devido aos antibióticos que tinha tomado depois do canal e tinha marcado uma infusão de medicamento de três horas para o dia seguinte, que seria seguida por 48 horas de respiração difícil e inaladores porque sou alérgica ao tratamento. Resumindo (tarde demais): eu estava só o bagaço. Meu modo de reclamar com Mat sobre tudo isso foi perguntar, de brincadeira, se ele achava que eu poderia convencer a enfermeira a me colocar num coma induzido pelas próximas 72 horas e, nesse caso, se ele poderia tirar os pratos da lava-louças enquanto eu estivesse fora. Ele não respondeu à minha pergunta. Em vez disso, largou o iPad e se sentou no chão ao meu lado. Pôs a mão na minha, me olhou nos olhos e disse: "Isso tudo é assustador." Bum! Foi um choque. Mat é definitivamente o John da minha Yoko. Eu estava apavorada. Não sei por quê: tratamentos de canal e infecções por fungos não matam, e há anos lido com infusões que me dão falta de ar, mas mesmo assim estava apavorada. Mat poderia ter dito "Isso é assustador" sem sair do sofá onde estava sentado atrás de mim, continuando a olhar para o iPad, mas isso não teria o mesmo resultado. O impacto de validação do que ele propôs foi comunicado por meio da comunicação não verbal (proximidade, contato visual e toque).

## IDENTIFICANDO ERROS E SE RECUPERANDO DELES

Babe Ruth tinha a impressionante média de rebatidas de 0,342, o que significava que, quando estava rebatendo, acertava a bola 34% das vezes. Dito de outro modo, ele errava 66% das vezes. Sua média de *home runs* era de 8,5%.[5] Ele foi um dos melhores jogadores na história da liga principal de beisebol, mas, mesmo assim, em mais de 90% das vezes ele não conseguia *home runs*. Não sou uma enorme fã de beisebol, mas quando penso em Babe Ruth penso em vídeos granulosos, em preto e branco, de um homem acenando para os fãs enquanto caminhava pelas bases depois de mandar uma bola para fora do estádio, e não de uma pessoa que errava mais do que acertava. Quando se trata de propor, os melhores são um pouco como Babe Ruth: seus incríveis *home runs* ofuscam a frequência dos erros.

O complicado ao propor é que, ao contrário do que acontece no beisebol, você não necessariamente saberá se errou. Talvez a pessoa ache que a energia emocional necessária para corrigi-lo quando você errou não vale a pena. Ou talvez não queira se arriscar a magoar seus sentimentos. Como podem ser necessárias algumas tentativas antes de você propor algo que ecoe no outro, dominar essa habilidade tem a ver com detectar os erros e se recuperar deles.

### Recuperar-se

Talvez não seja necessário fazer nenhum trabalho de detetive para determinar se a ideia que você propôs foi um erro; às vezes a outra pessoa simplesmente dirá isso. Por exemplo, quando eu estava conversando com a babá no parque e propus: "Você deve sentir que está o tempo todo cuidando das pessoas", depois de ela ter contado sobre sua situação profissional, ela foi rápida em exclamar: "Não sinto, não!"

Se o outro reage ao que você propôs ficando na defensiva, corrigindo sua fala ou rebatendo, você entendeu errado ou trouxe à superfície algo que ele não está pronto para aceitar. Em qualquer um dos casos, vocês dois não estão de acordo. Você precisa entender melhor como ele enxerga as coisas, mas só pode chegar lá se permanecer na conversa.

O modo mais fácil de permanecer envolvido depois de errar é voltar ao *Jogo* e usar perguntas e comentários que demonstram atenção. Por exemplo, um dia desses eu propus: "Seu corpo está absolutamente exaurido" para validar uma cliente que estava chorando por não ter acordado para uma reunião importante às nove da manhã depois de várias noites de insônia. "Não", disse ela, pensativa, "acho que inconscientemente eu queria evitar a reunião." Leitor, cá entre nós, tenho quase certeza de que o corpo dela desmoronou depois de passar mais de 50 horas sem dormir, mas não foi assim que ela enxergou a situação. Em vez de forçar meu ponto de vista, fiz uma pergunta para demonstrar atenção: "Isso é interessante. Por que você acha que queria evitar a reunião?"

Talvez ela tivesse pensado que o que propus inicialmente fosse uma crítica velada, como se eu tivesse sugerido que ela deveria se concentrar mais em seu processo de higiene do sono. Ou talvez estivesse certa e seu inconsciente a tivesse sabotado. De qualquer modo, minha compreensão estava incompleta, por isso precisei recuar de volta para as **Habilidades de Atenção Plena.**

Preciso alertar: voltar ao *Jogo* depois de errar a proposta pode parecer contraintuitivo. Se uma pessoa parece estar na defensiva, chateada ou invalidada pelo que você propôs, você pode ficar magoado, o que vai incliná-lo a insistir em seu ponto de vista ou terminar a conversa. Luta ou fuga. Você pode demorar um tempo para suplantar seus instintos, mas saber quais emoções identificar - mágoa, embaraço, dúvida e vários níveis de frustração - o tornará infinitamente melhor em identificar e questionar a vontade de parar tudo e fugir.

Assim que tiver coletado mais informações usando o *Jogo*, faça outra tentativa de propor ou use outra **Habilidade de Compreensão** ou **de Empatia.** Eu já disse e vou repetir: Oprah é a rainha da proposta, mas até ela comete um bocado de erros. Ela se recupera voltando rapidamente às **Habilidades de Atenção Plena**, mas não deixa que os erros a impeçam de tentar de novo. Como agora você está familiarizado com muitas habilidades de validação que ela usa, copiei a descrição que fiz da abordagem dela no Capítulo 5 e acrescentei os conjuntos de habilidades e as habilidades específicas que ela usa para fascinar as pessoas.

*Oprah diz algo como:*

*- Deve ter sido frustrante.* (**Habilidade de Compreensão:** Propor)

*O convidado reage, corrigindo:*

– *Não foi frustrante. Foi aterrorizante.*

*Oprah recua um passo sem se deixar abalar, apesar de ter falhado na sua tentativa de validação diante de uma plateia ao vivo:*

– *Aterrorizante? O que houve de aterrorizante na situação?* (**Habilidades de Atenção Plena:** Copiar + Prestar atenção)

*Ela ouve, atenciosa, e talvez interrompa uma ou duas vezes para esclarecer* (Prestar atenção) *ou repetir algo que a pessoa disse* (Copiar). *Em seguida retoma a dianteira, oferecendo alguma ideia que a pessoa não tenha articulado e verificando se ela encontra eco* (Propor). *Talvez precise fazer isso várias vezes, mas em algum momento acaba acertando o alvo.*

Como Babe Ruth, os erros de Oprah são rapidamente esquecidos quando ela acerta o equivalente a um *home run* em validação.

## Detectar

Imagine que você está conversando com uma amiga que se aposentou recentemente do emprego como professora de inglês do ensino médio. Você pergunta se ela está gostando da vida de aposentada e ela sugere vagamente que não está indo bem.

– Tenho muito tempo livre – diz ela. – Não sei o que fazer com tanto tempo livre...

Você começa com o *Jogo* e, a partir da informação que coleta, suspeita que ela está em conflito por sentir falta do trabalho quando "deveria" curtir a aposentadoria. E aí está uma grande oportunidade de propor. Você decide aproveitá-la:

– É difícil processar uma perda quando todo mundo diz que você deveria estar comemorando.

Antes de propor essa ideia, você estava muito mais confiante de que ela encontraria eco. Agora não tem tanta certeza. Sua amiga não está dando nenhuma indicação de que se sente validada pelo que você propôs. Dito isso, ela também não está na defensiva nem corrigiu você. Sua reação exata foi "Hum". Hum?! O que você faz com um "Hum"? Nada. Para saber em que pé você está e como ir em frente, é necessário voltar a ler nas entrelinhas. O que, neste caso, significa ler o comportamento não verbal dela.

As pessoas com QE alto conseguem fazer isso naturalmente usando o "sentido-aranha" emocional que lhes permite identificar e entender as emoções das pessoas. Para todas as outras, lembre que o QE pode ser desenvolvido. Você só precisa saber quais sinais emocionais procurar e como interpretá-los. Dentre os sinais não verbais de que uma pessoa se sente *validada* pelo que você propôs estão os seguintes:

- Manter ou fazer contato visual.
- Ficar mais empolgada – falando mais rápido ou mais alto, gesticulando mais, parecendo mais animada.
- Inclinar-se ou chegar mais perto.

A indicação menos óbvia, porém muito mais confiável, de como uma pessoa se sente com relação ao que você propôs é a expressão facial. Já ouvi dizer que "os olhos são a janela da alma", mas deveria ser "as expressões faciais são a janela da alma". É menos cativante, eu sei, mas é muito mais preciso. Mais preciso ainda seria dizer que "as microexpressões são as janelas da alma, mas você talvez só consiga enxergá-las por um milissegundo, porque as pessoas são rápidas em encobri-las." É, essa frase nunca vai virar um ditado popular.

O famoso especialista Paul Ekman define as microexpressões como "expressões faciais que ocorrem numa fração de segundo".[6] De acordo com Ekman, "Esse vazamento emocional involuntário expõe as verdadeiras emoções da pessoa".[7] Precisei citá-lo literalmente porque simplesmente não existe um modo melhor de dizer "vazamento emocional" do que dizendo "vazamento emocional".

Se você captar um vazamento de emoções negativas como nojo, medo ou desprezo, é improvável que a outra pessoa esteja se sentindo validada. Você não é bom em detectar vazamentos emocionais? Sem problema. Ekman desenvolveu uma ferramenta para ajudar as pessoas a treinar a identificação e interpretação de vazamentos emocionais. Além disso, ela pode melhorar sua capacidade de saber se alguém está mentindo. Então, você sabe, dois coelhos com uma cajadada só. Você pode encontrar versões da Ferramenta de Treinamento de Microexpressões de Ekman no site dele (em inglês).*

---

* Paul Ekman Group, https://www.paulekman.com/micro-expressions-training-tools/.

Se você está pensando algo como "Caroline, eu me recuso a pesquisar o Ekman. Você prometeu que neste livro eu encontraria tudo que fosse necessário", tudo bem. Vou deixar você com um último modo confiável de saber se acertou ou errou na tentativa de validar. A indicação é a pessoa continuar com a conversa ou não. Se você conseguiu ler a mente dela ou, melhor ainda, se fez uma conexão que ela não tinha percebido, ela quererá continuar com a conversa. A validação provoca uma sensação boa, e, quando algo provoca uma sensação boa, a gente quer mais. Porém, se o que você propôs fez a pessoa se sentir mal, desconfortável ou invalidada, ela não se sentirá motivada a continuar conversando. Até quem adora agradar os outros vai querer dar o fora. O outro pode soltar uma frase, pensativo, dizendo "Eu não tinha visto as coisas desse modo", para você ficar satisfeito consigo mesmo, mas mudará de assunto ou abandonará a conversa na primeira oportunidade. De modo semelhante, se a outra pessoa tentou repetidamente corrigir sua compreensão sem sucesso, ela acabará sentindo o peso e vai abandonar a conversa.

O problema de confiar na indicação dada pela interrupção da conversa é que, quando você a detecta, talvez não seja possível se recuperar. Forçar uma conversa com alguém que deixou claro que quer encerrá-la pode deixar a pessoa insegura. Mesmo assim, você deve tentar uma ou duas perguntas que demonstram atenção depois de detectar a indicação dada pela interrupção da conversa, mas esteja preparado para abandonar seu objetivo se o outro não morder a isca. Se você acha que realmente causou um dano invalidando a outra pessoa, diga isso e peça desculpas pela ofensa.

Dada a dificuldade de se recuperar da indicação dada pela interrupção da conversa, encorajo você a usar outras deixas não verbais o máximo que puder. E se não puder, porque tem dificuldade em detectar e interpretar expressões não verbais, você realmente deveria dar uma olhada na ferramenta de Ekman, que vale totalmente a pena quando você considera a quantidade de tempo que já dedicou a aprender coisas que provavelmente nunca usará, em comparação com aprender a detectar "vazamentos emocionais", algo que você vai usar constantemente e que um dia pode ajudá-lo a saber com certeza se o vendedor está mentindo quando diz que eles não têm mais aquele produto no depósito antes mesmo de verificar.

## RECAPITULAÇÃO

- Propor significa dizer o que você suspeita que outra pessoa está sentindo, pensando ou querendo fazer com base no que ela disse e no que você sabe sobre a situação.
- Como acontece com as outras **Habilidades de Compreensão**, propor pode ser dividido em raciocínio lógico e comunicação.
    - » Raciocínio lógico:
        - › Faça o *Jogo* e use perguntas que demonstram atenção para reunir as informações necessárias.
        - › Use a abordagem da Regra de Ouro colocando-se no lugar do outro.
    - » Comunicação:
        - › Para demonstrar deferência ou respeito, proponha sua ideia como uma sugestão usando qualificadores do tipo "Imagino se..." ou apresentando suas ideias em forma de perguntas.
        - › Para projetar confiança, declare sua ideia mais como um fato; combinar as Quatro Grandes expressões não verbais com afirmações casuais aumenta a firmeza da mensagem.
- Para se tornar profissional em propor, você deve ser capaz de se recuperar dos erros e detectá-los.
    - » Recuperar-se: Volte às **Habilidades de Atenção Plena** - Prestar atenção e Copiar. Tente propor de novo ou use outra **Habilidade de Compreensão** ou **de Empatia** quando puder.
    - » Detectar: Conte com sua intuição emocional, procure expressões não verbais ou vazamentos emocionais, ou use a indicação dada pela interrupção da conversa.

## DICAS PRÁTICAS

1. Como a habilidade de prestar atenção, propor exige mais repetições do que algumas outras para ser dominada. Vinte e cinco repetições é um ótimo alvo para essa habilidade e ajudarão a internalizar todos os detalhes deste capítulo que você está convencido de que vai esquecer.

Para esta semana (e mais, se você quiser alcançar as 25 repetições), treine usando o *Jogo* e a abordagem da Regra de Ouro para chegar a hipóteses sobre o que outra pessoa pode estar pensando ou sentindo. Certifique-se de tentar apresentar suas ideias como *sugestões* e *fatos* em diferentes situações para perceber a diferença. Se a habilidade de propor deixa você nervoso, treine usando-a em assuntos de baixo risco como esportes, comida, vídeos do TikTok, etc. antes de tentar discussões mais sérias ou emocionais.

2. Acesse o site de Ekman para conhecer recursos que ajudam a melhorar sua capacidade de identificar vazamentos emocionais. Se você suspeita que já é bom em detecção de vazamentos, verifique os questionários dele para ter certeza. Depois você pode alardear a todos os seus amigos como o seu QE é alto, o que não vai ser nem um pouco chato. Brincadeirinha, seria chatíssimo, mas, se você tem QE alto, já sabe disso.

# 11

# Agir – Quando as palavras não bastam

*Todos precisamos de ajuda em algum momento.*
*Quer estejamos dando ou recebendo ajuda, cada um*
*de nós tem algo valioso para trazer a este mundo.*
*Esta é uma das coisas que nos conectam como vizinhos:*
*ao nosso modo, todos somos doadores e receptores.*

– FRED ROGERS, *THE WORLD ACCORDING TO MISTER ROGERS*

Enquanto escrevo, a Rússia está em guerra com a Ucrânia. Pessoas fugiram do país em bandos e todo dia o mundo é inundado de imagens dos crimes de guerra cometidos contra os que permanecem por lá. Os ucranianos não têm a força militar necessária para lutar sozinhos contra a Rússia. O presidente do país, Volodymyr Zelenskyy, vem se reunindo 24 horas por dia com os aliados do seu país, reivindicando sanções econômicas e uma zona de exclusão aérea sobre a Ucrânia. Numa rara entrevista para a ABC News que foi ao ar em 7 de março de 2022, perguntaram ao presidente Zelenskyy que mensagem ele gostaria de transmitir ao povo americano.[1] Durante toda a entrevista Zelenskyy falou em ucraniano e usou um tradutor, mas, quando essa última pergunta foi feita, ele olhou direto para a câmera e respondeu em inglês:

> Só quero que vocês sintam e entendam o que isso significa para nós. Porque o povo americano fala sempre sobre liberdade e sabe o que ela é. E agora, quando vocês olham para os ucranianos, acho que sentem o que ela significa para nós. Então não estamos longe de vocês. Não estamos longe de vocês. E por isso, americanos, se vocês enxergam e entendem

como nós nos sentimos, como lutamos contra todos os inimigos por nossa liberdade, apoiem-nos, e não somente com palavras, mas com atitudes concretas e diretas.

Zelenskyy está pedindo ajuda porque não consegue resolver sozinho a situação. Reagir a esse pedido com "atitudes diretas" é o único modo de validar Zelenskyy e o povo da Ucrânia suficientemente. Ele espera que, se os americanos *enxergarem* e *entenderem* que a liberdade pela qual seu país luta é a mesma liberdade que eles valorizam, vão se sentir impelidos a reagir com empatia por meio de ações.

Agir significa intervir diretamente em favor da outra pessoa.[2*] Em vez de oferecer soluções ou dizer como ela poderia resolver um problema específico, agir é intervir para resolvê-lo para ela. É a habilidade de "parar de falar e fazer mais", e em algumas situações é o único modo de mostrar que "você está ao lado dela, entende e se importa".

Como uma **Habilidade de Empatia**, Agir faz com que você vá além do reconhecimento (**Habilidades de Atenção Plena**) e de pensar logicamente sobre a experiência do outro (**Habilidades de Compreensão**). Exige que você se *invista* na situação. As **Habilidades de Empatia** alcançam os objetivos das outras habilidades que você aprendeu até agora e dão um passo além, transformando você de observador em participante ativo.

## Espera, isso aí não é o mesmo que resolução de problemas?

Agir se parece um bocado com algo que alertei você para jamais fazer enquanto valida: resolução de problemas. Nossa inclinação natural para solucionar problemas significa que em geral precisamos inibir a vontade de agir – e não usá-la. No entanto estou lhe dizendo que às vezes agir é o modo mais eficaz de validar as pessoas. Que negócio é esse?!

Tecnicamente, resolução de problemas e intervir para solucionar os problemas de alguém (Agir) não são a mesma coisa. Sugerir ações que

---

* Agir é semelhante ao que Marsha Linehan chama de Validação Funcional, que não está incluída nas habilidades de validação ensinadas aos clientes, mas é discutida em seus vários artigos e capítulos escritos para terapeutas. Essa habilidade também aparece como "Reagir com ação" na literatura de Terapia Dialética Comportamental para casais.

uma pessoa pode realizar (por exemplo, "Talvez você devesse reescrever o seu currículo antes de mandá-lo para outros empregos") é diferente de intervir em favor dela (por exemplo: "Reescrevi o seu currículo para você; agora talvez você tenha mais chances"). A resolução de problemas é uma tentativa mais *passiva* de mudar a experiência de alguém, ao passo que agir exige que você se envolva *ativamente* na situação.

Agir se concentra na *mudança*. Na superfície isso pode parecer incompatível com a validação, que significa comunicar aceitação. Mas a esta altura você já entendeu que a aceitação e a mudança dão origem uma à outra e podem coexistir. Isso não quer dizer que agir seja o melhor jeito de demonstrar aceitação. *Frequentemente não é.* Como acontece com a resolução de problemas, agir quando não é necessário revela que você na verdade não entende a situação da outra pessoa ou o motivo para ela estar recorrendo a você. Por exemplo, pode ser validador propor "Isso é injusto demais com você" quando sua amiga lhe diz que o irmão dela, viciado em drogas, vive lhe pedindo dinheiro; agir montando uma intervenção provavelmente não será.

O valor da habilidade de agir é que, quando necessária, ela pode ser mais validadora do que todas as outras combinadas. Ela é essencialmente uma ferramenta de alta potência. Como uma motosserra ou uma pistola de pregos, ela supera as limitações de ferramentas mais básicas e você não consegue fazer alguns serviços sem usá-la. Mas, como acontece com qualquer ferramenta de alta potência, se você não souber operá-la ou não fizer isso com cautela, poderá destruir o que desejava construir. Então a questão é: como saber se uma intervenção é necessária? Ser capaz de discernir para saber quando intervir e quando ficar de braços cruzados é fundamental para a habilidade de agir.

## QUANDO AS AÇÕES FALAM MAIS ALTO DO QUE AS PALAVRAS

**O principal a ser considerado antes de agir é saber se a pessoa realmente *precisa* ou *quer* que você intervenha.** Observe que pode ser validador agir mesmo que, tecnicamente, a pessoa não precise da sua intervenção. Quer dizer, eu *poderia* dar uma festa para comemorar o final do meu livro, mas me sentiria validada por Mat se ele desse a festa por mim. (*Olha a dica, olha a dica!*) O que vem em seguida são minhas dicas sobre como intervir em favor de pessoas que podem e que não podem agir por si mesmas.

## A pessoa não pode agir por conta própria

Em sua entrevista, o presidente Zelenskyy pediu que os Estados Unidos "tomassem atitudes concretas e diretas" porque seu país não era capaz de derrotar a Rússia sozinho. O presidente Joe Biden poderia responder prestando atenção e copiando: "Ah, 'atitudes concretas'." Poderia equalizar – "Acho que a maioria dos líderes mundiais também quereria receber ajuda internacional" – ou propor – "Você deve estar chateado porque a Rússia invadiu seu país". Ele poderia até mesmo usar as outras duas **Habilidades de Empatia** – Demonstrar emoção e Revelar-se –, mas vamos encarar os fatos: qualquer coisa que não fosse intervenção deixaria de validar o povo da Ucrânia. Sem agir, todas as outras habilidades da Escada da Validação pareceriam condescendentes.

De um jeito menor, mas um tanto semelhante, você pode se identificar com a posição de Zelenskyy. Todos já estivemos em situações em que precisávamos de ações, não de palavras, para nos sentir validados. Não nos sentimos validados por autoridades eleitas que deixam de agir apesar de dizer que levam nossas preocupações a sério. Nos relacionamentos, não nos sentimos validados por pessoas que não mudam comportamentos que nos fazem mal. No mínimo seria *in*validador se um companheiro infiel dissesse todas as coisas certas, mas continuasse traindo você. Além disso, não somos validados por pessoas que deixam de levar nossas preocupações suficientemente a sério para reagir com a ajuda de que precisamos. Se você quebrou a perna e pediu a seu companheiro para lavar a louça até que você possa andar de novo, ele poderia compor um poema épico de validação incorporando todas as outras habilidades que estão neste livro para validar seu pedido. Mas, se ele não lavar a louça, o poema provavelmente só vai irritar você profundamente.

Infelizmente, a questão não é simples como "quando alguém pedir ajuda, ajude" se o outro é incapaz de fazer o que está lhe pedindo que você faça. O problema de agir é que isso pode rapidamente transformar você em algo que ninguém quer ser: um facilitador.

Havana tem 8 anos e geralmente ainda digo "claro" quando ela pede para eu desembaraçar seu cabelo antes de ir para a cama porque, vamos reconhecer, ela *não consegue* fazer isso sozinha. Para deixar claro: escovar o cabelo não é como tirar os pratos da lava-louças, que ela é capaz de fazer, embora tente se livrar da tarefa reclamando, ou passar o aspirador de pó, que ela consegue fazer, mas em que não é boa. Havana literalmente não consegue passar o pente pelos nós imensos em seu cabelo ao fim de cada dia. Validar a dor e a frustração de Havana com palavras enquanto ela tenta escová-los simplesmente não parece... validador. Além disso, devo admitir que geralmente acabo prendendo o cabelo dela durante o dia porque, quando ela tenta fazer isso, ele se solta e fica mais embaraçado ainda. *Suspiro.* É um círculo vicioso, mas também é um pouco de desculpa. A verdade? Meu nome é Caroline Fleck e eu sou uma facilitadora.

Pelo menos posso ser com relação a Havana. Na maior parte do tempo sou bastante boa em ficar do lado da validação e não facilitar quando me pedem para agir, mas sou humana e minha filha é uma fofura. Assim, inevitavelmente, faço besteira e intervenho quando não deveria. Quando sou eficaz com essa habilidade é porque tive a diligência de me fazer três perguntas. Talvez nem todas se apliquem, mas me sinto mais confiante em agir quando consigo responder "não" às que se aplicam.

### Agir ou não agir: eis as perguntas (que você deve fazer a si mesmo)

1. Essa pessoa tem os *recursos* necessários para realizar a ação?
2. Eu estaria fazendo algo que ela precisa *aprender* a fazer sozinha? Nesse caso, ela é capaz de desenvolver as habilidades necessárias?
3. A ação entra em conflito com meus *valores*?

Tente pensar numa ocasião em que alguém tenha lhe pedido para agir (talvez não diretamente) e você pensou em fazer isso, pelo menos em parte, para validá-la. Você pode escolher algo do passado ou uma situação atual, como o meu exemplo de escovação de cabelo. Agora tente responder às perguntas de Agir ou Não Agir para a situação. Lembre-se: você só deve considerar agir se puder responder "não" a todas as perguntas. Para exemplos, veja a tabela seguinte.

| | Havana pedindo que eu escove seu cabelo à noite | Um amigo pedindo doações para ajudá-lo a reconstruir a casa destruída por um incêndio florestal | O presidente Zelenskyy apelando aos americanos para "tomarem atitudes concretas e diretas" para proteger o povo da Ucrânia |
|---|---|---|---|
| **A pessoa tem os *recursos* necessários?** | Sim, ela tem uma escova e braços. | Não, ele perdeu tudo. | Não, eles não têm os recursos nem a capacidade de se defender. |
| **Eu estaria fazendo algo que a pessoa precisa *aprender* a fazer por si mesma? Nesse caso, ela é capaz de desenvolver as habilidades necessárias?** | Sim e sim. O cuidado com os cabelos é uma habilidade de vida que ela precisa desenvolver, e aos 8 anos ela é capaz de desenvolvê-la. | Não, isso não é uma questão de habilidade. | Não, isso não é uma questão de habilidade. |
| **A ação entra em conflito com meus *valores*?** | Não, eu valorizo a boa higiene. | Não, eu valorizo as ações de serviço e gosto de apoiar meus amigos. | Talvez! Depende a quem você pergunta e o que as "atitudes concretas e diretas" significam (por exemplo, receber refugiados versus potencialmente provocar uma guerra com a Rússia instituindo uma zona de exclusão aérea). |
| **Devo considerar a possibilidade de agir?** | Não, ela pode e deve aprender a fazer isso sozinha. | Sim, pode ser adequado agir. | Talvez! Depende dos valores do indivíduo e da ação a ser realizada. |

Não é prático?! Claro, também pode ser importante considerar outros fatores, como custo, viabilidade e possibilidade individual. As perguntas de Agir ou Não Agir simplesmente ajudam a determinar se a intervenção é necessária. Se não for, você se arrisca a facilitar o excesso de dependência – protegendo as pessoas das consequências de que elas precisam para desenvolver habilidades de vida necessárias – ou a comprometer o seu respeito próprio.

Caso você decida *não* agir, não presuma que a outra pessoa ficará marcada pelo resto da vida. **Lembre-se: a regra básica da validação é que você só deve validar o que é válido.** Se você acha que o indivíduo é capaz de agir sozinho, não deve intervir e validar a crença de que ele não é. Às vezes as dúvidas da pessoa são válidas; ocasionalmente não são. Acreditar em uma pessoa que não acredita em si mesma pode validar a capacidade dela e ajudá-la a alcançar seu pleno potencial.*

Na primeira vez em que minha família foi esquiar, fizemos uma aula juntos para aprender o básico. Quando Havana caiu pela primeira vez, instintivamente cravei os bastões na neve para ir com dificuldade até ela. A instrutora, uma mulher duvidosamente tranquila de 20 e poucos anos, estendeu o braço, me fazendo parar.

– Tudo bem, cara – disse ela. – Ela vai dar um jeito.

Eu quase reagi dizendo: "Obrigada, *cara*, mas isso não é legal."

Enquanto lutava para decidir se meus instintos de mamãe ursa justificavam derrubar essa mulher com os bastões e quebrar minhas duas pernas para chegar até minha filha, algo surpreendente aconteceu. Havana se levantou. Ela descobriu um jeito sozinha e limpou a neve da roupa, e a expressão de orgulho em seu rosto mostrou quanto isso significou para ela. A instrutora não validou a dúvida de Havana intervindo; em vez disso, validou a competência, a força e a resiliência da minha garota acreditando nela.

Certo, então as perguntas de Agir ou Não Agir ajudarão você a determinar se deve cogitar dar uma mão quando alguém pede algo que não é capaz de fazer por conta própria. Mas e se a pessoa não pediu que você interviesse? Está na hora de uma história que, com certeza, deixará muitos médicos e terapeutas nervosos.

Era uma vez, muito antes da época das terapias à distância, uma cliente que eu tinha passou meses juntando coragem para buscar um tratamento eficaz porém levemente tortuoso para o transtorno obsessivo-compulsivo

---

* Observe que você pode validar os sentimentos da pessoa (por exemplo, medo, frustração, ansiedade) ou seu comportamento de pedir ajuda por acreditar que é incapaz, mas não precisa validar essa crença agindo em nome dela.

(TOC).* Infelizmente, mais ou menos na época em que ela decidiu começar, transferi meu consultório para fora da cidade onde eu a atendia e fui para um subúrbio de Seattle. Ela não tinha carro e precisava pegar vários ônibus para se consultar comigo. O ponto de ônibus mais próximo – pelo qual eu passava a caminho do trabalho – ficava a quase 3 quilômetros do meu consultório, o que significava que ela passaria quatro horas no ônibus e caminharia 6 quilômetros para que pudéssemos exorcizar seus demônios.** Minha cliente chegava ao consultório totalmente desgrenhada e molhada da chuva de Seattle, parecendo menos a lutadora que ela esperava incorporar para as nossas sessões e mais um gato derrotado e irritado que alguém tivesse forçado a entrar debaixo do chuveiro.

Ela era minha última cliente do dia e quando eu saía do consultório ela já estava a caminho do ponto de ônibus havia um bom tempo. Com a escuridão e a névoa, ela não conseguia me ver passando de carro. Mas *eu* conseguia me ver. E odiava o que via: alguém que estava permitindo que sua posição a impedisse de ser uma pessoa decente. Como tantos médicos, eu vivia pensando que poderia ser processada por qualquer coisa a qualquer momento. Por isso não me oferecia para levá-la até o ponto de ônibus. Porque uma jovem andando no escuro no acostamento de uma

---

* O tratamento para o TOC que estou citando aqui é a Terapia de Exposição e Resposta (TER). E, apesar de ser ligeiramente tortuoso, recomendo-o totalmente! A parte tortuosa é que os clientes da TER precisam encarar seus piores medos enquanto bloqueiam o comportamento compulsivo usado tipicamente para lidar com ele. Por exemplo, se você tem medo de germes, podemos fazê-lo tocar num vaso sanitário durante uma hora sem poder lavar as mãos depois. As pessoas com TOC superam a doença aprendendo a tolerar a exposição a situações que provocam ansiedade sem ceder às compulsões. (Edna B. Foa, Elna Yadin e Tracey K. Lichner, *Exposure and Response [Ritual] Prevention for Obsessive Compulsive Disorder: Therapist Guide* [Oxford, UK: Oxford University Press, 2012].)

** Não havia nenhum outro terapeuta especializado nesse tratamento com horários disponíveis, por isso ela quis continuar trabalhando comigo. Estou subindo no meu púlpito minúsculo aqui embaixo nas notas de rodapé para dizer que precisamos admitir a crise no sistema de saúde mental dos Estados Unidos. Em 2021, 65% dos psicólogos do país disseram que não tinham condições de atender novos pacientes. Mais de metade das pessoas que precisam de atendimento de saúde mental não o recebem. Como observou astutamente John Oliver em 2022, depois de revisar essas estatísticas num episódio de *Last Week Tonight with John Oliver* intitulado "Serviço de Saúde Mental": "Quando as pessoas procuram ajuda, não estamos em condições de oferecê-la." Certo, agora vou descer do púlpito. (*Last Week Tonight with John Oliver,* temporada 9, episódio 18, "Mental Health Care," criado e apresentado por John Oliver, produzido por Whit Conway, apresentado em 31 de julho de 2022 na HBO).

estrada movimentada não era problema meu. Mas, se ela entrasse no meu carro, poderia ser. E se eu sofresse um acidente? Ou se ela alegasse que eu tinha dito ou feito alguma coisa antiética enquanto a estava levando?

Depois de apenas duas semanas ela queria desistir. Seus sintomas eram debilitantes e ela estava desesperada para completar o tratamento, mas disse:

– A viagem está me matando.

Eu a validei usando as **Habilidades de Atenção Plena** e **Compreensão**. Depois subi um degrau na Escada da Validação:

– E se eu pegasse você de carro no ponto de ônibus e depois a levasse de volta?

Ela me olhou como se eu tivesse lhe dado um tapa na cara.

– Você faria isso?

Clinicamente falando, não havia o que pensar: se não fosse assim, ela não poderia receber o tratamento necessário. Em termos de decência humana, não havia o que pensar. E eticamente eu não tinha nenhuma preocupação significativa.* Portanto, sim – eu estava disposta a fazer um bico como motorista para que ela continuasse com a terapia. Ela chorou e disse que eu não tinha ideia de quão significativa era a minha oferta.

Nas 14 semanas seguintes ajustei meu horário para pegá-la quando ela chegasse ao ponto de ônibus e a levei de volta depois da nossa sessão. Concordamos em não falar sobre nada pessoal ou relativo ao tratamento no carro e na maior parte do tempo só ouvíamos rádio. Mas, assim que entrávamos no consultório e fechávamos a porta, era hora de ir com tudo. Toda a capacidade de luta que ela havia perdido no início voltou em dobro quando ficou claro que eu estava lutando ao seu lado.

Intervir para ajudar alguém que precisa de ajuda mas não pediu pode ser um modo poderoso de agir. Além de demonstrar atenção plena, compreensão e empatia, demonstra uma sintonia astuta com os obstáculos que poderiam interferir e impedir a pessoa de pedir a ajuda de que precisa.

* Existem muitas situações em que dar carona a um cliente seria problemático, poderia interferir na terapia ou apresentar alguns perigos. Com base na conversa que tive com ela e na consulta que fiz com colegas, decidi que, naquela situação específica, o risco de ela não receber tratamento era maior do que o de andarmos juntas de carro durante alguns minutos nos dias de sessão.

Agir nessas situações passa uma mensagem forte de que o sofrimento do indivíduo é real e que a necessidade de apoio é válida.

**O problema de agir quando a pessoa não pediu é que você pode piorar a situação.** Em geral isso resulta da leitura errada de sinais sociais. A pessoa não consegue tomar a atitude necessária, mas também não quer a sua ajuda, muito obrigada.

Vários anos depois de fundar uma start-up, uma amiga minha ficou empolgada quando sua sobrinha, Sam, decidiu fazer estágio na empresa. Quando foi conversar com Sam depois da primeira semana de estágio, esperava ouvir elogios à cultura da empresa, que ela vinha cultivando com iniciativas de diversidade, equidade, inclusão e eventos mensais fora da sede. Em vez disso, Sam disse que a falta de um banheiro unissex na empresa era frustrante. Sam, que é de gênero não binário, também disse que achou as placas dos banheiros meio sem noção: um alien usando calça para o banheiro masculino e um de vestido, para o feminino. Minha amiga se sentiu péssima. Ela é que havia encontrado as placas dos banheiros com um vendedor na internet. E até aquele momento achava que eram a coisa mais bonitinha do mundo! Como os banheiros eram de uso individual, minha amiga percebeu que não havia motivo para serem separados por gênero. Na mesma noite ela foi para casa, comprou placas de banheiros de bom gosto, com a legenda "Todos os gêneros", e as instalou. Depois disso recebeu um e-mail de Sam, dizendo que não tinha gostado e queria conversar. Provavelmente você já sabe para onde isso está caminhando. Sam não gostou *nada* da mudança das placas. Tinha acabado de chegar a uma empresa predominantemente feminina. A placa nova tinha sido posta logo depois, o que significava que as placas apontavam para seu gênero não binário. Não era uma boa primeira impressão.

Condescendente, paternalista, pretensioso – são apenas algumas coisas que você pode parecer se agir quando o outro não quer, apesar de não ter as habilidades ou a autoridade para intervir. Repetindo: quanto mais alto você sobe na Escada da Validação, maior é a dor da queda. Se você interpretou errado as folhas de chá interpessoais e interveio quando isso não era desejado, pode terminar invalidando a outra pessoa e se sentindo incompreendido. Felizmente há um modo simples de afastar as chances do desastre de validação numa situação assim: **pergunte antes de agir.**

Se eu tivesse parado o carro de um modo meio assustador ao lado da minha cliente que andava na chuva à noite, minha tentativa de agir poderia ter fracassado totalmente. Por outro lado, se minha amiga tivesse perguntado se Sam queria que ela mudasse as placas dos banheiros, poderia ter demonstrado preocupação sem passar do ponto.

Se você gasta uma grana preta e compra um carro esporte para trocar o sedã enorme do qual sua esposa vive reclamando, está agindo antes de perguntar. Se confronta a professora da sua filha sobre algo que ela confidenciou, está agindo antes de perguntar. E, se você passa o fim de semana terminando um projeto que seu colega não conseguiu terminar porque está com gripe, está agindo antes de perguntar. Quero deixar claro que nenhum desses exemplos foi inventado, e em cada um deles o "beneficiário" se sentiu incomodado, não validado.

Somos rápidos demais em colocar nossas capas de super-herói e ir salvar pessoas de quem gostamos, mas ao fazer isso costumamos criar mais problemas do que resolvê-los. A chave para agir de modo eficaz quando a outra pessoa não pode é fazer isso com moderação e atenção. Faça as perguntas do método Agir ou Não Agir para ver se é adequado intervir e, se possível, pergunte antes se a pessoa quer a sua ajuda.

### A pessoa pode agir por conta própria

Se alguns amigos e familiares não tivessem trazido o jantar para a gente algumas vezes por semana assim que Havana nasceu, poderíamos ter nos virado sozinhos. Poderíamos ter comido cereal se as coisas ficassem numa situação desesperada, mas de jeito nenhum eu abriria mão de jantar depois de queimar tantas calorias dando de mamar o dia inteiro. Mamãe precisa comer! E eu comia. Mas quando minha sogra, Rosa, chegava trazendo meu ensopado predileto e ia embora rapidamente para que eu não tivesse que dar atenção a ela enquanto equilibrava uma recém-nascida nos meus peitos, eu me sentia vista (algo que agora percebo ser irônico, porque ela estava intencionalmente tentando não me ver). Ao honrar meu desejo não verbalizado de ter privacidade e apoio, Rosa comunicava que minhas necessidades eram válidas e que ela pelo menos "estava presente, entendia e se importava". Eu me senti vista de modo semelhante quando minha mãe insistiu em vir de avião uma semana antes da data do parto induzido. Sua ação me garantiu que o estresse e o cansaço que eu estava sentindo eram reais e que a situação merecia apoio, ainda que eu pudesse sobreviver sem ele.

Intervir quando a ajuda não é estritamente necessária e não foi pedida, como meus entes queridos fizeram, reflete aquela sintonia astuta que mencionei antes e pode provocar na outra pessoa uma reação do tipo "Como é que ela sabia?". *Como eles sabiam* que eu estava assoberbada e que ficaria aliviada se eles pegassem as crianças? *Como ele sabia* que o dia de hoje foi estressante e que eu só queria ir para casa comer uma pizza? (Nota: pizza é minha comida afetiva. Mat sabe disso e tem uma capacidade incrível de detectar quando eu tive um dia difícil no trabalho e só quero voltar para casa e encontrar uma pizza estilo Chicago. Ver aquela pizza valida imediatamente minhas emoções, minha necessidade de conforto e a crença de que Mat é o homem dos meus sonhos.)

Claro, como ir além do esperado é mais validador quando funciona, é muito mais *in*validador quando não funciona. Você já esteve numa situação em que alguém "só queria ajudar" e piorou as coisas? É essa habilidade dando errado. Intromissão, excesso e violação de limites são as consequências de ir fundo demais quando se trata de fazer coisas que as pessoas podem fazer por conta própria.

A prevenção da intromissão vem em duas partes. Primeiro entenda a situação. Se você tem dúvida de como os outros receberão suas ações, **pergunte antes de agir.** Depois permaneça ligado em sua intenção. Se cria conflito, o seu envolvimento não é uma forma de validação nem de cuidado; é egoísta e prejudicial. Em vez de ficar na defensiva, dobrar a aposta ou ouvir uma voz na sua cabeça chamando o outro de "ingrato", dê um passo atrás e lembre por que você ia intervir, para começo de conversa. Com a validação, sua intenção é demonstrar que está presente, entende e se importa. Se você estiver detectando sinais de tensão, pode permanecer atento e compreensivo e demonstrar empatia recuando sem fazer julgamento.

Nota: se a pessoa espera que você aja porque *sempre faz isso*, você não a está validando; está fazendo algo que ela não valoriza. Além disso, você pode estar privando-a da oportunidade de fortalecer as habilidades necessárias para administrar melhor a própria vida. Você pode perceber o efeito dessa habilidade observando como o outro reage. Expressões de gratidão, "Como você sabia?", e agradecimentos sinceros sugerem que sua ação foi validadora. Falta de reconhecimento, exigências ou demonstração de que a pessoa não dá valor à sua ação significam que agir pode estar trabalhando contra você. É, você pretende validar alguém, não ser homenageado por seus esforços, mas, se a pessoa o trata de modo pior com o tempo ou se você não se sente bem consigo mesmo depois de intervir, recue para longe dessa habilidade.

Quero encerrar observando que agir nem sempre tem a ver com ajudar. Investir seu tempo, digamos, lendo aquele artigo que seu irmão lhe mandou por e-mail ou ouvir o podcast que seu amigo vive dizendo para acessar estão entre os modos mais fáceis de validar por meio da ação. Claro, sua companheira pode ir à reunião de pais e professores, mas, se ela pedir para você ir junto, valide esse desejo de apoio acompanhando-a. Fazer um pequeno esforço ajudará muito a mostrar que você está em sintonia emocional com as pessoas ao redor.

## RECAPITULAÇÃO

- Agir significa intervir diretamente em favor de outra pessoa.
- O essencial a considerar antes de agir é se a outra pessoa realmente precisa ou quer que você intervenha.
    - » Quando a outra pessoa *não pode* agir por conta própria:
        - › Faça as perguntas do método Agir ou Não Agir e tenha certeza de que pode responder cada uma delas com "não":
            1. Essa pessoa tem os *recursos* necessários para realizar a ação?
            2. Eu estaria fazendo algo que ela precisa *aprender* a fazer sozinha? Nesse caso, ela é capaz de desenvolver as habilidades necessárias?
            3. A ação entra em conflito com meus *valores*?
    - » Se ela não pediu ajuda, pergunte antes de agir.
- Quando a outra pessoa *pode* agir por conta própria:
    - » Entenda a situação, permaneça ligado à sua intenção e se prepare para recuar ao menor sinal de tensão.
    - » Se, com o tempo, a outra pessoa agir como se não valorizasse sua ação ou ficar exigente, pare de usar essa habilidade.

## DICAS PRÁTICAS

Boa parte da intenção e da percepção necessárias para agir de modo eficaz pode ser desenvolvida através da reflexão. Esta semana pense nas seguintes perguntas:

1. Quais são algumas maneiras pelas quais você está agindo atualmente nos seus relacionamentos? Observe se a pessoa pode ou não agir por conta própria.
2. Quais são algumas maneiras pelas quais você agiu no passado? De novo, observe se a pessoa podia ou não podia agir por conta própria.
3. Como você poderia agir para validar as pessoas de quem gosta? Isso mesmo: observe se a pessoa pode ou não realizar a ação em que você está pensando.
4. Como os outros agem atualmente para validar você?
5. Como os outros já agiram para validar você no passado?

Para as situações mencionadas em que você agiu em favor de alguém que não pode ou não pôde fazer isso, faça as perguntas do método Agir ou Não Agir. Se você é pai ou mãe, ou se costuma entrar em relacionamentos codependentes, eu recomendaria colocar as perguntas de Agir ou Não Agir como papel de parede do seu celular ou acrescentá-las à sua lista de tatuagens potenciais no antebraço.

# 12

# Demonstrar emoção – Meu conselho para Jimmy Kimmel

*Não pergunto à pessoa ferida como ela se sente, eu me torno a pessoa ferida.*

– Walt Whitman, "Canção de mim mesmo"

Em 11 de junho de 2019, numa audiência da subcomissão do judiciário sobre verbas para o Fundo de Compensação às Vítimas do 11 de Setembro, Jon Stewart fez um discurso apaixonado para uma fileira de cadeiras vazias que representavam os homens e mulheres do Congresso que optaram por faltar à audiência.[1] Seu testemunho, que rapidamente viralizou, conseguiu validar habilmente os socorristas sentados e de pé atrás dele ao mesmo tempo que responsabilizava o Congresso por não fazer o mesmo. Dê uma olhada:

*Quero agradecer ao Sr. Collins e ao Sr. Nadler por organizarem este evento. Mas, sentado aqui hoje, não posso deixar de pensar em como esta sala é uma grande metáfora de todo o processo que tem sido conseguir atendimento médico e benefícios para os socorristas do 11 de Setembro. E à minha frente está um Congresso quase vazio. Doentes e agonizantes, eles se deram ao trabalho de vir aqui falar... para ninguém. É uma vergonha. É um constrangimento para o país. E uma mancha para esta instituição. E vocês deveriam ter vergonha pelos que não estão aqui, mas isso não acontecerá porque parece que a responsabilização não é algo que acontece muito nesta sala.*

*Nós não queremos estar aqui. Lu [o detetive Luis Alvarez] não quer estar aqui. Nenhuma dessas pessoas quer estar aqui. Mas elas estão, e não estão aqui por si mesmas. Estão aqui para continuar lutando pelo que é certo. Lu voltará para sua 69a sessão de quimioterapia. O grande Ray Pfeiffer teria vindo aqui, mesmo sem conseguir andar, com o corpo devastado pelo câncer e pela dor. E o desrespeito demonstrado a ele e aos outros defensores desta lei é absolutamente inaceitável.*

*Sabem, eu antes ficava... Eu ficava com muita raiva diante da última injustiça feita a esses homens e essas mulheres e, vocês sabem, de outro cartão de visita jogado na nossa direção como um modo de nos mandar embora como se fôssemos crianças pedindo doces no Halloween, e não como os heróis que eles são e sempre serão. Ray diria: "Calma, Johnny. Calma. Eu tenho todos os cartões de que preciso." E ele bateria no bolso... onde mantém os cartões de orações de 343 bombeiros. A reação oficial do departamento de bombeiros da cidade de Nova York ao atentado de 11 de setembro demorou cinco segundos. Cinco segundos! Foi isso que demorou para os bombeiros, para a Port Authority, o serviço de emergência médica reagirem a uma necessidade urgente da população. Cinco segundos. Centenas de pessoas morreram num instante. Milhares de outras chegaram para continuar a lutar por seus irmãos e suas irmãs.*

*Os problemas respiratórios começaram quase imediatamente. E disseram a eles que não estavam doentes: estavam loucos. E então, à medida que a doença piorava e as coisas ficavam mais aparentes, "Bom, certo, você está doente, mas não é por causa dos destroços". E então, quando os dados científicos se tornaram irrefutáveis, "Certo, é por causa dos destroços, mas esse problema é de Nova York. Não sei se temos dinheiro para isso".*

*E desculpem se pareço zangado e pouco diplomático, mas estou com raiva – e vocês também deveriam estar; e eles também estão. E eles têm toda a razão para estar. Não há ninguém aqui, não há uma cadeira vazia naquele palco que não tenha tuitado: "Jamais esqueçam os heróis do 11 de Setembro; jamais esqueçam a coragem deles; jamais esqueçam o que eles fizeram, o que eles deram a este país." Bom, aqui estão eles! E onde eles estão? E seria uma coisa se sua indiferença insensível e sua hipocrisia total fossem inócuas. Mas não são. A indiferença de vocês custou a esses homens e essas mulheres seu bem mais valioso: o tempo. A única coisa que está se esgotando para eles.*

O uso da validação em todo o discurso de Stewart é magistral. Seria difícil para qualquer pessoa – não importam quais fossem seus pontos de vista sobre o fundo de compensação às vítimas – negar que Stewart testemunhou as histórias dos socorristas, entende os obstáculos que eles estão enfrentando e sente empatia pela causa deles. Ele comunica sucintamente tudo isso em alguns minutos, sem jamais se desviar do objetivo de defendê-los. Como não está se dirigindo diretamente aos socorristas, talvez você precise reler a transcrição para identificar as habilidades de validação que ele usa. Ele consegue incorporar todas as oito, mas as duas mais responsáveis por fazer sua validação viralizar são agir,* que abordamos no capítulo anterior, e demonstrar emoção, que examinaremos agora.

Demonstrar emoção significa expressar abertamente seus sentimentos – especificamente os sentimentos em reação ao que alguém compartilhou com você.** Você não precisa exagerar as emoções; pelo contrário, demonstrar emoção tem a ver com autenticidade. Com abandonar qualquer fachada que você esteja usando e se permitir uma reação genuína e sem filtros. No caso de Stewart, isso significou abandonar o personagem cômico que passamos a esperar dele. Para outras pessoas, pode significar assumir uma postura brincalhona. Se você já foi acusado de se levar a sério demais, deveria experimentar isso. Inevitavelmente descobrirá que, quando se permite ser como é sem fingimento ou pose, você cria oportunidades para os outros fazerem o mesmo.

Eu uso muito essa habilidade no meu trabalho com os clientes. Devido a experiências prévias com terapeutas e às descrições sobre eles na mídia, as pessoas costumam chegar à terapia supondo que sou ou que me acho superior a elas. (Meu gato confirma que, na verdade, *não* sou superior a ninguém.) Infelizmente, nada acaba com a vulnerabilidade e a colaboração mais depressa do que um ar de superioridade ou julgamento. Por isso costumo ser intencional ao expressar minhas reações genuínas às experiências que as pessoas compartilham comigo. Em outras palavras,

---

* Stewart agiu ao usar seu poder de astro e suas habilidades oratórias para conscientizar sobre o fundo de compensação e responsabilizar o Congresso por sua inação.

** Nos Níveis de Validação de Linehan não existe um equivalente a Demonstrar Emoção. Essa habilidade tem uma natureza mais próxima do Nível 6, Demonstrar Equidade, mas existem diferenças significativas entre as duas coisas. (Linehan, *DBT Skills Training*, "Handout 18".)

sou intencionalmente não intencional. Quando um cliente disse que tinha decidido concorrer a um cargo público, pulei da cadeira e aplaudi. (Realmente achei uma ótima ideia!) Quando outro me contou sobre uma experiência sexual embaraçosa na noite anterior, cobri os olhos com as mãos e sorri. E quando uma pessoa informou, empolgada, que tinha se posicionado numa reunião e conseguido mudar a direção de um projeto importante mesmo fazendo parte da equipe há pouco tempo, exclamei: "Você só pode estar de brincadeira comigo!" Essas reações, ainda que definitivamente não sejam as mais dignas, representam minhas inclinações naturais nesses momentos. Em vez de censurar minhas emoções, eu as revelei abertamente. Ao fazer isso, além de me envolver e pensar nas experiências que as pessoas compartilhavam comigo, me permiti ser afetada de modo genuíno e transparente por elas.

Neste ponto espero tê-lo convencido de que você não precisa ser psicólogo para usar regularmente habilidades como demonstrar emoção. Lacrimejar quando alguém compartilha uma experiência tocante é um exemplo de demonstrar emoção. Estremecer e fazer sons de ânsia de vômito quando seu filho lhe conta uma coisa nojenta também é. Existem muitas oportunidades para usar essa habilidade.

## COMO FAZER

As emoções podem ser complicadas e assustadoras, mas demonstrar emoção não precisa ser. Isso pode ser alcançado através de um dos três modos de expressão: comportamento não verbal, rotulação ou insinuação.

### Comportamento não verbal

As Quatro Grandes expressões não verbais que você aprendeu para demonstrar que está prestando atenção – contato visual, proximidade, gesticular e assentir – expressam envolvimento. Mostram que você está atento, mas não revelam seus reais sentimentos. Por outro lado, as expressões não verbais para demonstrar emoção revelam. São expressões de emoção sem palavras que indicam não somente que você está prestando atenção, mas também que foi afetado pelo que a outra pessoa diz. Pode parecer uma diferença pequena, mas tem grandes consequências. Você já discutiu ou apresentou para um grupo um assunto que acha importante? Nesse caso, sabe a diferença entre quem está acompanhando educadamente o que você diz e quem está realmente *sentindo*. Saber que estão prestando atenção enquanto você fala é bom. Ver que entendem e se importam é *incrível*.

Como temos um monte de emoções e de maneiras de expressá-las, não disponho de uma lista curta de expressões não verbais em que você deva se concentrar. As usadas para demonstrar emoção podem ser sutis, como pôr a mão sobre o coração reagindo a algo tocante, ficar boquiaberto de surpresa ou balançar lentamente a cabeça para demonstrar incredulidade. Elas podem ser dramáticas, como pular de empolgação, bater com o punho em frustração ou chorar. Se você assistir ao discurso de Jon Stewart, verá os lábios dele tremendo e os olhos lacrimejando quando diz: "A indiferença de vocês custou a esses homens e essas mulheres seu bem mais valioso: o tempo. A única coisa que está se esgotando para eles." As palavras são poderosas, mas as expressões não verbais revelam a emoção por trás delas. E é a emoção de Stewart nesse momento que comunica toda a empatia que ele sente pelos socorristas que está representando.

Em vez de tentar fazer algo específico ao demonstrar emoção, concentre-se em baixar a guarda e aceitar as emoções à medida que elas surgem. Demonstrar emoção é uma extensão natural da Regra de Ouro que vimos nas **Habilidades de Compreensão**. Colocar-se no lugar de outra pessoa ajuda você a se conectar com as emoções dela. Permitir-se experimentar e incorporar essas emoções sem inibição é um modo de demonstrar a empatia que você está experimentando genuinamente.

Ainda que eu incentive o uso de expressões não verbais, não quero sugerir que você deva exagerá-las. Demonstrar emoção deixa de ser eficaz no momento em que parece falsidade. E na verdade não existe motivo para fingir, porque todos somos programados para demonstrar as emoções de forma não verbal conforme as experimentamos. Os bebês não estão tentando nos agradar quando franzem os olhos e sorriem – suas doces expressões não verbais infantis são uma indicação inconsciente de prazer genuíno.

O que é confuso é que, apesar de ser inicialmente involuntárias, nosso ambiente logo nos ensina a controlá-las. As bolhas que ocupamos nos fornecem todo tipo de feedback direto (por exemplo: "Carlos, quando você perder no torneio de soletração, deve sorrir com elegância e apertar a mão do vencedor, e não bater os pés e chorar") e indireto (pense nas crianças rindo e apontando para o pequeno Carlos enquanto ele chora) sobre a adequação das nossas expressões não verbais. Esses feedbacks nos tornam mais conscientes e, em última instância, mais capazes de controlá-las. Com o tempo, não precisamos mais pensar em mascarar as emoções; fazemos isso automaticamente.

Mas o negócio é o seguinte: o feedback que internalizamos sobre o que é adequado ou não pode não ter sido preciso ou pode não se aplicar às situações em que nos encontramos hoje. Mensagens invalidadoras como "Meninos não choram" e "Não seja tão dramático" não somente magoam no momento; também nos desencorajam de expressar no futuro as emoções associadas a essas críticas. Nós nos reprimimos tão depressa e com tanta intensidade que até mesmo a ideia de experimentar demonstrar emoções pode parecer pouco natural ou mesmo totalmente perigosa. Infelizmente, na ausência da experimentação é improvável recebermos o feedback necessário para adaptar nosso comportamento e ajustá-lo melhor ao ambiente atual.

### Rotular

Um modo óbvio de comunicar as emoções é rotulá-las – esse é o jeito mais direto possível, mas isso não precisa significar algo intrusivo ou que cause distração. Considere a afirmação de Stewart: "Desculpem se pareço zangado e pouco diplomático, mas *estou com raiva*." Ele rotula suas emoções claramente, mas de modo igualmente rápido tira a atenção de si mesmo e volta à questão principal: "e vocês também deveriam estar; e eles também estão. E eles têm toda a razão para estar".

Ao declarar como você se sente, certifique-se de usar adjetivos referentes a *emoções* – triste, zangado, decepcionado, empolgado, aliviado, etc. – e não pensamentos, como você faz quando sugere emoções (veja a seguir). E lembre que seu objetivo é apoiar o outro, e não atrair atenção para si.

### Insinuar

Por fim, mas não menos importante, você pode demonstrar emoção falando de pensamentos que insinuam emoções. Você pode dizer "Que babaca!"

para demonstrar que está com raiva do modo como uma pessoa foi maltratada ou "Desembucha logo" para expressar expectativa, ou mesmo "Acabei de me mijar um pouquinho", algo que minha melhor amiga disse, empolgada, quando contei que tinha ficado noiva. Insinuar emoções permite que você incorpore humor (sempre um ponto positivo) e pode ser menos chocante do que declarar seus sentimentos diretamente, em especial se a outra pessoa é "emofóbica".* Insinuar oferece uma abordagem segura para a demonstração de emoções; é como se você dissesse: "Podemos conversar sobre sentimentos sem falar de sentimentos."

Por exemplo, meu pai pode ficar dominado por alguma emoção em favor de outra pessoa, mas ele nunca pegaria uma roda das emoções para ajudá-lo a articular seus sentimentos. Ele é do tipo que diz: "Você só pode estar de brincadeira comigo!" Isso pode significar que está empolgado com a novidade que você contou, frustrado com uma dificuldade que você está narrando ou surpreso porque você conseguiu ingressos na primeira fila para um jogo de basquete dos Pistons. Não me entenda mal, o cara tem emoções, mas é formado em West Point, veterano do Exército, criado na década de 1950. Palavras como *decepcionado* e *fascinado* não fazem parte do vocabulário dele.

Por isso, quando ele me ligou dizendo que precisava tirar um nódulo maligno das cordas vocais (que foi encontrado cedo e do qual se recuperou), não usei adjetivos como *triste* ou *amedrontada* para validá-lo. Falei: "Você só pode estar de brincadeira comigo." Essa é a linguagem que ele se sente mais confortável em usar. Não que ele não fosse entender se eu tivesse rotulado minhas emoções; ele simplesmente não saberia o que fazer com elas nem como reagir. Como Nelson Mandela disse: "Se você fala com um homem numa língua que ele entende, isso chega à cabeça dele. Se você fala na língua dele, isso chega ao coração".[2]**

Quanto a saber qual tipo de demonstração de emoções funciona melhor – comportamento não verbal, rotular ou insinuar emoção –, na

---

* *Emofobia* é um termo totalmente inventado para o medo totalmente real que algumas pessoas têm de identificar e expressar emoções, frequentemente acompanhado pela incapacidade de fazer isso.

** Na verdade, Mandela disse: "Porque quando você fala uma língua, inglês, bom, muitas pessoas entendem, inclusive os africâneres, mas, quando você fala africâner, vai direto ao coração deles."

verdade isso depende da situação. As expressões não verbais são ótimas em circunstâncias em que seria inadequado falar (por exemplo, casamentos, enterros, formaturas); obviamente você também pode usá-las insinuando e rotulando emoções. Tudo dependerá de até que ponto você quer ser direto e da "linguagem" predileta da pessoa que você está validando.

## QUANDO FAZER

Como sempre, você deve subir o mais alto possível na Escada da Validação sem comprometer a autenticidade. Assim, é necessário ter algum tipo de reação emocional genuína para poder usar essa habilidade de modo eficaz. Além disso, demonstrar emoção pode ser uma habilidade de validação particularmente poderosa em situações em que você ou a outra pessoa está "fingindo tranquilidade" ou inibindo determinadas emoções.

### A pessoa está fingindo tranquilidade

As pessoas costumam fingir tranquilidade quando compartilham emoções como decepção ou descrevem algo que pode ser perturbador para alguém. Às vezes até mesmo emoções positivas como júbilo e empolgação parecem vulneráveis porque podem expor o indivíduo a julgamento. Em alguns sentidos, fingir tranquilidade contendo as emoções é uma estratégia adaptativa – nos permite avaliar se a pessoa com quem estamos falando se sente em segurança e confortável com o assunto da conversa. Ainda que essa estratégia possa proteger de julgamentos e conversas incômodas, também pode distorcer profundamente suas verdadeiras experiências. **Ao incorporar as emoções que a outra pessoa está contendo, você pode proporcionar uma validação muito necessária para alguém que, de outro modo, não iria recebê-la.**

Há alguns anos uma amiga da faculdade com quem eu tinha perdido contato me mandou uma mensagem dizendo que havia se mudado para a Califórnia. Nunca tínhamos sido melhores amigas, mas eu gostava muito dela e achava uma pena não termos mantido contato. Nós nos encontramos para almoçar e, enquanto conversávamos, ela mencionou que não trabalhava havia quase dez anos, desde que tinha sido "dispensada" por seu patrão anterior. Não parecia certo dispensar o assunto por aí. Quando perguntei delicadamente sobre as circunstâncias da demissão, ela me contou, em tom casual, que seu gerente a havia assediado sexualmente e ameaçado demiti-la se ela resistisse. Ele cumpriu a ameaça e ela foi dispensada várias semanas depois, por continuar resistindo ao assédio. Ela contou a história como se estivesse lendo num jornal, com poucas expressões e entonações. Em vez de copiar o tom monocórdio e a postura da minha amiga, permiti que meu rosto se franzisse naturalmente enquanto balançava a cabeça – comportamento não verbal indicando nojo e consternação – e disse algo do tipo:

– Estou enojada. Não. Espere, estou pê da vida. Não. Estou enojada *e* pê da vida – falei, rotulando minhas emoções. – Ele deveria estar na cadeia, mas imagino que deva ser presidente da empresa –, completei, insinuando sentimentos de injustiça, indignação e incredulidade ao mesmo tempo que transferia o foco de volta para ela.

– Diretor Financeiro! – disse ela, assentindo e arregalando os olhos.

Em seguida contou o que aconteceu depois da demissão e como isso a afetou e ainda afetava. Depois do almoço, ela me mandou um e-mail agradecendo por "ouvir sua história". Disse que tinha sido bom compartilhá-la. Se eu só tivesse me concentrado em prestar atenção e copiar, duvido que ela teria me agradecido. Mas, ao canalizar meu Jon Stewart interior, pude "vê-la" e comunicar que, para mim, ela não tinha nada a esconder.

## Você está fingindo tranquilidade (sem motivo)

Você fingir tranquilidade é a situação inversa à que descrevi antes. Nesse caso você é que está tendo uma reação emocional à experiência de outra pessoa e tenta reprimi-la, como Jimmy Kimmel. É, o apresentador do programa de entrevistas noturno. Veja bem, o próprio Kimmel alardeia que é um chorão. Já admitiu que belisca a mão para não lacrimejar em momentos sensíveis do programa. Mas nem sempre consegue. O irônico é que, ainda que Kimmel faça força para fingir tranquilidade, alguns dos episódios mais populares do *Jimmy Kimmel Live!* são aqueles em que ele validou a seriedade de um assunto ou o sofrimento de outras pessoas demonstrando emoção.

Quando seu filho recém-nascido precisou de uma cirurgia de peito aberto, Kimmel contou a experiência no programa e ficou comovido até as lágrimas enquanto abordava a realidade de famílias que não podem pagar por um seguro-saúde. "Se o seu bebê vai morrer e isso não precisa acontecer, não deveria importar quanto dinheiro você ganha... Eu vi um monte de pais lá [na UTI neonatal], e não, nenhum pai ou mãe jamais deveria ter que decidir se tem condições financeiras de pagar para salvar a vida do filho – disse Kimmel enquanto chorava abertamente.[3]

Não creio que as pessoas estejam assistindo de novo e compartilhando esse segmento para zombar do ex-apresentador do *The Man Show* por chorar na TV em rede nacional; episódios como esses são populares pelo mesmo motivo que viralizou o vídeo de Stewart: porque a empatia é contagiosa. Ver alguém tomado pela emoção por causa da situação de outra pessoa não somente valida essa pessoa. Também inspira a empatia nas outras.

Não vou fingir que não existe um monte de bons motivos para conter as emoções ao validar alguém (veja a próxima sessão, "Erros ao demonstrar emoção"), porém a maior parte das pessoas faz isso a partir de suposições que nem sempre se aplicam. Nós internalizamos regras do tipo "não faça com que a conversa seja sobre você" e frequentemente presumimos que exprimir nossas emoções vai sobrecarregar ou perturbar as pessoas. Ainda que essas regras sejam geralmente válidas, elas também são incompatíveis com as **Habilidades de Empatia**. A capacidade de usar e estabelecer uma conexão através dos níveis mais altos de validação é equivalente ao que os grandes poetas e escritores fazem. Violar as regras, experimentar com a forma e desafiar expectativas são coisas que elevam a linguagem da validação, transformando-a numa arte em que profundas conexões intelectuais, interpessoais e intrapessoais são possíveis.

## ERROS AO DEMONSTRAR EMOÇÃO

Você pode demonstrar emoção por meio do comportamento não verbal, rotulando e insinuando o que está sentindo. Demonstrar emoção pode transmitir um forte sinal de empatia e é uma habilidade particularmente eficaz para ser usada quando você ou a outra pessoa parece estar refreando as emoções sem um bom motivo. Claro, as habilidades mais validadoras também são as que mais podem dar errado. Mais uma vez, há uma infinidade de normas culturais e contextuais ao redor da demonstração de emoção que podem fazer com que o tiro saia pela culatra e cujos detalhes estão fora do escopo deste livro. Mas quero destacar três erros que você deve evitar em qualquer contexto: pegar pesado demais, tocar no ponto errado e perder o controle.

### Pegar pesado demais

O objetivo da validação é comunicar que você entende e sente empatia pela experiência do outro. Se a sua reação é significativamente mais intensa do que a dele, isso *pode* indicar que você não está realmente em sintonia com a experiência. Ter uma reação emocional dramática também pode "roubar a cena" da pessoa que você pretende validar. Pior ainda, se ela estiver em modo de luta, fuga ou paralisia, expressar suas emoções intensas pode rapidamente sobrecarregar a situação. Há um motivo para os socorristas falarem em voz baixa e firme e procurarem tranquilizar em situações de crise: eles sabem que expressar qualquer ansiedade, dúvida ou medo faz mais mal do que bem.

### Tocar no ponto errado

Expressar emoções que entram em conflito com o que a outra pessoa está realmente sentindo pode criar uma desconexão imediata. É possível, por exemplo, rir de algo que você confundiu com um leve constrangimento, mas na verdade era uma humilhação profunda, ou expressar uma frustração que não combina com o sofrimento do outro. Infelizmente, se a outra pessoa não consegue se identificar com as emoções que você está expressando, é improvável que ela vá acreditar que você possa se identificar com as dela.

### Perder o controle

Na verdade, perder o controle ao demonstrar emoção acontece muito menos do que as pessoas temem, mas vale a pena mencionar. Uma vez conheci uma mãe cuja filha de 15 anos tinha tentado cometer suicídio enquanto fazia um "tratamento" para depressão num internato terapêutico. O tal tratamento era uma charlatanice completa e envolvia algumas abordagens questionáveis, se não antiéticas. A adolescente voltou para casa depois da tentativa e sua mãe estava procurando um novo tratamento. Sou uma defensora ferrenha do atendimento baseado em evidências e especialista em tratar automutilação e comportamento suicida. Não fiquei somente com raiva pelo sofrimento dessa família; também fiquei triste – triste *de verdade*. O sistema tinha deixado essas pessoas na mão, talvez tenha chegado a explorá-las, e nesse processo uma garota inteligente quase havia perdido a vida. A mãe ficou lacrimejando durante toda a nossa sessão e, nas minhas tentativas de validar seu sofrimento, me permiti lacrimejar também. Só que não lacrimejei simplesmente. Caí no choro. Eu me surpreendi completamente e, com base em seus olhos arregalados, surpreendi a mãe também. Passo a maior parte dos dias falando sobre suicídio, trauma e sofrimento. Tinha escutado diversas versões da mesma história incontáveis vezes, e a ideia de que perderia a compostura caso cedesse às emoções jamais me passou pela cabeça. Mas, por algum motivo, naquele dia o trabalho me pegou. Consegui me recompor rápido o suficiente e pedi desculpas, mas depois disso as emoções da mãe ficaram perceptivelmente apagadas. Longe de validá-la, minha tentativa de demonstrar emoção claramente a levou a se fechar. Eu nunca havia cometido esse tipo de erro e depois disso não tornei a cometer, mesmo usando essa habilidade constantemente. A não ser que perca repetidamente o controle das emoções, incentivo você a não desistir de demonstrar emoção, mesmo se, por acaso, vier a cometer esse erro.

## ADMINISTRANDO OS ERROS

Revisando: os três erros aos quais você deve estar atento ao demonstrar emoção são pegar pesado demais, tocar no ponto errado e perder o controle. Agora vejamos como prevenir esses erros e nos recuperar deles.

### Prevenção

O modo mais seguro de evitar esses erros é por meio da experimentação. Tente expressar uma versão mais atenuada das suas emoções e veja como a outra pessoa reage. Se pareceu que ela relaxou e começou a falar mais, você pode experimentar com mais intensidade, presumindo que consiga fazer isso de modo autêntico. E, ainda que você não deva supor que seus sentimentos vão sobrecarregar alguém que esteja chateado ou deprimido, deve ter cuidado ao expressá-las para alguém que esteja profundamente perturbado ou em crise. Por fim, se você morre de medo de perder o controle, experimente primeiro demonstrar emoções positivas como empolgação, entusiasmo ou orgulho, em vez de sentimentos negativos como frustração ou desespero.

### Recuperação

Se parecer que suas emoções deixam a pessoa desconfortável, calada ou nervosa, ponha de lado o que você está sentindo e, como sempre, volte para as **Habilidades de Atenção Plena**. Tente fazer uma ou duas perguntas que demonstrem atenção para retomar o contato com a pessoa e passe um tempo fazendo o *Jogo* antes de tentar aplicar outra **Habilidade de Compreensão** ou **Empatia**. Se o outro tentar mudar de assunto, deixe; isso demonstra que você está no controle das suas emoções e que a pessoa está no controle da conversa. E, como sempre, se puder rir de si mesmo, faça isso! Um simples "*Obviamente* eu preciso beber menos café" pode ajudar muito.

Se por acaso você tiver a rara experiência de perder o controle das emoções, não seja duro consigo mesmo. Lembre: o objetivo da validação é comunicar que você está presente, entende e se importa. O que fica comprometido quando nossas emoções nos dominam é a nossa capacidade de estar presentes para a outra pessoa. Você pode se recuperar voltando a falar com ela depois de se recompor. Tente se conectar por e-mail ou mensagem de texto, se não confiar na sua capacidade de manter o controle pessoalmente. Mas – preste atenção – você precisa voltar. E não faça isso simplesmente por fazer. Seus amigos e familiares serão rápidos em dizer que não foi nada de mais e "não há necessidade de voltar ao assunto". Faça o máximo para dar à pessoa a oportunidade de receber a validação que você pretendia oferecer. Se a situação foi importante o suficiente para fazer com que você perdesse o controle, existem boas chances de que a pessoa ainda possa se beneficiar de algum apoio.

## RECAPITULAÇÃO

- Demonstrar emoção significa expressar sua reação genuína à experiência de outra pessoa.

- Você pode demonstrar emoção fazendo o seguinte:
  - » Usando comportamento não verbal.
  - » Rotulando seus sentimentos usando adjetivos referentes a emoções.
  - » Revelando pensamentos que insinuam emoções.
- Demonstrar emoção pode ser uma habilidade de validação particularmente eficaz para ser usada quando...
  - » A pessoa está fingindo tranquilidade.
  - » Você está fingindo tranquilidade.
- Dentre os erros comuns ao demonstrar emoção estão os seguintes:
  - » Pegar pesado demais
  - » Tocar no ponto errado
  - » Perder o controle
- Para *prevenir* erros, experimente expressar emoções menos intensas e evite demonstrar emoção em situações de crise. Se está preocupado com o controle das suas emoções, treine demonstrando emoções positivas, porque elas terão uma probabilidade menor de sobrecarregar você.
- Para *se recuperar* dos erros, ponha as emoções de lado, tente fazer uma ou duas perguntas para se reconectar com a pessoa e procure aplicar uma das habilidades de validação mais fáceis. Se você não conseguir recuperar a compostura, peça licença e volte a entrar em contato com a pessoa mais tarde.

## DICAS PRÁTICAS

1. Estudar exemplos dessa habilidade em áudios e vídeos pode ajudar a aumentar sua percepção de como usá-la com eficácia. Recorra às seguintes fontes para encontrar pessoas demonstrando emoção e treine identificar os modos de expressão que elas usam - comportamento não verbal, insinuar, rotular. Nota: você pode envolver outras pessoas nesse exercício e fazer um jogo com ele. Minha filha está quase no topo da classificação na minha família; meu gato crítico, por outro lado, não fez nenhum progresso.
   - » **Entrevistas de TV:** Preste atenção nos entrevistadores. Eles precisam facilitar as conversas com os convidados, deixá-los à vontade

e estabelecer a comunicação rapidamente. Assim, os melhores - Larry King, Anderson Cooper, etc. - são profissionais em demonstrar emoção.

» **Podcasts e programas de rádio:** Os podcasts e programas de rádio são particularmente úteis para ajudar a identificar como a vocalização (entonação, timbre, volume) é usada para demonstrar emoção, porque frequentemente essas deixas são mais óbvias na ausência de expressões não verbais.

» **Televisão e filmes:** Perceba quando os personagens demonstram emoção para comunicar que "estão presentes, entendem e se importam" com a experiência de outro personagem. Observe especialmente quando esses diálogos resultam no seu próprio sentimento de validação. Os filmes *Gênio indomável* e *Divertida Mente*, da Disney, oferecem alguns dos melhores exemplos de validação que já vi.

2. Nesta semana experimente demonstrar emoção usando comportamento não verbal, insinuando e rotulando emoções de modo independente. Você não precisa inibir nenhuma reação que surja naturalmente, mas faça um esforço concentrado para usar uma dessas. Se você raramente tem conversas que justifiquem demonstrar emoção, pode criá-las perguntando a um amigo, colega ou conhecido como ele conheceu seu cônjuge, o que fez depois do ensino médio ou sobre qualquer outra transição de vida importante. Lembre: a comunicação não precisa acontecer pessoalmente. Os emojis são o equivalente moderno do comportamento não verbal.

**Dica:** Para o *comportamento não verbal*, imaginar que a outra pessoa tem dificuldade de audição pode ajudar você a usar naturalmente expressões faciais e gestos. Lembrar-se de que menos é mais pode tirar a pressão de *insinuar emoções*. Por fim, se *rotular emoções* é desconfortável, você pode começar revelando uma emoção como um fato que não seja especificamente seu (por exemplo, "Isso é incrível" em vez de "Não acredito!" ou "Que coisa triste" em vez de "Fico triste ouvindo isso").

# 13

# Revelar-se – O poder do "eu também"

*Cada um de nós já passou por algo devastador, alguma solidão, alguma supertempestade climática ou espiritual; quando olhamos uns para os outros devemos dizer: eu entendo. Entendo como você se sente porque já passei por isso.*

– Maya Angelou, *Rainbow in the Cloud*

Quando fui diagnosticada com esclerose múltipla em 2011, fiquei aterrorizada e completamente esgotada com o sistema de saúde. Como costuma acontecer com quem padece dessa doença, eu vinha sofrendo sintomas debilitantes havia anos e tinha passado por vários especialistas antes de finalmente chegar à causa dos sintomas. Fiquei em pânico quando cheguei a Washington depois de nossa viagem de carro vindo da Carolina do Norte e marquei uma consulta com o primeiro neurologista que encontrei. Era um homem idoso, numa cadeira de rodas, que falava devagar e em voz mansa. A ausência de um sistema de registro eletrônico me fez hesitar, assim como a fachada antiquada do consultório. Mas quando, depois de confirmar meu diagnóstico, ele revelou que também sofria de EM, senti imediatamente que ele se importava e conseguia ter empatia pelo que eu estava passando. Ele fez uma pausa e em seguida contou o que lembrava de quando fora diagnosticado, e com isso validou perfeitamente minha experiência. Já trabalhei com alguns dos mais renomados especialistas em EM no país, mas não exagero quando digo que nenhum se compara àquele homem calmo de Seattle, com suas pastas de papel e a mesa desorganizada, que segurou minha mão quando comecei a chorar e me contou sua experiência.

Revelar-se é compartilhar detalhes pessoais que se relacionam com a experiência ou a reação de outra pessoa.[1]* Como habilidade de validação, revelar-se demonstra que você tem uma compreensão conceitual e emocional do que ela está vivendo, que é capaz de se conectar com a experiência dela, já que passou por algo semelhante. No topo da Escada da Validação, revelar-se coloca você cara a cara com o outro, mostrando que você se vê nele e permitindo que ele se veja em você. Ainda que nem sempre seja uma habilidade de alto risco, revelar-se costuma expor vulnerabilidades, nos deixando suscetíveis a potenciais julgamentos, rejeição e traição. Eu digo que o simples ato de correr esses riscos é o que permite aos outros verem quanto nos importamos.

Sem dúvida, revelar-se está entre as maneiras mais íntimas de validar alguém, mas não precisa ser reservado aos relacionamentos íntimos. Revelar as raízes da sua empatia é o jeito mais rápido e seguro de comunicar a profundidade dela. E, à luz da empatia, qualidades como confiança e lealdade emergem, oferecendo caminhos para aprofundar ou reforçar qualquer relacionamento.

## QUANDO FALAR DEMAIS PODE SER POSITIVO

É possível usar essa habilidade para validar uma pessoa se você tiver passado por uma *situação* semelhante e for capaz de se identificar com alguma parte da reação dela. Por exemplo, você pode validar as preocupações de um colega que está se divorciando ao revelar que também passou por um divórcio e se lembra de ter tido as mesmas preocupações. Se você não esteve numa situação semelhante mas experimentou a *reação* de outra pessoa e sente empatia por ela, a habilidade de revelar-se ainda pode ser eficaz. Você pode, por exemplo, validar a chateação de alguém que ficou sem palavras durante uma importante reunião pelo Zoom revelando que você já chorou até dormir depois de ter esquecido suas falas durante uma apresentação teatral.

---

* Ainda que não esteja incluída entre as habilidades no Treinamento de habilidades em DBT de Marsha Linehan, revelar-se é citada como uma habilidade de validação em outras partes da literatura da TCD, em que também é chamada de Reciprocar (ou Igualar) a vulnerabilidade.

Como as outras habilidades da Escada da Validação, revelar-se não é uma tática usada para desarmar as pessoas. Ligar os pontos entre a experiência de alguém e a sua é um exercício de empatia. Em 2021, Mehmet Ümit Necef, um pesquisador que estudava o terrorismo islâmico, publicou um artigo sobre uma entrevista que fez com um terrorista preso chamado Enes Ciftci.[2] No início da entrevista, Ciftci descreveu ter um "buraco vazio" dentro de si que, segundo ele, desapareceu quando encontrou o islamismo. Necef pediu que Ciftci explicasse mais sobre isso e, enquanto falava, Necef começou inesperadamente a pensar em seus anos de juventude, quando se identificava como revolucionário marxista.[3] A descrição de Ciftci do "buraco vazio" ecoou profundamente em Necef, que tinha abandonado a família e se juntado a uma organização revolucionária violenta na década de 1970, num esforço de preencher o que ele descreveu como um "vazio existencial". Necef também tinha sido preso e interrogado por suas atividades.

No início das conversas, Necef contou a Ciftci que não simpatizava com o Estado Islâmico e era contra grupos violentos. Arrependia-se do envolvimento com o extremismo esquerdista, mas conseguia se identificar com a experiência de ser radicalizado. Necef escreveu: "Ele está falando como eu falava aos 18 anos – tirando a parte religiosa."[4] Necef sentiu uma ânsia de contar sua história e – apesar de ter sérias preocupações com relação ao resultado que teria ao se revelar, sabendo que isso poderia ser usado contra ele – se arriscou.

Seus instintos estavam corretos. Segundo Necef: "Minha abertura sobre o envolvimento com o extremismo esquerdista na juventude fez Ciftci se abrir, e minha impressão clara foi a de que ele começou a confiar em mim." Ciftci quis saber mais sobre a experiência de Necef, e o tom da conversa mudou. "Senti como se o gelo entre nós – o gelo entre o pesquisador e o entrevistado – tivesse sido quebrado, e nossa interação começou a assumir um caráter mais relaxado e cordial, na verdade mais humano."[5] Revelar-se teve um efeito perceptível em Ciftci, que começou a falar de temas e problemas pessoais, o tempo todo chamando Necef de "irmão mais velho" (*abi*) ou "professor" (*hocam*). Como costuma acontecer com a validação, Ciftci não foi o único afetado. Nas palavras de Necef:

*Ciftci não era mais meu "objeto de pesquisa", uma pessoa cujas crenças eu não compartilhava em quase todos os sentidos. Agora ele era um ser humano que tinha escolhido um caminho errado para realizar seus ideais políticos e religiosos, talvez uma "alma perdida" – como eu no final da adolescência. O pesquisador distanciado havia sumido, em seu lugar estava o ex-extremista, tentando entender um extremista atual e acabando por sentir empatia por um terrorista condenado, cuja ideologia é muito distante da minha.*[6]

Eu sei. Já falei sobre entrevistar terroristas mais de uma vez neste livro. O motivo é que não consigo pensar em outra dinâmica em que duas pessoas estejam mais dispostas a desconfiar, sentir aversão e discordar uma da outra. A capacidade da validação para estabelecer uma ponte entre um terrorista e pessoas que buscam deter terroristas é fascinante, especificamente porque parece que isso tem um efeito pacificador nos dois lados. Inúmeros relatos que examinei são parecidos com o de Necef: não com cada pessoa aceitando as crenças da outra, e sim com as duas reconhecendo algo da sua humanidade compartilhada.

## GRAUS DE REVELAÇÃO

Informações médicas privadas, histórico como extremista violento – meus exemplos até agora sugerem que, para revelar-se, você precisa compartilhar os detalhes mais íntimos da sua vida. Não é necessariamente o caso. Sim, as revelações íntimas costumam ter um impacto maior, mas as informações que você compartilha não precisam ser altamente secretas ou vulneráveis para serem percebidas como validadoras em algum nível.

Quando fico sabendo que alguém é vegetariano devido a preocupações com o bem-estar dos animais, como eu, sou dominada imediatamente por uma sensação de validação. Não preciso me explicar nem ficar com medo de a pessoa me julgar pelas minhas escolhas ou se sentir julgada por mim. Sinto que sou aceita e que aceito. Esse grau de validação é semelhante ao que experimentamos ao perceber que alguém compartilha nossas crenças políticas, cursou a mesma faculdade ou reconhece a superioridade dos Detroit

Pistons sobre todos os outros times de basquete. Ainda que não consistam em informações emocionalmente vulneráveis, as revelações mais simples podem proporcionar uma quantidade significativa de validação.

O grau em que revelar-se é percebido como validação não depende simplesmente da natureza da revelação; depende também das circunstâncias. Não sou capaz de catalogar todas as situações em que se revelar proporciona uma validação poderosa, mas existem duas que desejo pôr no seu radar, porque trazem oportunidades para algumas das formas de conexão mais profundas que somos capazes de experimentar.

## Quando se revelar invalida a vergonha

No Capítulo 8 falei sobre a toxicidade da vergonha. Agora quero dar meu toque pessoal a esse tema e discutir como você pode usar sua vergonha para ajudar os outros. Mas, primeiro, vamos dar uma olhada no que diz Brené Brown. Ninguém é mais conhecido pelo trabalho sobre a vergonha do que Brown, que passou décadas pesquisando o assunto e inspirando conversas sobre ele em livros, em seu podcast e no TED Talk. Só para constar: fazer as pessoas falarem sobre vergonha não é fácil. Mesmo que seja apenas em termos abstratos, em geral as pessoas não gostam de olhar, pensar ou falar sobre a vergonha. A evitação coletiva desse tema faz um certo sentido, já que nosso instinto é reagir aos sentimentos de vergonha nos escondendo. Como diz Brown: "A vergonha vive do segredo, do silêncio e do julgamento."[7]

Falar sobre vergonha exige coragem. Mesmo quando acredita que deve ser aceito por quem é, se houver um estigma social associado a algo que fez ou com o qual se identifica, você corre o risco de ser rejeitado se falar a respeito. Por exemplo: eu não sinto nenhuma vergonha por ter sofrido de Transtorno Depressivo Maior. Mas sei que existe um certo estigma associado às doenças mentais. Para dizer o mínimo. A doença mental está lá em cima, junto com o odor corporal, na lista de coisas que provavelmente fazem as pessoas falar de você pelas suas costas.

Quando falo sobre meu histórico de depressão, corro o risco de ser julgada, incompreendida e rejeitada. Já tentaram me constranger por ter essa condição, mesmo eu não sentindo vergonha dela. Não acho que eu seja indigna por ter sofrido de depressão, mas às vezes tenho medo de que os outros possam pensar assim. Dentre as experiências de vergonha estão aquelas das quais sentimos vergonha e as que podem levar os outros a tentar nos constranger.

Às vezes as pessoas ousam compartilhar conosco suas experiências de vergonha. Podem não dizer muito, algumas vezes apenas fazem uma alusão, mas até mesmo as admissões mais sutis de vergonha exigem coragem. Se você passou por algo semelhante ao que alguém descreveu, está numa posição especial para validá-la revelando-se. Isso coloca a necessidade de aceitação por parte dessa pessoa acima do medo da rejeição. Como uma habilidade de validação, revelar-se transmite um sinal claro de que não apenas você enxerga e entende *logicamente* a experiência, mas também é capaz de entender e se identificar *emocionalmente* com o que ela está passando.

---

REVELAR QUE VOCÊ SE IDENTIFICA COM A EXPERIÊNCIA DE VERGONHA DE ALGUÉM É UMA DEMONSTRAÇÃO DE EMPATIA EM SUA MELHOR FORMA.

---

Como resultado, revelar-se contando uma experiência de vergonha semelhante pode terminar invalidando a vergonha da outra pessoa. A conexão com você não se perde; pelo contrário, se aprofunda. Você transmite a mensagem de que "Sua verdade não nos separa. Ela nos aproxima". Essa é uma das poucas exceções à regra de "não invalidar as emoções das pessoas". Revelar-se contando que você também fez *x* ou se identifica como *y* acaba com o sigilo, o silêncio e o julgamento necessários para a vergonha sobreviver. É como se dissesse: "Você pode falar isso comigo em segurança. Não vou julgar você." Dito de outro modo: "Sua vergonha não é válida nem útil aqui." Brown define vergonha como "a sensação intensamente poderosa de experimentar ou acreditar que somos defeituosos e portanto indignos de amor, pertencimento e conexão".[8] **Invalidar a vergonha por meio da revelação valida o valor da outra pessoa.**

Se você já foi a uma reunião dos Alcoólicos Anônimos (AA) ou Narcóticos Anônimos (NA), talvez saiba como é comovente quando se reúnem para dar seu testemunho pessoas que entendem e passam por coisas que são alvo de julgamento por parte do senso comum. A vergonha é contraída por meio de interações sociais – e também é assim que ela é curada.

### Quando a pessoa não percebeu que você era capaz de sentir empatia

Além de neutralizar a vergonha do outro, a validação é especialmente eficaz para desafiar a suposição de que "Você não vai entender". Quando conheci aquele primeiro neurologista em Seattle, esperava que ele fosse bem informado sobre a EM porque era a sua especialidade. Sabia que seu entendimento da doença estaria anos-luz à frente do meu e que ele teria uma experiência de tratamento em primeira mão. Mas não esperava que ele fosse capaz de se identificar com o que eu estava passando. O sentimento de perda, medo, desespero e dor que eu estava vivenciando parecia incompreensível para alguém que não tivesse passado por isso. Claro, ele provavelmente poderia adivinhar como eu reagiria ao diagnóstico depois de anos dando esse tipo de notícia às pessoas, mas eu não esperava que ele fosse realmente capaz de sentir empatia por mim; sua revelação provou o contrário.

Ao revelar que é capaz de se identificar quando alguém presume que não, você consegue atravessar rapidamente as barreiras das suas suposições. Fazer isso sugere que você não é apenas uma daquelas pessoas que *acham* que sabem do que estão falando. Ter passado por algo semelhante significa que você realmente pode saber. Como terapeuta, posso usar todas as outras habilidades da Escada da Validação para validar um cliente que esteja sofrendo de depressão, mas só existe uma que demonstra a profundidade com que enxergo, entendo e tenho empatia pela experiência dele. **A revelação corta todo o papo furado, agarra a pessoa pelos ombros e diz: "Eu não julgo você! Eu entendo."**

### "Foi mal": Erros na revelação

Só porque consegue se identificar com a experiência da outra pessoa, isso não necessariamente significa que deva começar a falar tudo sem filtros. Se agir é como uma ferramenta de alta potência, revelar-se é como uma bomba. Tem o poder de aniquilar a vergonha e as suposições das pessoas. Mas também pode explodir sua vida se você não tiver cuidado. Para mim, a decisão de me revelar depende de critérios de eficácia e tolerância. Até que ponto confio que minha revelação será *eficaz* para validar a outra pessoa? E será que posso *tolerar* qualquer julgamento ou rejeição que talvez surja se minha tentativa de validação não der certo? Além disso, mesmo que a pessoa a quem eu fizer a confidência se sinta validada, preciso me preparar para a possibilidade de ela vazar minha história nas redes sociais ou contar a outros que podem ser críticos ou cruéis. De novo, as revelações não precisam ser sempre íntimas para ser validadoras, mas quanto mais particular for a informação, mais você deve pensar se deve compartilhá-la.

Mesmo que a sua revelação passe no teste de eficácia e tolerância, ainda é possível cometer alguns erros. Vejamos a seguir os erros mais comuns associados à habilidade de revelar-se e minhas dicas sobre como evitá-los e se recuperar deles.

### Erro nº 1: Ofuscar a situação do outro com a sua

Todos já fomos expostos a alguma versão de comentários do tipo "Na minha época eu precisava andar 10 quilômetros na chuva para ir à escola..." Às vezes a intenção é desconsiderar nossas emoções ou nos ajudar a "colocar as coisas em perspectiva". Mas também há ocasiões em que comentários desse tipo representam tentativas sinceras de se revelar que deram errado. Se sua experiência foi mais intensa ou difícil, você corre o risco de minimizar ou mesmo invalidar a da outra pessoa. Em vez de demonstrar que entende e consegue se identificar com o que ela está descrevendo, você parece distanciado e focado em si mesmo.

**Solução:** Deferência. Destaque o que quer que seja mais empolgante, frustrante ou qualquer coisa na experiência da outra pessoa em comparação com a sua, desde que possa fazer isso com autenticidade. Além disso, concentre-se mais em observações que ela possa compartilhar, como "Você se pega sentindo *x*?" ou "Eu me lembro de ter pensado *y*" em vez de, inadvertidamente, ofuscar a situação dela com a sua.

Exemplo: Ao validar uma pessoa que vem sentindo náuseas diariamente há vários meses.

*Polegar para baixo:* "Náusea crônica é horrível. Eu tive isso nos dois últimos anos de pós-graduação. Na época estava trabalhando na tese de doutorado, que nem sei como consegui terminar. Então fui diagnosticada com esclerose múltipla. Por acaso a náusea era um dos muitos sintomas com os quais precisei aprender a conviver."

*Polegar para cima:* "Náusea crônica é horrível. Eu passei por isso há alguns anos e achei que era muito debilitante. Não consigo imaginar como você controla a vontade implacável de vomitar e cria três filhos ao mesmo tempo. O cheiro de comida incomoda? Ou você suporta numa boa?"

### Erro nº 2: Perder o foco

Mesmo que você não ofusque a experiência da outra pessoa, pode acabar se perdendo na sua história. Quando compartilhamos nossas experiências, é natural as pessoas perguntarem sobre elas ou expressar interesse por nós. Isso é bom... até certo ponto. Se você se perder na sua própria história ou o foco da conversa se afastar da outra pessoa por muito tempo, sua tentativa de validação pode na verdade comunicar que você está mais interessado em contar suas experiências do que em ouvir as dela.

Ainda que você não costume se distrair, a conversa pode se tornar rapidamente a seu respeito se a outra pessoa interpretar sua revelação como sinal de que você só quer uma chance para falar de si. As conversas são tipicamente uma via de mão dupla, por isso é razoável que a pessoa confunda sua revelação com um modo indireto de dizer: "Certo, agora é minha vez." **Se a pessoa que você está tentando validar tende a se concentrar nas necessidades dos outros e não nas dela ou se for muito sensível, você precisa ter um cuidado especial para não deixar que, depois de se revelar, a conversa se torne sobre você.**

Por definição, as pessoas muito sensíveis são sensíveis às deixas emocionais. Além disso, elas tendem a prestar atenção nas emoções dos outros em vez de ignorá-las. Diante de um sinal pouco claro (revelação) e do desejo de atender às necessidades emocionais dos outros, elas quase sempre param de falar sobre si mesmas para falar sobre você. E são muito boas nisso! Você vai olhar o relógio e perceber que passou toda a última hora falando daquele verão que passou na Itália, quando sua intenção era validar a ansiedade dela diante de uma viagem de avião para outro país.

**Solução:** Como acontece com demonstrar emoção, é fundamental intencionalmente manter o foco da conversa na pessoa que você quer validar. Faça perguntas, use outras habilidades de validação, faça o que precisa fazer – só não deixe a sua história virar o assunto principal. **Os psicólogos aprendem que devem voltar o foco da conversa para o cliente *imediatamente* depois de fazer uma revelação.** Essa é outra daquelas estratégias que ficam enterradas em artigos sobre psicoterapia, ainda que funcione igualmente bem em encontros às cegas.[9] Mais do que qualquer outro, tento manter em mente o princípio de "retornar" quando faço uma revelação para validar alguém, especialmente quando conto uma história.

Exemplo: Ao validar um aluno do último ano do ensino médio que está estressado com o vestibular.

*Polegar para baixo:* "Quando eu estava no ensino médio, a gente precisava se reunir com um coordenador acadêmico toda semana, desde o primeiro ano, para pesquisar faculdades. Eu só conseguia pensar nos preparativos para as provas, em aulas particulares e redação. Até que tive a ideia brilhante de fazer um teste para a peça de teatro da escola. Naquele ano a gente ia fazer uma montagem de *Guys and Dolls*, e eu achei que a peça iria me obrigar a pensar em outra coisa que não fosse a faculdade. Grande erro. Comecei..."

*Polegar para cima*: "Acho que a época do vestibular foi um dos períodos mais estressantes da minha vida. Já contei que caí no sono durante uma das provas? É! Apaguei totalmente. Não consegui dormir na noite anterior porque fiquei com medo de não acordar quando o despertador tocasse. E você? Já passou alguma noite em claro até agora?"

### Erro nº 3: Passar do limite

O problema dos limites é que as pessoas falam deles como se fossem linhas fixas, em neon, brilhantes, tão óbvias que podem ser vistas do espaço. Não são. Os limites são extremamente individualizados e com frequência difíceis de detectar. São determinados por diversos fatores, inclusive a cultura, o gênero, a história e as expectativas da pessoa, para citar somente alguns. Além disso, eles mudam dependendo da situação e dos papéis em que nos encontramos. Determinar os limites de uma pessoa pode ser como tentar encontrar a imagem em três dimensões naqueles livros *Olho mágico*, da década de 1990: você precisa observá-los atentamente e franzir os olhos para encontrar a dimensão que está procurando.

Quando se trata de se revelar, o limite específico que você tenta discernir é se é adequado ou não abrir-se em reação a alguém que se abriu para você. Ultrapassar o limite e entrar em território inadequado costuma ser o maior medo das pessoas em relação a se revelar. E não vou mentir: é doloroso tropeçar nessa linha. Ultrapassar limites pode fazer os outros questionarem seu caráter e sua confiabilidade.

> **Solução:** Se você é novo nessa habilidade, se tende a compartilhar coisas demais ou tem dificuldade para enxergar os limites, *não* mergulhe de cabeça no poço da revelação; só molhe o dedão do pé. Experimente contar coisas pouco comprometedoras e avalie a reação da pessoa. Se suspeitar que atravessou para um território inadequado, dê o fora! Afaste a atenção de você usando as **Habilidades de Atenção Plena** e recue para um tom mais formal, permanecendo calmo e controlado. A segurança psicológica fica comprometida quando os limites são ultrapassados, mas ela pode ser restabelecida com firmeza e paciência. Como um animal que se sente ameaçado quando você se aproxima depressa demais, as pessoas precisam que você recue e permaneça calmo para se sentirem seguras de novo.

### Erro nº 4: Estar próximo demais do que vai revelar

Se a experiência que está pensando em revelar é crua, dolorosa, mal resolvida ou desestabilizante para você, guarde-a para si. Você pode estar diante da melhor oportunidade da sua vida para usar uma revelação na tentativa de validar alguém, mas, se ainda estiver processando a experiência, sua tentativa de validação provavelmente terminará se tornando um fardo para o outro. Não importa quanto você garanta "Eu estou bem" ou "Eu sempre choro desse jeito", no fundo a maioria das pessoas é boa e vai querer aliviar a dor que pode ter provocado sem querer. Se você estiver "perto demais" da sua experiência, revelá-la tornará difícil que a outra pessoa continue a falar sobre a dela.

**Solução:** Dê espaço e seja cauteloso. Na tentativa de validar minha cliente Ella, que perdeu a mãe com câncer, não creio que eu teria sido capaz de revelar as minhas emoções assim que a minha mãe foi diagnosticada com um tumor cerebral. Fiz isso só depois de minha mãe estar liberada e eu ter tido o espaço necessário para processar o sofrimento. Me revelar mais cedo do que isso teria sido um fardo para a minha cliente e uma distração para mim.

Se você não tem certeza se tem um distanciamento suficiente para falar sobre uma experiência sem ser engolido por ela, seja cauteloso e não diga nada. Esclarecendo: isso não significa que você não deva falar com as pessoas sobre suas dificuldades e suas dores. Pelo amor de Deus, fale, por favor! Só não faça isso quando sua intenção for validar a pessoa. **Se é que serve de ajuda, o grau em que você se sente confortável revelando uma experiência com o objetivo de dar validação pode ser uma indicação sutil de até que ponto você a processou bem.**

## RECAPITULAÇÃO

- Revelar-se implica compartilhar detalhes pessoais seus que se relacionam com a situação ou a reação de outra pessoa.
- Revelar informações menos íntimas pode ser validador. No entanto, quando for adequado, as revelações íntimas transmitem um grau maior de validação. Revelar-se é especialmente eficaz quando...
  - » Sua revelação invalida a vergonha de alguém.
  - » A pessoa não percebe até que ponto você entendeu.
- Revelar-se pode dar errado facilmente e pode ser perigoso se você errar. Aqui estão os erros mais comuns e como administrá-los:

1. Ofuscar a situação do outro com a sua
**Solução:** Revele-se com deferência pelo outro e se concentre em pontos em comum, e não na singularidade da sua experiência.
2. Perder o foco
**Solução:** Faça perguntas, use outras habilidades de validação e faça o que for preciso para levar o foco de volta para a outra pessoa depois da sua revelação.
3. Ultrapassar limites
**Solução:** Mergulhe só o dedão do pé experimentando com revelações pouco comprometedoras para desenvolver sua confiança e sua familiaridade com essa habilidade. Se você ultrapassar um limite, afaste a atenção de si usando as **Habilidades de Atenção Plena** e permaneça calmo.
4. Estar perto *demais* da experiência
**Solução:** Dê espaço e seja cauteloso.

## DICAS PRÁTICAS

Revelar-se é a habilidade de validação mais difícil porque depende de outras pessoas se abrirem com você primeiro. Isso significa que você precisa contar mais com a modelagem – observar outras pessoas revelando-se – para desenvolvê-la. Em teoria isso deve ser fácil. Como disse o sociólogo alemão Georg Simmel: "Todas as relações das pessoas se baseiam em cada uma saber algo sobre a outra."[10] Mas só porque as pessoas se revelam regularmente não significa que sempre fazem isso para validar. Você quer conseguir identificar quando a revelação for usada para validação. Essas são as situações que devem ser estudadas, e você precisará de um pente fino para encontrá-las:

1. Como acontece com demonstrar emoção, você pode procurar exemplos dessa habilidade em podcasts e na TV. Os *reality shows* costumam ser cheios de cenas de revelação; elas valem ouro para os produtores, que podem usá-las para desenvolver personagens e relacionamentos de uma só vez. As redes sociais também são boas em exemplos de

pessoas revelando-se com o objetivo de validar, ainda que nem sempre com sucesso. Por fim, e mais importante, reflita sobre exemplos da sua própria vida: ocasiões em que você se sentiu validado com a revelação de alguém ou em que talvez tenha se sentido desconfortável com isso.

2. Experimente revelações pouco comprometedoras. Comece a ter ideia de como compartilhar detalhes sobre você e rapidamente voltar o foco da conversa para a outra pessoa. Por exemplo: "Adoro o boné do time dos Pistons! Sou um tremendo torcedor. Quem é o seu jogador predileto?" À medida que for se tornando cada vez mais hábil, experimente fazer revelações cada vez mais vulneráveis.

# PARTE 3

# ONDE ENTRA A MUDANÇA

# 14

# Estratégias de mudança comportamental

*O único modo de entender a mudança é mergulhar nela,*
*mover-se com ela e entrar na dança.*

– Alan Watts, *A sabedoria da insegurança*

No verão de 2013 fiquei trancada no banheiro uns dois meses com um rapazinho que me deu uma tremenda aula de behaviorismo. Certo, tecnicamente não estava trancada lá; ele estava, mas eu podia entrar e sair quando precisasse, o que era bom, porque eu estava grávida. Além disso, devo esclarecer que o rapaz em questão era um gato feral, de três patas, que eu tinha resgatado no nosso quintal dos fundos e que agora é conhecido como Sparrow Baggins.

Para constar, eu não tinha intenção de passar o verão domesticando um gato feral. Quando o vi pela primeira vez pulando feito um coelho no quintal dos fundos, à procura de comida, meu plano era pegá-lo e levar ao abrigo da cidade, que não sacrificava os animais. Achei que eles consertariam a pata quebrada e conseguiriam uma adoção. Quando finalmente consegui encurralá-lo e levá-lo até lá, a veterinária do abrigo deu uma olhada na pata e disse que ela não tinha jeito. Disse que Sparrow não sobreviveria na natureza com apenas três patas e que era velho demais para ser domesticado. Segundo ela, a única opção humana era fazer uma eutanásia. Se você me perguntar, acho que esse abrigo específico usava a palavra *humana* meio de qualquer jeito. Além disso, eles precisavam colocar um asterisco gigantesco ao lado da descrição de que "não sacrificavam", explicando: "A não ser que o seu gato seja feral, tenha três patas e a gente esteja a fim."

Voltei à recepção para pegar Sparrow, mas eles se recusaram a entregá-lo. Eu não era sua dona, e o fato de tê-lo levado ao abrigo significava que agora ele estava sob a guarda da instituição. É, essa também é a história de como fui parar numa disputa pela guarda de um gato com o estado da Califórnia. Com minhas costas de grávida encostadas contra a parede, fiz o que qualquer amante de animais faria. Menti e disse que eu tinha um abrigo para gatos cercado, anexo à minha casa. Por algum milagre (ou pesadelo, se você perguntar ao Mat), a mentira funcionou e Sparrow me foi entregue. Quando cheguei em casa, soltei-o no banheiro e tranquei a porta.

Quando Sparrow entrou na minha vida eu já era uma profissional especializada em estratégias comportamentais para provocar mudanças. Tinha terminado um doutorado, uma residência clínica e um pós-doutorado com foco em terapias cognitivo-comportamentais, inclusive TCD, e tinha estudado com algumas das mentes mais brilhantes da área. Tinha um consultório bem-sucedido e a reputação de tratar problemas comportamentais complexos. Sem dúvida, seria capaz de lidar com um gato de três patas! Pelo menos foi isso que eu disse a mim mesma, agachada do lado de fora do banheiro, questionando minhas escolhas de vida. No final, Sparrow acabou sendo um dos meus casos mais desafiadores. E, como qualquer terapeuta clínico sabe, quanto mais difícil o caso, mais você pode aprender com ele.

Trabalhar com Sparrow não me ensinou muito sobre validação em si. Afora prestar atenção e ocasionalmente copiar seus miados para fingir que estávamos tendo conversas significativas (aqueles foram dias longos), eu não estava exercitando minhas habilidades de validação. Quando digo que aprendi muito com Sparrow, estou me referindo a princípios de aprendizagem e behaviorismo, o que chamam de estratégias de mudança. Nosso trabalho aguçou meu entendimento dessas técnicas e de como aplicá-las.

Quando se trata de provocar mudanças específicas, como encorajar minha filha a limpar a garagem enquanto eu malho ou ajudar uma empresa a mudar uma cultura de trabalho tóxica, penso em termos de validação *e* behaviorismo. Aceitação *e* mudança. Atribuo a maior parte do sucesso da minha carreira e da minha vida pessoal a essa combinação de habilidades. Já que a terceira parte deste livro fala sobre como é possível combinar essas abordagens para transformar sua vida das maneiras mais importantes, quero revisar rapidamente as estratégias de mudança, várias das quais mencionei de passagem. As pessoas costumam superestimar os efeitos da personalidade e do caráter na determinação do comportamento humano, por isso os psicólogos frequentemente usam animais para demonstrar como os princípios do behaviorismo dão base à mudança. Em vez de usar os cães de Pavlov ou os pombos de Skinner,* vou aproveitar meu trabalho com Sparrow para explicar as várias estratégias de mudanças que abordo neste capítulo. O restante da terceira parte examinará as complexidades de combiná-las com a validação para aplicá-las às pessoas.

## É UMA QUESTÃO DE CONDICIONAMENTO

O condicionamento clássico e o operante são duas das forças que provocam mudanças e determinam se, quando e por que as pessoas (e os animais) mudam seu comportamento. Os dois processos dependem do poder da associação. **O condicionamento clássico afeta o comportamento involuntário** – depois de combinar repetidamente o som da minha batida na porta com comida, Sparrow começou a remexer o focinho e salivar (reações involuntárias) ao me ouvir à porta. Com o tempo ele começou a associar minha presença a comida, segurança e conforto. Sparrow entrava em modo de luta ou fuga sempre que alguém entrava no banheiro, mas ficava imediatamente calmo quando via que era eu. A aceleração cardíaca e a dilatação involuntária das pupilas que resultam da excitação simpática diminuíam quando ele percebia que era só a mamãe.

**O condicionamento operante afeta o comportamento voluntário.** Como eu estava principalmente tentando mudar o comportamento voluntário de Sparrow – esconder-se, morder, destruir o banheiro, etc. –, concentrei a

* Ao estudar o condicionamento operante, um famoso experimento de Skinner consistiu em construir uma caixa que recompensava os pombos com uma bolinha de comida quando eles bicavam uma tecla específica.

maioria dos meus esforços no condicionamento operante. *Shaping*, reforço positivo, reforço negativo, extinção e punição são as principais ferramentas do condicionamento operante.

Quando trouxe Sparrow para casa, tive visões do gato se enrolando para dormir no meu peito enquanto eu acariciava delicadamente sua pata atrofiada. Sabia que isso era pedir demais; só não imaginava quanto. No primeiro dia em que me arrisquei a entrar no banheiro, fiquei horrorizada ao descobrir que meu gatinho maneta tinha conseguido destroçar o papel higiênico, arrancar a cortina do box e sujar nossa banheira. Havia cacos de vidro no chão, de uma foto emoldurada que ele tinha conseguido arrancar da parede como um ninja. Eu tinha subestimado a parte "selvagem" de "animal selvagem".

Não havia a menor chance de Sparrow se aconchegar no meu colo tão cedo. Havia muito *shaping* a fazer. ***Shaping* significa reforçar o avanço gradual na direção de um comportamento desejado.** Você procura a mudança mais insignificante no comportamento atual de alguém e em seguida o reforça.

Na época, o *modus operandi* de Sparrow era correr para trás do vaso sanitário quando eu entrava no banheiro e ficar lá até que eu saísse. Achei que um pequeno avanço seria se ele desse um pulinho para fora do esconderijo, por isso comecei o processo de *shaping* colocando alguma comida gostosa e úmida (recompensa) a uns 15 centímetros de onde ele estava escondido. Em seguida me sentava no lado oposto do banheiro e esperava até duas horas para ele morder a isca. Se ele não saísse, eu ia embora levando o petisco úmido e ele precisaria esperar algumas horas por alguma comida seca menos desejável, liberada por um alimentador automático. De início ele me ignorou (daqui a pouco explico por quê), até que um dia decidiu arriscar a vida para provar aquela coisa tão cheirosa. E percebeu rapidamente que *valia a pena!* Depois de uma ou duas semanas, Sparrow estava saindo alguns segundos depois de eu colocar a comida.

Tendo condicionado Sparrow a dar um passo para fora do seu esconderijo em troca de comida, afastei a tigela mais 15 centímetros. O sujeitinho não gostou do meu jogo. No dia em que fiz essa mudança, ele esperou mais de uma hora para sair, mas no fim da semana estava de novo dando seus pulos bonitinhos em direção à comida minutos depois de eu colocá-la.

Prosseguimos gradualmente assim: eu colocava a comida cada vez mais perto de mim, até que ele enfim precisou subir no meu colo para pegá-la e me tolerar levantando-o do chão enquanto ele comia. Depois de vários meses, passei a ter um gato de três patas fofo repousando no meu peito enquanto eu acariciava gentilmente sua pata atrofiada. Esse é o poder do *shaping.*

No meu trabalho com Sparrow usei a comida inicialmente para *reforçar positivamente* seu comportamento de vir na minha direção. No Capítulo 2 falei brevemente sobre o reforço positivo e o defini como uma recompensa dada *depois* do comportamento desejado, algo que aumenta as chances de tal comportamento se repetir. Agora que estamos examinando a aplicação desses princípios, quero destacar um dos maiores erros que as pessoas cometem na tentativa de reforçar as outras: elas confundem *recompensas* com *reforços.* **Para que uma recompensa seja considerada reforço, ela precisa afetar o comportamento.**

Mencionei que inicialmente Sparrow não demonstrou interesse em vir pegar a comida, que era úmida, e não seca, e vinha numa lata com a imagem de um gato usando um colar de pérolas. Os gatos preferem comida úmida, e as pérolas me levaram a acreditar que eu havia comprado um petisco delicioso. Mas Sparrow não concordava. Depois de várias tentativas frustradas de atraí-lo do esconderijo com a comida do gato com pérolas, entrei no Reddit e encontrei uma discussão sobre como a papinha de frango para bebês da marca Gerber é irresistível para os gatos. Sem brincadeira – ela é conhecida como "o crack do gato" nos círculos de socialização com felinos. Comprei um pote, levei para o banheiro quando Sparrow estava bem faminto e pronto! Estávamos no páreo! Antes, com a comida úmida, eu passavas horas esperando que ele se mexesse e ele acabava me vencendo pelo cansaço. Mas, depois de apenas 20 minutos daquele cheiro de comida de bebê, ele cedeu. A comida que experimentei inicialmente era uma recompensa. Ele gostava, mas não o suficiente para mudar seu comportamento. A papinha de bebê sabor frango, da Gerber, era um reforço.

Já o *reforço negativo* não é o que você pensa. Ou seja, não é uma punição. O "negativo" em reforço negativo é um tremendo desserviço para a compreensão dessa expressão. **Apesar de ser "negativo", o reforço negativo é *bom* para o indivíduo que o recebe porque retira de cena algo aversivo ou indesejável.** Quando as pessoas saíam correndo do banheiro assim que Sparrow atacava e sibilava, ele era reforçado negativamente por atacar e sibilar. Seu comportamento resultava em ser deixado em paz pelos humanos abomináveis, o que aumentava sua probabilidade de fazer isso.

Uma das minhas primeiras tarefas foi *extinguir* o comportamento agressivo de Sparrow ignorando-o (com a ajuda de várias camadas de roupa protetora). **Em vez de oferecer reforços para um comportamento desejado, a extinção reduz o comportamento problemático eliminando os reforços que o mantêm.**

**Por fim, punição é uma consequência aversiva para um comportamento.** Os circos com animais são uma prova de que você pode contar amplamente com a punição para mudar o comportamento. Mas, se você se importa com o bem-estar da outra pessoa ou com o seu relacionamento com ela, as punições devem ser leves e usadas com parcimônia. Alan Kazdin, Ph.D., é um behaviorista brilhante, renomado por seu trabalho com crianças rebeldes. Na faculdade estudei seu método, o treinamento de gerenciamento de pais, usado para ajudar pais e mães a administrar vários problemas comportamentais dos filhos.[1] Um dos argumentos de Kazdin é que punir as crianças ensina o que não fazer, mas não ensina o que fazer. Essas palavras não saíam da minha cabeça enquanto eu trabalhava com Sparrow. Com punições severas como fazê-lo passar fome ou machucá-lo, eu não seria capaz de provocar o comportamento desejado. Ele não entenderia o que eu esperava que ele fizesse e não teria nenhum incentivo para fazê-lo. Foi necessária uma combinação de *shaping* e extinção para que Sparrow fizesse as mudanças desejadas. Assim que ele fizesse algum progresso significativo, eu poderia punir as regressões tirando a comida ou saindo do banheiro. **Mas o crescimento era sempre alcançado por meio do reforço ao progresso e da negação dos reforços que provocavam comportamentos problemáticos.**

Eu refletia sobre os ensinamentos de Kazdin e a minha experiência com Sparrow quando Havana tinha acessos de raiva na infância. Parecia óbvio que ela deveria saber o que fazer – parar de berrar e jogar coisas. Mas, como Sparrow, ela precisava aprender como fazer isso. Precisava ser reforçada por dar um tempo, respirar fundo, se distrair ou se acalmar. Sim, ela sabia que queríamos que parasse de gritar a plenos pulmões, mas ainda não tinha aprendido a regular as próprias emoções. Além de reforçar o progresso em direção à regulação emocional, eu precisava ter cuidado para não reforçar o comportamento dos chiliques dando atenção. Observe que até mesmo a atenção negativa - por exemplo, gritando ou discordando de alguém - pode ser um reforço. Como uma querida colega vivia dizendo: "Não reforce a discussão com discussão."

Antes de encerrarmos esta seção, preciso alertar que, no território do behaviorismo moderno, o termo *comportamento* é usado de maneira frouxa e inclui tudo, desde pensamentos até emoções ou o suor. Essa definição mais ampla de comportamento é significativa porque sugere que os pensamentos e os sentimentos da pessoa podem ser moldados, mais ou menos como o comportamento de um animal. Ironicamente, apesar de saber que os princípios do behaviorismo não estão limitados ao comportamento observável, precisei socializar um gato de três patas para perceber como eles são fundamentais para as dinâmicas e expectativas complicadas que definem as relações humanas.

No trabalho com Sparrow, vi que ele aprendeu a *gostar* de mim por meio do condicionamento operante e do clássico. À medida que seu comportamento mudava em reação ao nosso trabalho, suas emoções mudavam também. A suspeita se transformou em confiança. O medo e a angústia viraram afinidade e carinho. Comecei a ver como meus relacionamentos com as pessoas tinham sido moldados praticamente do mesmo modo - não por meio do funcionamento interno e misterioso da grande caixa preta que existe entre nossas orelhas, e sim por meio dos princípios básicos do behaviorismo, que afetam tanto pensamentos e emoções quanto comportamentos. Em minha defesa, acho que a parte do "comportamento" ("*behavior*") em behaviorismo estava inconscientemente me confundindo. Na verdade, a coisa toda deveria se chamar "mudancismo", mas suspeito que a verificação ortográfica tenha atrapalhado a atualização do dicionário.

Depois de Sparrow, abracei totalmente a ideia de que as experiências interiores das pessoas podem ser moldadas, assim como o seu comportamento. Quando encontrava resistência, eu parava de supor que as pessoas são complexas demais (não posso fazer um narcisista demonstrar remorso, não posso ajudar alguém que culpa todo mundo pelos seus problemas, etc.) e me concentrava nos meus métodos (preciso de um tipo diferente de "comida"). Além disso, adotei este mantra dialético: "As pessoas são complicadas *e* governadas pelos princípios básicos da mudança." Por esse enfoque passei a entender que, ainda que as pessoas reajam a recompensas básicas como comida, as mudanças inter e intrapessoais que elas fazem geralmente são ditadas por reforços e punições mais complexos - ou seja, validação e invalidação. As pessoas precisam de validação emocional para prosperar e, em alguns casos, sobreviver. A necessidade de validação, como a necessidade de comida, a torna uma recompensa que pode ser poderosa a ponto de funcionar como um reforço. Essa necessidade também explica por que a invalidação emocional, como a privação de comida, jamais deve ser usada intencionalmente para punir alguém.*

## MODELAGEM E RESOLUÇÃO DE PROBLEMAS

A modelagem e a resolução de problemas são duas outras estratégias de mudança, ainda que sejam mais associadas à teoria da aprendizagem do que ao behaviorismo tradicional. Mencionei a modelagem no Capítulo 5 ao explicar por que uso exemplos da mídia para ilustrar várias habilidades de validação. A lição é que aprendemos por meio da observação - isso serve para comportamentos complexos, como a validação, e para habilidades mais básicas, como saltar alto o suficiente para alcançar uma fonte específica de alimento.** A modelagem, como os princípios do behaviorismo, se aplica a *pensamentos*, *emoções* e *comportamentos*. A dúvida sobre si mesmo, a

* Se está preocupado pensando em todas as pessoas que você torturou sem querer com invalidação emocional ao longo dos anos, pode relaxar. De vez em quando todos experimentamos e comunicamos invalidação, assim como todos experimentamos fome e sede. Faz parte da vida. A invalidação só se torna problemática quando é severa, generalizada ou usada intencionalmente para punir alguém.

** História paralela: Minha gata mais velha, Elmo, sempre pulava direto nas bancadas da cozinha porque não precisava de nenhum apoio especial para alcançá-las. Depois da chegada de Sparrow, Elmo começou a pular do chão para algumas prateleiras mais baixas e *depois* para a bancada. Sparrow, de três patas, conseguia seguir o exemplo dela e logo aprendeu a subir nas bancadas da cozinha, onde descobriu que TEM MUITO MAIS COMIDA! Curiosamente, Elmo abandonou o método de usar a prateleira mais baixa assim que Sparrow o dominou, voltando à abordagem mais eficiente, do chão à bancada. Elmo ganhou uma estrelinha de boa samaritana pela ajuda a Sparrow, mas se recusa a usar sua faixa de escoteira. Todos podemos concordar que é uma pena.

dismorfia corporal e o sentimento de que o mundo nos deve alguma coisa podem ser "ensinados" através da modelagem. O lado positivo é que a autovalidação e a gratidão também podem ser aprendidas do mesmo modo.

A resolução de problemas, como você sabe, é o processo de encontrar soluções para os problemas. Mais uma vez, o termo *problema* é amplamente usado por psicólogos e inclui tudo, desde as emoções da pessoa (por exemplo, quero ser menos irritadiça) até questões logísticas (por exemplo, preciso encontrar um local para colocar o animal feral que eu trouxe para casa).

O componente fundamental de "resolução" na resolução de problemas consiste em técnicas como brainstorming, treinamento de habilidades e experimentação. Esses conceitos são bastante comuns, por isso vou parar por aqui. Desculpe, não tenho nenhuma história bonitinha sobre como ajudei Sparrow a solucionar seus problemas com a irmã, Mindee McMinderstein. Ele é um gato, e até mesmo as estratégias de mudança têm limites.

## AVANÇANDO

Nos quatro capítulos finais abordarei minhas dicas sobre como combinar as habilidades de validação da Parte 2 com as estratégias de mudança deste capítulo. Ao pensar em como aplicar o que aprendeu, espero que você tenha em mente algumas lições que aprendemos com Sparrow. A primeira é que o behaviorismo não se aplica apenas ao comportamento. Cada vez mais intimidade, maior autoaceitação e aprimoramento da cultura de uma equipe, por exemplo, constituem mudanças significativas que seguem os princípios do behaviorismo.

A segunda é que a validação é como comida. Absolutamente todo mundo quer se sentir aceito e visto. **Se alguém não reagiu positivamente à validação, é porque na verdade você não o validou.** Assim como você não duvidaria da necessidade de alimento de um animal, não questione a necessidade de validação de alguém nem se critique por também desejá-la.*

---

* Se você ainda tem dificuldade de aceitar a ideia de que não há problema em desejar validação externa, experimente substituir o termo *validação* por *aceitação* ou qualquer outra característica definidora da validação (isto é, *atenção plena*, *compreensão* ou *empatia*).

Terceira: só porque você teve sucesso em validar uma pessoa não significa necessariamente que ela mudará como e quando você quiser. Por um lado, muitas mudanças positivas associadas à validação – aumento da confiança, intimidade, etc. – exigem tempo e consistência. Por outro, você não é Deus. Mesmo que combine a validação com as estratégias apresentadas neste capítulo, associações mais fortes, reforços, punições, déficits de habilidade ou fontes de influência no ambiente podem minar seus esforços. Espere isso. Conte com isso. Em vez de culpar o indivíduo ou decretar que ele não é capaz de mudar, analise as circunstâncias, inclusive quaisquer restrições. Aceite as condições e em seguida mude a abordagem. Se e quando isso falhar, lembre que a relação entre aceitação e mudança é uma via de mão dupla. Talvez você precise aceitar que algumas condições estão fora do seu controle, mas a aceitação em si culminará com a mudança – talvez não a mudança específica que você busca ou no grau em que a deseja, mas aprendi a jamais subestimar o poder da aceitação ou o efeito que ela pode ter na nossa vida.

Por fim, uma palavrinha sobre a manipulação: quando a tecnologia do comportamento* de Skinner começou a provocar ondas nas décadas de 1960 e 1970, havia uma grande preocupação de que as pessoas pudessem usá-la para manipular e controlar as outras. Hoje em dia acho que a maior parte das pessoas enxerga as tecnologias de inteligência artificial (IA) como uma ameaça maior de escravização da raça humana. Mas mesmo assim quero falar dessa confusão entre behaviorismo e manipulação no que se refere à validação, porque ela ressurge de tempos em tempos. Quando isso acontece, eu reitero que a validação é a comunicação *autêntica* de aceitação. Enganar e iludir as pessoas é incompatível com validação e só prejudicará os seus relacionamentos. Além disso, acrescento que, se a única motivação para aceitar as outras for explorá-las, você entendeu tudo errado. Qualquer um que trabalhe para cultivar atenção plena, compreensão e empatia será transformado no processo, e não de um modo que seja um desserviço para a pessoa que ele está tentando "manipular". Eu, por exemplo, gostaria muito que mais pessoas tentassem me manipular com aceitação e validação.

---

* O behaviorismo costuma ser referido como a "tecnologia do comportamento". Nas abordagens cognitivo-comportamentais de hoje em dia, ele também é conhecido como a "tecnologia da mudança".

# 15

# Criando crianças emocionalmente inteligentes – Validação e a criação de filhos

*Ainda escuto você cantarolando, mamãe... A cor das suas palavras dizendo: "Deixe que ela seja como é. Ela tem o direito de ser diferente. Um dia desses ela vai tropeçar nos próprios pés. Só deixe a criança ser como é." E eu ser mamãe.*

– Sonia Sanchez, "Dear Mama", *Shake Loose My Skin*

Como você deve imaginar, existem diferenças significativas entre o que é necessário para ser eficaz com seus filhos, com seu chefe e consigo mesmo. As habilidades de validação e as estratégias de mudança servem para várias situações; o que veremos agora são as ideias de como aplicá-las em diferentes tipos de relacionamento. Este capítulo aborda a dinâmica entre pais e filhos. Discutirei como usar a validação para reforçar os comportamentos incríveis das crianças e como discipliná-las sem deixar marcas para o resto da vida. Os dois capítulos seguintes examinam os relacionamentos íntimos e profissionais com adultos e o último se concentra no relacionamento mais fácil de ser ignorado: o que você tem consigo mesmo. Mesmo que você não interaja muito com outros adultos, não planeje ficar perto de crianças ou tenha transcendido seu eu numa recente viagem de ayahuasca, ainda assim recomendo ler os capítulos sobre esses assuntos. Eles reforçam os conceitos deste livro, e garanto que há algo neles para todo mundo.

## VALIDAÇÃO COMO REFORÇO: ENCONTRANDO O POMO DE OURO DO QUADRIBOL

Uma vez trabalhei com um cliente, Keith, que queria melhorar sua habilidade de demonstrar emoção para validar a esposa. Por isso, como um dever de casa, pedi que ele procurasse oportunidades de praticar essa habilidade com outras pessoas. Devo observar que eu já havia ensinado a Keith sobre behaviorismo e discutido como a validação pode servir de reforço, mas ele não tinha experimentado esses efeitos em primeira mão.

Alguns dias depois da nossa sessão, a esposa de Keith e a filha de 9 anos tiveram uma briga que terminou com a mãe mandando a criança para o quarto. Depois de um tempo, Keith foi falar com a filha, e nesse momento ela gritou:

– Eu sei! Eu sei que não estou fazendo direito, e estou tentando melhorar...

Em seguida se lançou numa daquelas digressões muitíssimo bem elaboradas que as crianças conseguem inventar de improviso quando estão com raiva dos pais. Keith ficou sentado ouvindo, sem atiçar as chamas nem tentar apagá-las, enquanto a filha soltava o verbo dizendo que a mãe estava sendo totalmente e idiotamente injusta. À medida que prestava atenção, Keith começou a se concentrar no que sentia. E então, de um instante para outro [estalo de dedos para causar efeito], ele viu uma oportunidade de fazer seu dever de casa de validação *e* testar a teoria da sua terapeuta de que a validação pode servir como reforço. Esperou mais um pouco e em seguida perguntou:

– Posso mudar de assunto? Sei que você está com raiva agora, mas só consigo pensar em como você disse "Estou tentando melhorar".

A filha o olhou como se perguntasse a si mesma: *Será que isso é um teste?* Keith continuou:

– Eu não tenho coragem de dizer coisas assim, nem mesmo de admitir a mim mesmo. Sinto um orgulho enorme de você [emoção rotulada] e estou impressionado [emoção rotulada]. Fico feliz [emoção rotulada] por ser seu pai, para poder aprender com você.

E com isso Keith começou a lacrimejar [expressão não verbal de emoção, vinda de um sujeito que não costuma chorar].

Então, no que parecia uma cena saída de uma comédia de TV dos anos

1980, a filha de Keith saiu do quarto e foi pedir desculpas à mãe. E não com um pedido de desculpas esfarrapado entre os dentes, mas um pedido sincero, até mesmo com um abraço e ideias do que poderia fazer da próxima vez para impedir que as coisas passassem do ponto.

A reação da menina foi *impressionante*, mas quero me concentrar na resposta notável de Keith, que veio antes. Quer dizer, dá para imaginar como seria, na infância, ver seu pai se concentrar totalmente no que você fez de certo quando o esperado era que ele só falasse do que você fez de errado? Ainda mais ele dizer, com lágrimas nos olhos, que sente orgulho de ser seu pai? Pessoalmente não tenho como me identificar com essa experiência, mas imagino que não me esqueceria dela tão cedo. E esse é o ponto. As pessoas constroem uma relação entre o que fizeram e como isso as fez se sentir. Os comportamentos que resultam em emoções positivas fortes têm uma probabilidade maior de serem repetidos: a garota que recebeu reforço por reconhecer o papel que teve num conflito tem uma probabilidade maior de fazer isso no futuro – talvez até em menos de dez minutos, mas não me cobre isso. A validação que você dá a uma criança não precisa ser tão dramática como nesse exemplo, mas precisa ressoar profundamente nela para servir como reforço. **No decorrer dos anos descobri que propor, demonstrar emoção e revelar-se costumam ser as habilidades de validação mais eficazes com crianças e adolescentes.** Devo observar que, ainda que a validação seja um ótimo modo de dar reforço às crianças, você não deve usá-la somente com esse objetivo. A validação, como o amor, jamais deve ser negada. Deve ser abundante no ambiente da criança *e* usada intencionalmente para reforçar comportamentos.

Um dos muitos obstáculos que nós, pais, enfrentamos é que é difícil enxergar o progresso, o crescimento e a maturidade que nossos filhos demonstram com o passar do tempo, em parte porque estamos sempre perto deles. Mas também porque, encaremos, a afirmação "Sei que não estou fazendo direito" não é nem de longe tão impactante quanto o grito que veio antes ou a reclamação rancorosa que veio em seguida. Identificar algo a ser reforçado com validação é como tentar enxergar o Pomo de Ouro do Quadribol se você for o Harry Potter – precisa ignorar todo o resto que está acontecendo e se concentrar intensamente em encontrar a veloz bola brilhante que irá desaparecer no instante em que você afastar os olhos dela.

**Sempre há um Pomo de Ouro a ser encontrado, e com isso estou me referindo a algum comportamento ligeiramente melhor ou menos ofensivo para ser reforçado com validação.** Mantenho isso em mente atuando como mãe e quando trabalho com jovens que têm problemas sérios de comportamento. Às vezes não consigo enxergar o pomo através da névoa das minhas expectativas ou da poeira que uma criança levanta por conta própria, mas sempre confio que ele vai aparecer. Se eu trabalhar com a criança por tempo suficiente e procurar com intensidade suficiente, acabarei encontrando-o.

Felizmente a maioria das oportunidades de dar reforço às crianças com validação surge fora de conflitos. Ainda que seja mais fácil validar autenticamente uma pessoa se você não estiver impedindo-a fisicamente de bater em você, será necessário manter um olhar atento em busca daquele esquivo pomo de ouro: a oportunidade de reforçar o comportamento desejado por meio da validação. Um jogo comum de Quadribol dura apenas uma ou duas horas; criar filhos é uma tarefa de 24 horas por dia, sete dias por semana. O que mostro em seguida é um exemplo de um quase erro cometido por ninguém menos do que esta que vos fala. Provavelmente você identificará o pomo imediatamente, provando meu argumento de que as coisas não têm tanta clareza quando a filha é sua.

A escola anterior de Havana fornecia um lanche matinal. Só que não era bem um lanche, mas uma sobremesa com açúcar e calorias suficientes para arruinar o apetite da menina na hora do almoço, deixando-a faminta às três da tarde. Depois de discutirmos o problema, ela concordou que não deveria comer o lanche da manhã. E fez isso. Desculpe. Eu deveria ter dito que foi o que ela *tentou* fazer. Para Havana, doces embrulhados a vácuo em plástico são a versão da papinha Gerber sabor frango para Sparrow. O cheiro de celofane e açúcar é o suficiente para obrigá-la a ir contra o que ela sabe ser certo e, pensando bem, provavelmente até a arriscar a própria vida. Precisávamos de um plano melhor. Logo percebi que a solução era óbvia.

– Se você comer o doce na escola – falei –, não vai poder comer sobremesa depois do jantar.

Havana ADORA os quitutes de depois do jantar, assim, apesar de não ser fã desse plano, ela não podia negar que provavelmente daria certo. Mas não deu. Todo dia, na semana seguinte, eu perguntei se ela havia resistido ao lanche matinal. Absolutamente todas as vezes a resposta foi um sonoro "Não". No quinto dia seguido eu estava frustrada, decepcionada e chateada. Então, com o canto do olho, vi um pomo de ouro. Parti na direção dele:

– Você não mentiu uma única vez esta semana.

Havana me olhou desconfiada do outro lado da mesa. Sério, por que as crianças sempre acham que somos suspeitos quando tentamos validá-las?!

– Você poderia ter dito que não comeu o lanche da manhã para poder ganhar a sobremesa depois do jantar, mas não fez isso. Nenhuma vez. Deve ter sido chato perder a sobremesa e me desapontar [Propor], mas mesmo assim você fez a coisa certa. Estou tremendamente orgulhosa de você, querida [Demonstrar emoção].

Havana se aproximou e me abraçou.

– Foi mesmo! Foi muito difícil para mim! – exclamou.

Havana estava numa idade em que vinha experimentando mentir. Era uma péssima mentirosa, por isso geralmente nós a pegávamos, mas estava começando a ver que mentir era uma solução óbvia para muitos problemas de criança. Suas mentiras não eram flagrantes ou frequentes; eram apenas de um nível tão insignificante que ficava fácil deixar de perceber qualquer evolução, como quase aconteceu comigo. Depois disso fiquei de olho em busca de oportunidades para reforçar sua sinceridade com validação. Identifiquei algumas, e os incidentes de mentiras foram diminuindo e ficando mais distanciados. No ano seguinte, quando ela teve que se descrever em três palavras para um trabalho com o tema "Sobre mim", Havana escolheu *doidinha, criativa* e *sincera.* Não somente passou a se enxergar como uma pessoa sincera e a se comportar de acordo como essa qualidade, como também isso se tornou um ponto de orgulho para ela.

Para pegar o Pomo de Ouro, você precisa manter a vigilância e vencer uma certa curva de aprendizagem, mas aqui vão algumas dicas para ajudar você a melhorar rapidamente nessa habilidade:

- Sempre que uma criança estiver com dificuldade para progredir numa área (por exemplo, deixar de comer o lanche da manhã), procure ver se há algum progresso em outra (por exemplo, sinceridade). As crianças não se desenvolvem como nós esperamos. **Pergunte a si mesmo: "Se eu precisasse reforçar alguma coisa, o que seria?**

- **Esteja atento a pequenos sinais de crescimento e se lembre do princípio de *shaping*.** Com uma criança, o progresso pode significar ter um ataque de fúria sem jogar nada longe (presumindo que antes ela estivesse fazendo as duas coisas), gritar sem xingar ou iniciar uma tarefa sem completá-la (de novo, presumindo que isso seja um progresso).
- **Concentre-se nos esforços, nas intenções e no caráter da criança.** Se a criança mostra um desenho malfeito, você pode não enxergar muita coisa a ser reforçada, quanto mais a validar autenticamente. Se em vez disso você refletir sobre a quantidade de tempo, a paciência e a perseverança que ela demonstrou enquanto trabalhava, descobrirá muitas qualidades que quer que ela desenvolva. Reforçar as crianças com validação significa priorizar o processo, e não o resultado; o progresso, e não a perfeição. *Nota: se o seu filho produziu um desenho horrível e não lhe dedicou muito tempo ou esforço, não se preocupe em reforçá-lo. Você pode ser legal e aceitar o desenho com afeto, mas, se não enxergar um comportamento que você queira incrementar, não precisa de uma reação que ofereça reforço.*

Talvez a melhor coisa que você possa fazer para aumentar as chances de encontrar oportunidades para reforçar seu filho por meio da validação seja manter a intenção sempre em mente. Mude o papel de parede do seu telefone para uma imagem das palavras *Reforço e validação*, coloque-as na sua agenda diária e encontre outro modo de se lembrar de refletir sobre esses conceitos. Era só isso que Keith tinha para guiá-lo. Ele havia aprendido os princípios básicos do behaviorismo e estava fazendo um esforço concentrado para praticar a demonstração de emoção. Agora está concorrendo ao posto de capitão do time da Grifinória.

### Punição – Administrando problemas sem criá-los

Quando abordo o assunto da punição, os pais agem como se eu tivesse enrolado um baseado para fumarmos no banheiro da escola. Ficam dando risinhos nervosos de empolgação e em alerta máximo, como se esperassem ser descobertos a qualquer momento. Entendo. *Punição* se tornou uma espécie de palavrão nos círculos de criação de filhos. Os terapeutas são treinados para não dar ênfase a essa prática no trabalho com pais e mães, às vezes discutindo o conceito só depois de meses treinando reforço positivo. Reduzir a ênfase na punição é importante porque a maioria dos pais e mães tende a exagerar seu uso. Demais. Deixando de lado os casos de abuso, muitos pais e mães usam a punição de um jeito frequente, severo e imprevisível demais para que ela seja eficaz.[1]

Dito isso, claro, é preciso haver consequências para o comportamento problemático! Eu poderia citar todas as pesquisas sobre criação de filhos que embasam esse argumento, mas não preciso, porque, se você já passou um tempo com crianças, sabe que elas são como pequenas feras do *Parque dos dinossauros* que destruirão o parque e provavelmente matarão você quando perceberem que a cerca está desligada. Consequências, punições, contingências – não importa como você chame – são importantes. Ponto-final. A questão não é se devemos usá-las ou não; e sim *como* usá-las.

Não tenho como abordar aqui todos os prós e contras da punição, mas quero enfatizar um ponto: a invalidação emocional. É fácil demais invalidar as emoções da criança quando ela está sem controle, mas essa forma insidiosa e pouco citada de punição machuca mais do que ajuda. Um monte de pesquisas indicam os efeitos negativos de invalidar as emoções da criança durante conflitos, por isso vou me ater apenas aos destaques:

- A invalidação emocional durante conflitos entre pais e filhos está intimamente relacionada com a raiva, o desafio opositor e a externalização de problemas nos adolescentes.[2]

  *Tradução:* A invalidação irrita os adolescentes e pode levá-los a agir de forma inadequada.
- As crianças têm uma probabilidade maior de ficar desreguladas quando os pais invalidam suas emoções durante os conflitos; além disso, elas têm uma probabilidade maior de desenvolver estratégias desadaptativas de enfrentamento associadas a problemas de saúde mental.[3]

  *Tradução:* Pais que invalidam os filhos têm filhos que se invalidam.
- Há uma associação forte entre a invalidação emocional durante os conflitos entre pais e filhos e a subsequente automutilação nos adolescentes.[4]

  *Tradução:* Desnecessária.

Certo, então... é uma coisa feia. A importância da punição, ao lado dos efeitos danosos da invalidação emocional, levanta uma pergunta: como disciplinar os filhos sem invalidá-los? Para responder a essa pergunta, vou sugerir uma revisão das regras de validação no Capítulo 3, que afirmam claramente que você só deve **validar o que é válido** e que as **emoções são sempre válidas**, pelo menos no que diz respeito a você.

As crianças frequentemente se comportam de maneiras problemáticas em relação a regras, à lei e, você sabe, à sobrevivência básica. É importante invalidar o *comportamento* problemático. O nome disso é criar filhos. O que você deve evitar invalidar são as *emoções* da criança. Os estudos que mencionei falam dos efeitos da invalidação emocional nas crianças. O limite entre invalidar os comportamentos e invalidar as emoções das crianças é fácil de ser ignorado, mas atravessá-lo tem um efeito devastador.

Para ficar do lado certo dessa linha ao disciplinar crianças, concentre-se no comportamento delas, e não em seu caráter ou seus sentimentos. Deixe que uma punição leve – uma perda temporária de um privilégio, um pequeno tempo sem brincar, tarefas extras – faça o trabalho. Ao dar feedback, concentre-se no que a criança fez (comportamento observável) e seja específico.

| Feedback | Invalidação |
|---|---|
| Sei que você está agitada, mas não é legal entrar desse jeito no banheiro enquanto estou fazendo xixi para perguntar se você pode brincar na casa da Sofia. | Sai daqui! Você nunca pensa nos outros. |
| Estou desapontada porque você não entregou seu dever de redação. | Você não leva a escola a sério. |
| Tudo bem ficar triste e chateada; mas não é legal ficar gritando. | Isso não é motivo para chorar! |

Idealmente, você deve validar as emoções de uma criança ao mesmo tempo que dá feedback sobre o comportamento dela (por exemplo, tudo bem ficar *triste* e *chateada*; mas não é legal ficar gritando), porém nem sempre isso é possível. Quando os pais me perguntam como validar uma criança que está descontrolada demais, minha resposta é: "Não faça isso." Se a sua criança se joga no chão dramaticamente durante um chilique e depois uiva como se tivesse sido mortalmente ferida, ou olha para o espelho enquanto chora só para poder continuar chorando, a atenção e a validação podem desregulá-la ainda mais.[5] Dito isso, é importante reconhecer que os sentimentos dela são válidos. Sim, ela está se comportando de um modo que fará com que se sinta ainda pior, mas está genuinamente descontrolada. Curiosamente, de certa forma a ânsia que ela tem de exacerbar as emoções negativas também é válida.

Algum dia você já cantou uma música de fossa no banho depois de um dia ruim? Não? Certo, talvez eu seja a única pessoa que se sente inexplicavelmente impelida a pôr para fora emoções negativas, mesmo quando sei que isso vai me deixar triste. Só que sei que não sou porque tem músicas que ninguém ouve para se sentir melhor. O negócio é que os seres humanos são bizarramente programados para amplificar as emoções negativas. Quando estamos com raiva, queremos reclamar e pirar de vez, não meditar ou assistir a vídeos do YouTube de soldados reencontrando seus cachorros. Quando estamos tristes, nós nos isolamos, desligamos as luzes e ouvimos música de fossa. Às vezes essa tendência de agir a partir de emoções se torna um transtorno completo, mas todos fazemos isso em algum grau.

Ainda que a ânsia de exacerbar as emoções negativas seja válida, no sentido de que isso é normal, *agir* a partir dessa ânsia não é eficaz nem útil para uma criança que está tendo um chilique. Uma criança que implode diante dos nossos olhos se encontra num estado elevado de excitação simpática - seu cérebro reptiliano assumiu o controle, o que significa que a capacidade já limitada de raciocínio mais elaborado foi reduzida a zero. Concentrar a atenção, seja positiva ou negativa, nesse comportamento problemático pode reforçá-lo, por isso a melhor opção é ignorar a agitação, facilitar o autoapaziguamento se a criança estiver aberta a isso ou distraí-la de qualquer maneira possível. Em vez de se concentrar na validação, nesses momentos você só precisa ter cuidado para não invalidar as emoções do seu filho. Falas como "Qual é o seu problema?!", "Não ligo se você se machucou" ou "Você já está grande demais para isso" são fáceis de se deixar escapar quando as coisas estão caóticas, mas essas palavras não são esquecidas logo. Pelo contrário, a dor que elas causam faz com que permaneçam gravadas na memória da criança.

---

COMENTÁRIOS INVALIDADORES DITOS COM RAIVA A UMA CRIANÇA COSTUMAM SE TRANSFORMAR NO DIÁLOGO INTERIOR CRÍTICO QUE VAI ASSOMBRÁ-LA NA VIDA ADULTA.

---

## DISCIPLINA *VERSUS* RESOLUÇÃO DE CONFLITOS

Talvez você precise ignorar os acessos de raiva ou usar punições leves para lidar com questões comportamentais, mas essas estratégias são insuficientes para solucionar os conflitos com as crianças. Confundir disciplina com resolução de conflitos levou à abordagem disseminada de "fingir que nada aconteceu", que é mais ou menos assim: a criança recebeu uma punição ou foi mandada para o quarto. Depois de um curto espaço de tempo ou de a criança ter se acalmado, ela pode voltar à tribo. Então tudo volta ao normal como se nada tivesse acontecido. Se houver um pedido de desculpas, é rápido ou dito de passagem. Essa abordagem não é nem um pouco abusiva, mas é lamentavelmente incompleta. Em vez de a criança receber reforço por ter se controlado, ignoramos seu sucesso. Em vez de serem reconhecidas, suas emoções válidas são desconsideradas. Quando os conflitos são consistentemente "resolvidos" desse modo, as crianças não desenvolvem as habilidades para processar os próprios sentimentos e corrigir seus erros; elas aprendem apenas a seguir em frente e fingir que nada aconteceu.

Para que a disciplina chegue ao nível da *resolução* de conflitos, deve ser acompanhada por uma conversa. É nas conversas que podem ocorrer a validação emocional, os reparos e os reforços. Devem ser conversas gentis que vêm *depois* da tempestade e de todo mundo já estar calmo. Na minha experiência, cabaninhas de lençol e quartos escuros com cobertas quentes criam o clima perfeito para elas. E para estruturar a conversa eu uso uma abordagem tipo "o que aconteceu, para você?", em que cada pessoa se reveza descrevendo o que observou, pensou e sentiu durante o conflito, enquanto a outra pessoa procura algo a ser validado.*

Sempre deixo a criança começar, presumindo que ela queira. Esse pequeno gesto dá a ela um sentimento de controle depois de tê-lo perdido recentemente. Se usar minha abordagem, prepare-se para ver sua criança descaracterizar você e a situação ao descrever seu ponto de vista. Se essa coisa de "o que aconteceu, para você?" virar moda, quero contratar um ilustrador para desenhar as cenas que as crianças descrevem nessas conversas, para que a gente possa transformá-las numa história em quadrinhos. Vai ser ao mesmo tempo aterrorizante e hilária. Imagino que nossos filhos diriam o mesmo sobre nossas versões do conflito, mas, como as crianças não têm como pagar a ilustradores ou encomendar histórias em quadrinhos profissionais, acho que não temos com que nos preocupar.

Orientar as crianças para que expressem o que estavam *pensando* e *sentindo* durante o conflito – e não o que você, pai ou mãe, fez para provocá-las – é um modo de impedir que essas conversas descarrilem para um "disse me disse". Ficar calado e usar suas **Habilidades de Atenção Plena** também ajudarão. Se você corrigir a narrativa da criança – já que ela é totalmente sem sentido! –, tente uma visão do tipo "dá para ver que isso poderia parecer isso". Por exemplo: "Querida, não joguei uma bola de basquete em você. Eu estava dirigindo na estrada e não havia nenhuma bola de basquete no carro. Mas entendo que meu tom de voz e minhas palavras podem ter parecido que havia um monte de coisas acertando você ao mesmo tempo. Você sentiu que eu estava jogando um monte de coisas ruins em cima de você?"

Ainda que você possa discordar de alguns detalhes dramáticos que sua criança descreve, é sempre bom tentar identificar e validar as emoções dela. "*Dói* sentir que uma pessoa não está escutando a gente, ainda mais quando é seu pai" ou "Eu ficaria *frustrado* também se tivesse que dividir um brinquedo novo com a minha irmã". As conversas depois dos conflitos se destinam a ensinar as crianças a reconhecer e validar seus sentimentos.

---

* Se notou que minha abordagem de "o que aconteceu, para você?" é semelhante à Intervenção Gottman-Rapoport que descrevi no Capítulo 7, você, leitor de notas de rodapé, me impressionou mais uma vez!

Só porque elas foram ineficazes em administrá-los não significa que as emoções eram ruins ou erradas. **Pode ser adequado a criança se sentir culpada por ter explodido, mas jamais queremos que ela sinta vergonha de quem é ou de como se sente.**

Além de proporcionar validação emocional, **procure oportunidades de se desculpar** por qualquer coisa lamentável que você tenha dito ou feito durante o conflito. E nada desse negócio de "Lamento por você ter se sentido assim". Os pedidos de desculpas devem descrever claramente o que você fez de errado, incluir a palavra *desculpe* e terminar com ideias sobre como reparar o relacionamento ou mudar o comportamento. Se puder validar suas emoções ao mesmo tempo que assume a responsabilidade pelo seu comportamento, você estará realmente marcando um gol. Por exemplo: "Eu levantei a voz mais do que deveria. Desculpe. Tudo bem sentir *raiva*; mas gritar não é legal. Na próxima vez vou dar um tempo quando começar a me sentir assim." Lembre: se você quer que seus filhos assumam a responsabilidade pelos próprios erros, precisa dar o exemplo de como fazer isso.

Depois de a criança contar seu ponto de vista e você validar as emoções dela, *só então* é hora de contar "o que aconteceu, para você". Faça questão de expressar o que você estava *pensando* e como você se *sentiu* durante o conflito. Tente identificar emoções que vão além da frustração, da chateação ou de outros tons de raiva. Seu filho – e possivelmente os vizinhos – já sabem que você estava com raiva. Você pode mencionar isso, tudo bem, mas tente não se pintar como um personagem de história em quadrinhos com vapor saindo pelas orelhas. Dentre os exemplos estão os seguintes:

"Eu fiquei *com medo* de alguém se machucar."
"Eu fiquei *desapontado* comigo mesmo por não saber como ajudar você."
"Eu fiquei *confuso* com sua frustração."

Por fim, incentive seus filhos a validar você fazendo perguntas como "Isso faz sentido?", "Você já se sentiu assim?", "Dá para ver por que eu cheguei a esse ponto?". Tendo acabado de dar um exemplo de validação na conversa, esse é um ótimo momento para praticá-la. Você não precisa forçar o tema se a criança se recusar a se envolver. Esse exercício tem menos a ver com receber a validação que você merece e mais com oferecer o apoio necessário para as crianças desenvolverem as habilidades de que precisam.

## LEMBRETES PARA COLAR NA GELADEIRA

Eu sou uma mãe do tipo "vou pôr na porta da geladeira para não esquecer", por isso quero concluir este capítulo com ideias que podem facilmente ser impressas e coladas no seu eletrodoméstico predileto.

- A validação deve ser abundante na vida da criança *e* ser usada intencionalmente para reforçar seus melhores comportamentos.
- Para encontrar as oportunidades de reforçar o bom comportamento por meio da validação:
    - » Procure *pequenos* sinais de crescimento e se lembre do princípio de *shaping*.
    - » Concentre-se nos esforços e nas intenções da criança.
    - » Pergunte a si mesmo: "Se eu tivesse que reforçar alguma coisa, o que seria?"
- Ao disciplinar crianças, não agrave as punições com invalidação emocional. Mantenha o feedback específico para o comportamento observável da criança e valide as emoções dela sempre que possível.
- Depois de grandes discussões, converse com a criança para validar as emoções dela, pegue Pomos de Ouro e dê exemplos de pedidos de desculpas.
- Use a abordagem do tipo "o que aconteceu, para você?" para manter as conversas nos trilhos e pense em contratar um desenhista para capturar os "momentos preciosos" descritos por você e seus filhos.

# 16

# A linguagem universal do amor – A validação nos relacionamentos íntimos

*Senti que era um abrigo conversar com você.*

– Emily Dickinson, numa carta para Thomas Wentworth Higginson, 1878

Nota: este capítulo *não* aborda relacionamentos que envolvam violência íntima. Como eu disse no Capítulo 8, uma vítima de abuso não está em condições de mudar o comportamento do abusador.

## TREINANDO SEU COMPANHEIRO

A maioria dos pais já pensa sobre recompensas e punições com relação aos filhos. Então, quando conto minhas histórias sobre o Sparrow e me concentro nos conceitos comportamentais com pais e mães, eles assentem, sabendo do que estou falando. Mas quando apresento esse material aos casais sou recebida por expressões de alarme e um ou outro "Você acabou de comparar minha mulher com um gato de três patas?". Sim, comparei, mas esse não é o ponto. O ponto é que os princípios da mudança afetam igualmente todos os nossos relacionamentos, quer saibamos disso ou não. Pode ser inquietante pensar que você deveria abordar a tentativa de convencer seu companheiro a cozinhar com você do mesmo modo que faria para domesticar um gato selvagem, mas cá estamos. Ignorar os princípios da mudança não faz com que eles desapareçam; só aumenta a chance de eles atuarem contra você.

Nos relacionamentos íntimos, a punição é o princípio que mais somos punidos por ignorar.

Os pais têm consciência da punição que dão aos filhos porque a usam intencionalmente e falam abertamente sobre ela: "Você vai ter que ficar no quarto" ou "Se não terminar o dever de casa, não pode ficar na internet". Nos relacionamentos íntimos, as punições costumam ser imperceptíveis e frequentemente não intencionais. Talvez você não tenha querido punir o seu companheiro por não ter feito as compras direito, mas, quando descobre que ele esqueceu de trazer leite e revira os olhos, é exatamente isso que acontece. A natureza insidiosa desse tipo de punição permite que ela cresça como um vazamento indetectado de monóxido de carbono que lentamente faz com que cada um dos parceiros perca o contato com a realidade. E, no entanto, de algum modo, eu é que sou ridícula por falar em reforço, punição e gatos de três patas quando eles me procuram. Imagine só.

Graças ao nosso velho amigo/diabinho que está no ombro de todo mundo, o viés de negatividade, costumamos ver demais os aspectos negativos do relacionamento e prestar menos atenção nas coisas boas. O viés de negatividade é particularmente problemático nos relacionamentos de longo prazo, em que raiva, frustração e ressentimento podem crescer com o tempo, em relação ao modo como nosso parceiro gasta dinheiro, cria os filhos ou se recusa ao menos a considerar assistir à primeira temporada de *Euphoria*. Se uma quantidade suficiente de negatividade se acumula, um parceiro – ou os dois – pode se pegar naquilo que os especialistas em casamento chamam de sobreposição de sentimentos negativos (SSN).[1] Uma pessoa que esteja com SSN percebe de forma negativa as afirmações, atitudes e os comportamentos do parceiro, mesmo quando essas coisas são objetivamente neutras ou positivas. Por exemplo, em vez de dar ao marido o benefício da dúvida quando ele não responde imediatamente a uma mensagem de texto, uma pessoa com SSN pode ter pensamentos como: "Ele está tentando provar que o tempo dele é mais importante que o meu. Que tipo de pessoa não tem a decência de responder à própria esposa?" A SSN pode nos tornar mais inclinados a punir os parceiros por algo de que não gostamos do que a reforçá-los por aquilo de que gostamos. Os efeitos negativos desses vieses são problemáticos porque, como eu disse antes, se você se importa com o bem-estar do outro ou com o seu relacionamento com ele, as punições devem ser leves e usadas com moderação.

Duas questões adicionais nos relacionamentos românticos podem fazer com que eles se transformem em um terreno fértil para a punição. Primeiro, parece que somos programados para desconsiderar o princípio do *shaping* quando se trata das pessoas com quem dormimos. É pior do que isso. Em vez de reforçar o progresso dos nossos parceiros, tendemos a puni-los com invalidação. Aqui estão alguns exemplos tirados de casais com os quais trabalhei:

**Exemplo nº 1**
Chris e Jordan querem se sentir mais apoiados um pelo outro. Para Chris, isso significa Jordan ajudar mais em casa. Jordan faz um esforço lavando a roupa, mas se esquece de colocá-la na secadora. Chris encontra a roupa molhada na máquina de lavar e dá um chilique.

**Exemplo nº 2**
As duas parceiras concordam que a falta de sexo é um problema. Márcia quer aumentar a intimidade sexual, mas Clara se sente sobrecarregada com esse pedido. Clara convida Márcia para tomar um banho de espuma. As duas não fazem sexo, mas o banho é sensual e significa um passo enorme para Clara. Na sessão de terapia de casais seguinte, Márcia quer discutir por que elas não fizeram sexo.

**Exemplo nº 3**
Juanita e John querem que John se envolva mais com as crianças. Juanita quer especificamente que John assuma um papel mais ativo nas responsabilidades da criação dos filhos. John decide levar os filhos para comprar material escolar para a volta às aulas. Juanita agradece a John, mas depois devolve tudo que ele comprou porque encontrou preços melhores em outra loja.

No último exemplo, pode parecer que Juanita recompensou John dizendo "obrigada". Sozinho, o agradecimento foi bom, mas a devolução dos itens desmereceu a tentativa de John e negou a competência dele. O lapso de Juanita exemplifica meu segundo argumento: costumamos subestimar o que é visto por nossos parceiros como punição. Ainda que o efeito não tenha sido intencional, Juanita negou o esforço do companheiro refazendo a tarefa. Ela não aceitou o trabalho dele; rejeitou-o, devolveu-o. Qual é a outra palavra para desmerecer, rejeitar e negar? *Invalidar*. TCHAN TCHAN TCHAN TCHAAAAN. John não foi reforçado pelo agradecimento de Juanita; foi punido com invalidação. De modo semelhante, discutir uma relação sexual na terapia de casais pode não parecer problemático, especialmente se o casal estiver trabalhando a questão da intimidade sexual. Mas concentrar-se em como alguém deixou de alcançar nossas expectativas provavelmente será visto como uma punição, especialmente se o "fracasso" pareceu um progresso para o outro. Em vez de ser motivado a tentar de novo, o parceiro punido nessa situação ficará cada vez mais convencido de que o problema não tem solução.

A chave para evitar a punição e promover a mudança no seu parceiro é pensar em termos de pequenos passos e validação. Sim, um homem adulto deve ser capaz de chegar na hora combinada, mas o seu homem adulto não consegue. Aceite o ponto em que você está. Chegar menos tarde do que o usual é um progresso. Reforce-o. Ou, pelo menos, não puna a melhoria. É aí que a validação se torna valiosíssima. Talvez você não possa dizer que está feliz porque seu parceiro ainda se atrasa alguns minutos, mas pode validar autenticamente o esforço e a intenção de chegar na hora. A beleza da validação é que ela obriga você a se concentrar no que é válido, não importando quão imperfeito seja.

Como isso tudo é muito mais fácil de falar do que de fazer, vou incluir exemplos de reações validadoras que poderiam ser usadas para reforçar, ou pelo menos não punir, os parceiros nas situações apresentadas.

### A roupa lavada

"*Ei, eu vi que você juntou a roupa e botou para lavar* [Copiar]. *Obrigada. Dá para ver que você está tentando me dar apoio e levando a sério o que eu disse* [Propor]. *Você nunca foi do tipo 'só conversa' quando o assunto é importante para nós* [Propor]. *Eu nunca digo o suficiente, mas admiro isso em você* [Demonstrar emoção]."

**O banho sem sexo**

*"Adorei a espontaneidade do nosso banho na terça-feira, mas eu queria saber se não foi uma coisa difícil para você* [Propor]. *Foi a primeira vez para a gente, por isso seria totalmente compreensível se pareceu um negócio esquisito* [Equalizar + Propor]. *Nós estamos nisso juntas, gata* [Demonstrar emoção – sugerir comprometimento, lealdade], *e quero fazer todo o possível para que isso seja bom para nós duas, mesmo se significar ir com calma* [Agir]."

**O material escolar**

*"Sei que esperar numa fila comprida e brigar com gente furiosa comprando material escolar nas papelarias não é um modo fantástico de passar tempo com as crianças* [Propor + Equalizar], *mas vejo que você está tentando encontrar maneiras de me apoiar sem que eu precise pedir* [Propor]. *Obrigada, querido."*

Esses exemplos destacam um ponto importante: você não precisa apontar os erros que seu parceiro cometeu para ajudá-lo a agir melhor da próxima vez. Costumo receber respostas indignadas quando digo às pessoas que não tem problema reforçar adultos por fazerem algo parcialmente, sem dar feedback sobre o que eles fizeram de errado. Mas é verdade: quando se trata de progresso, a repetição e as contingências naturais (por exemplo, não ter roupas secas) têm uma probabilidade maior de levar à melhoria do que a crítica ou a invalidação. Esta última simplesmente reduz a chance de seu parceiro fazer aquela tarefa no futuro. As críticas punem as tentativas; a validação as reforça.

Talvez você também tenha notado que, nos meus exemplos sobre como reforçar o progresso, o parceiro que faz isso não expressa emoções negativas. Isso significa que você jamais deve expressar frustração ou decepção? Claro que não. Tudo bem comunicar que ficou com os sentimentos feridos, desde que você não faça isso ao mesmo tempo que tenta reforçar a mudança. Se, por exemplo, a prioridade de Márcia era fazer sua companheira entender que ela estava decepcionada por não terem feito sexo, falar sobre sua mágoa seria a atitude certa. Mas quando perguntei a Márcia o que era mais importante, reforçar o progresso ou Clara validar sua decepção, ela literalmente gargalhou.

– É óbvio que é o progresso! Ela já sabe muito bem como estou decepcionada com nossa vida sexual.

É perfeitamente razoável querer que as pessoas validem a sua decepção e continuem a fazer progresso para atender às suas expectativas. Mas, como geralmente você não consegue fazer as duas coisas ao mesmo tempo, você é que deve determinar o que tem prioridade em qualquer situação específica. Se serve de ajuda, concentrar sua atenção em como o outro lhe dá apoio, em vez de ficar dizendo como ele o decepcionou, pode reduzir sua negatividade com relação a ele.

*Shaping* é um processo. Você não está se candidatando a uma vida inteira de roupas mofadas se validar o esforço do seu parceiro e guardar suas críticas para si. Assim que ele estiver ajudando em casa de forma consistente, você pode elevar as expectativas, se necessário. Mas incentivo você a pensar duas vezes antes de fazer isso. Se você fala sério sobre provocar mudanças no relacionamento, precisará aceitar a imperfeição. Roupas ficarão molhadas, as coisas vão demorar e liquidações serão perdidas, mas até que ponto isso tudo importa quando você para e pensa? Se você tivesse que optar entre eficiência ou seu relacionamento, perfeição ou parceria, aceitação ou ressentimento, o que escolheria?

## GERENCIAMENTO DE CONFLITOS

O maior ponto de entrada para a punição nos relacionamentos íntimos é o conflito. Não deve ser nenhuma surpresa o fato de que validar seu parceiro durante as discussões está entre as melhores coisas que você pode fazer em favor da relação. Pesquisas sugerem que os casais em que os parceiros validam um ao outro durante conflitos têm uma probabilidade menor de dar tratamento de silêncio um ao outro e estão mais satisfeitos com o relacionamento.[2] A comunicação é melhor – há menos implicância e menos situações em que dizem coisas que jamais deveriam ser ditas em voz alta – e menos problemas no relacionamento em geral. Não se preocupe se não conseguir acessar as **Habilidades de Empatia** mais elevadas, como demonstrar a tristeza que sente pela pessoa ou agir, reconhecendo que sua posição estava errada. Segundo John Gottman, as expressões não verbais e os *aham* básicos usados na habilidade de prestar atenção já são suficientes.[3]

O efeito dramático da validação sobre os relacionamentos durante os conflitos faz sentido se você considerar a proporção de 5:1. Pesquisas mostram que uma proporção de 5:1 entre positividade e negatividade durante os conflitos prevê a estabilidade de um casamento a longo prazo, enquanto uma proporção de 0,8:1 ou menos prevê divórcio.[4] Nesses estudos, a positividade consistia principalmente em validação, mesmo que isso significasse apenas prestar atenção. A negatividade era definida como crítica (atacar o caráter da pessoa), ficar na defensiva (bancar a vítima inocente), desprezo (desrespeitá-la ou degradá-la) e dar tratamento de silêncio (recusar-se a cumprimentar ou se comunicar com ela). Gottman chamou esses comportamentos de "quatro cavaleiros do apocalipse", porque eles têm forte correlação com a destruição de relacionamentos e o divórcio.[5] Eu penso neles frequentemente como as quatro "habilidades" na Escada da Invalidação criada por um sósia maligno.

A validação é fundamental para alcançar essa proporção de 5:1, mas, no caso de você não ter experimentado, validar alguém com quem está brigando é difícil demais. Um fato reconfortante é que a discussão não precisa ser toda feita de sol e arco-íris. As brigas podem ser acaloradas e confusas sem ser destrutivas. Podem até incluir invalidação, desde que a proporção entre positividade e negatividade esteja próxima de 5:1. Lembre-se que simplesmente prestar atenção já conta como positividade, enquanto a negatividade tem a ver especificamente com os quatro cavaleiros, e não com a expressão de emoções negativas.

Quanto ao modo de aumentar a validação nas suas discussões, tenho dois conselhos. O primeiro é finalmente tatuar no seu antebraço "validação ≠ concordância". A tatuagem em si não terá nenhuma propriedade mágica, mas ver o lembrete todo dia deve ajudar a internalizar a mensagem.

Se você está brigando com uma pessoa, é porque discorda de alguma coisa que ela disse ou fez. Você está pensando algo como: "Como você pôde deixar nossa filha de 6 anos jogar *Call of Duty*?!" Tudo bem haver uma discordância, mas, se você quiser convencer a outra pessoa do seu ponto de vista ou pelo menos impedir que a conversa fique agressiva, precisa encontrar alguma coisa a ser validada (por exemplo, "Sei que você adora esse jogo quase tanto quanto eu adoro meu podcast de stand-up, então faz sentido que queira dividi-lo com ela"). Validação é um jeito de discordar do seu parceiro sem desrespeitá-lo.

**Minha outra dica para acessar a validação durante conflitos é reconhecer a dor do parceiro.** Quanto mais chateada a pessoa estiver, mais você pode presumir que ela está sofrendo. Você não precisa concordar com a narrativa dela para ver que a reação dela é verdadeira.

No início da carreira trabalhei com um casal, Sergey e Melinda, ambos advogados. Um dia eles chegaram à sessão discutindo se Sergey, frustrado, tinha batido a porta na cara de Melinda ou não. Minhas tentativas de direcioná-los para a validação foi constantemente bloqueada pela propensão dos dois para discutir. No fim da sessão, cada um tinha apresentado argumentos perfeitos para provar que Sergey tinha (ou não tinha, segundo a perspectiva dele) batido a porta, mas os dois estavam com mais raiva do que quando haviam chegado.

Anos depois me peguei numa discordância parecida com alguém por causa de uma porta batida. Mas, como esse alguém era um gato sem uma das patas em que se apoiar, não fui capaz de discutir com ele. Sparrow se assustou quando fechei a porta depois de entrar no banheiro "dele". Da minha perspectiva, eu não fechei a porta fazendo mais barulho nem de um jeito mais agressivo do que no passado, mas sem dúvida ele achava o contrário. Escondeu-se e ficou sibilando para mim. O que, claro, significava que estava com medo. Como eu não podia argumentar com ele, não tive escolha, a não ser aceitar sua reação.

A outra vantagem que tive ao reconhecer a dor de Sparrow foi que pude enxergar a vulnerabilidade por trás de sua raiva e de sua agressividade. Frequentemente a raiva é uma emoção secundária, ou seja, é uma reação a outra emoção – referida como emoção primária. Com a raiva, a emoção primária costuma ser o medo. Boa parte do meu trabalho com casais se resume a ajudá-los a enxergar o medo por trás da raiva que estão direcionando um para o outro. Por trás da raiva de Melinda estava seu medo de ele estar perdendo o respeito por ela. Por trás da raiva de Sergey havia o medo de que ela o acusasse de violência durante uma discussão. Para ajudar você a enxergar o animal pequenino que o seu parceiro é por trás do pelo eriçado de raiva, pergunte a si mesmo "De que ele está com medo?"

ou "Como ela está se sentindo ameaçada?". Quando a raiva domina, fazer essas perguntas pode ajudar você a expressar sua dor com precisão sem afastar seu parceiro.

## PONTOS IMPORTANTES

Punições são como cupins invisíveis que devoram toda a estabilidade do relacionamento. Várias questões podem levar a uma infestação de punição nas suas parcerias íntimas: (1) sobrecarga de sentimentos negativos, (2) expectativas de mudança pouco realistas, (3) subestimar o que pode ser sentido como uma punição e (4) conflitos. A chave para evitar essas armadilhas e ao mesmo tempo fomentar a mudança é pensar em termos de *shaping* e validação. Quando seu parceiro deixa de atender às suas expectativas, procure indícios de progresso que você possa reforçar com validação e evite reagir de maneiras que desconsiderem ou minimizem o esforço dele. Os conflitos são naturalmente punitivos, mas, se você puder manter a proporção entre validação e invalidação em cerca de 5:1, evitará um dano permanente ao relacionamento. Para ajudar a manter essa proporção, olhe sua tatuagem de "validação ≠ concordância" e trabalhe para reconhecer a dor do parceiro.

# 17

# Validar como um chefe – A validação no trabalho

*A arte da aceitação é a arte de fazer alguém que acabou de lhe fazer um favor desejar ter feito um favor ainda maior.*

– Russel Lynes, *Reader's Digest*

Quando foi transferido para uma nova equipe no Google, o gerente Matt Sakaguchi queria se antecipar aos problemas interpessoais que assolavam seu grupo anterior.[1] Assim, ele fez o que qualquer funcionário perfeccionista respeitável do Google faria: consultou pesquisadores para descobrir como estabelecer uma cultura de equipe saudável. Os pesquisadores com quem falou faziam parte do Project Aristotle, uma divisão interna do Google cuja tarefa era identificar as principais características das equipes de alto desempenho. Tendo estudado centenas de equipes e acumulado tantos dados que você poderia provavelmente mergulhar numa piscina cheia deles, estilo Tio Patinhas, os pesquisadores do Project Aristotle tinham algumas dicas para Sakaguchi. Disseram que primeiro ele precisava avaliar os pontos fortes e fracos da sua equipe. Então lhe deram um questionário, que ele prontamente repassou ao que só posso imaginar como um punhado de funcionários descontentes, porque ninguém quer preencher *mais um* questionário.

Sakaguchi achava que sua equipe era forte, mas os resultados da pesquisa revelaram que não. Diante de dados desconcertantes, ele fez o que qualquer gerente perfeccionista respeitável faria: marcou uma reunião de um dia inteiro, fora da empresa, para sua equipe discutir os resultados. Abriu o encontro de modo inteligente para quebrar o gelo, pedindo que todo mundo desenhasse a jornada da própria vida usando apenas imagens para mostrar como tinham chegado até ali. Sakaguchi foi o primeiro e, em vez de apresentar a linha do tempo cor-de-rosa que seria de esperar num ambiente profissional, compartilhou (em imagens) que estava sofrendo de câncer estágio IV. Em seguida explicou que vinha se tratando nos últimos cinco anos enquanto trabalhava no Google e que os médicos tinham descoberto recentemente uma mancha preocupante em seu fígado, o que significava que o câncer podia estar se espalhando de novo. Depois todo mundo no grupo começou a compartilhar histórias pessoais. Em vez de tentativas grosseiras de recriar os lustrosos feeds do Instagram, os participantes imitaram Sakaguchi revelando sua vida *real*, as partes boas e as partes ruins.

Com sua revelação, Sakaguchi não validou um indivíduo; validou a experiência universal de ter uma vida fora do trabalho. A fachada funcional da equipe interferia com a capacidade dele de entender a natureza dos problemas que o grupo enfrentava. Por isso ele suspeitou que o mesmo podia estar acontecendo no nível individual, e tinha razão. Ao encorajar as pessoas a falar livremente, esperava que os membros da equipe enxergassem uns aos outros – e enxergassem seus problemas – com mais clareza.

Mais tarde Sakaguchi disse: "Meu objetivo com aquele exercício era que a equipe visse que, assim que você ouve as coisas pelas quais as pessoas passaram, nunca mais é capaz de vê-las do mesmo jeito. Você começa a enxergá-las primeiro como pessoas, e não como um colega de trabalho que está dificultando o seu serviço. Nesse novo nível de compartilhamento pudemos ter algumas discussões sobre trabalhar melhor em equipe. Depois de cerca de um mês, a dinâmica do grupo havia mudado e ele se tornou um dos melhores com que trabalhei no Google."[2]

Sakaguchi não estava seguindo as dicas do Project Aristotle, pelo menos não diretamente. Nenhum dos pesquisadores que tinha consultado disse que ele deveria contar ao grupo sobre seu diagnóstico de câncer, mas eles falaram sobre a importância da "segurança psicológica": a crença compartilhada por indivíduos, numa equipe, de que não serão invalidados nem sofrerão outras repercussões (punições) por fazer perguntas, admitir erros ou correr riscos interpessoais. Em seu livro *A organização sem medo*, a behaviorista organizacional Amy Edmondson define em termos amplos a segurança psicológica como "um clima em que as pessoas se sintam confortáveis para se expressar e ser quem são".[3] Ter segurança psicológica numa equipe significa que os membros confiam que podem levar todo o seu ser para o trabalho e ser aceitos.

Os pesquisadores do Project Aristotle identificaram várias características nas equipes de alto desempenho, mas a segurança psicológica era de longe a mais importante.[4] Sua pesquisa mostra que as pessoas em equipes com alta segurança psicológica têm uma probabilidade maior de permanecer na empresa, ganhar salários maiores, incorporar diversas ideias dos outros e ser consideradas eficazes pelos executivos. A importância da segurança psicológica não é específica do Google, e a equipe do Project Aristotle não foi a primeira a descobrir isso. O conceito está por aí há décadas, e estudos em áreas que vão desde o serviço de saúde até a indústria demonstraram que ele se correlaciona com inovação, engajamento do trabalhador, melhor saúde mental dos funcionários, equipes com melhor desempenho e menor rotatividade.[5]

A abordagem geral de Sakaguchi para estabelecer segurança psicológica parece saída de uma das páginas deste livro: ele *modelou* o comportamento que desejava (falando com sinceridade), deu oportunidade para os outros fazerem o mesmo e em seguida os *reforçou* com validação quando eles fizeram isso. Certo, para ser justa, não sei com certeza se Sakaguchi reforçou as pessoas com validação. Mas, considerando que seu objetivo era ajudá-las a se sentir vistas e que as dinâmicas da equipe melhoraram depois do encontro, vou presumir que houve alguma validação. No mínimo confio que a maioria dos membros da equipe não se sentiu invalidada nem *punida* por se abrir.

Não chegarei ao ponto de dizer que as equipes precisam ser tão abertas quanto a de Sakaguchi para prosperar. Mas afirmarei que estabelecer segurança psicológica tem a ver com validação e um elenco de apoio composto por personagens já conhecidos: modelagem e reforço.

---

QUANDO A VALIDAÇÃO É MODELADA E USADA PARA REFORÇAR AS PESSOAS POR CORREREM RISCOS INTERPESSOAIS, A SEGURANÇA PSICOLÓGICA AUMENTA.

---

## COMO A VALIDAÇÃO EMOCIONAL PODE REFORÇAR O COMPORTAMENTO NO AMBIENTE DE TRABALHO

A validação é o reforço mais barato, legal e flexível que você pode usar nos ambientes de trabalho. Ela encontra eco em todos – estagiários, executivos, colegas, clientes, gerentes, etc. – e pode reforçá-los por qualquer coisa, desde propor ideias novas até devolver o seu grampeador. Mas pesquisas sugerem que há uma grande falta de validação no local de trabalho. Segundo uma pesquisa feita pelo Gallup em 2017, apenas três em cada dez empregados concordam enfaticamente com a afirmação de que sua opinião importa no trabalho.[6] Uma pesquisa realizada pela Catalyst três anos mais tarde descobriu que quase metade das mulheres entrevistadas disse enfrentar dificuldades para se manifestar em reuniões virtuais e uma em cada cinco disse que foi desconsiderada ou ignorada.[7]

A falta de validação nos ambientes de trabalho é um descuido, mas é compreensível. Os funcionários são pagos para trabalhar para uma empresa. E a expectativa é que sua capacidade de fazer isso seja rotineiramente avaliada. Quando se trata de reforço, essa cultura de avaliação usa mais elogios do que validação. O elogio sinaliza uma avaliação ou aprovação positiva (por exemplo: "Bom serviço", "Belo trabalho", "Fantástica apresentação"). A ênfase em ser profissional – e não pessoal – significa que é mais provável o elogio ser focado no *trabalho* do que na pessoa.

Não há nada inerentemente errado em elogiar. Quer dizer, se a única missão na vida da pessoa é engolir elogios como as bolinhas no jogo PAC-MAN, ela acabará tendo alguns problemas, mas, em geral, dar e receber elogios é saudável e útil. O elogio é um reforço poderoso e pode ser facilmente usado em combinação com a validação. **"Elogie o trabalho; valide a pessoa"** é um conselho que me ouço dando quase toda semana a meus clientes corporativos. O problema do elogio é que, quando usado excessivamente ou sem equilíbrio com a validação (pelo menos ocasionalmente), pode parecer vazio e impessoal. Talvez as pessoas esperem que suas interações no trabalho sejam impessoais, mas não é isso que as motiva.

Um estudo com mais de 1.500 funcionários mostrou que as pessoas têm uma probabilidade *mais de três vezes maior de se engajar no trabalho* quando acreditam que seu gerente se importa com sua vida pessoal.[8]* No entanto, menos de um terço sente que seus gerentes se importam de verdade. Em outra pesquisa com mais de 9 mil trabalhadores em 12 países, 94% concordaram com a afirmação de que a empatia é "uma qualidade essencial para um ambiente de trabalho saudável".[9] Ainda que os funcionários a valorizem, menos de metade das empresas de todo o globo oferece treinamento de empatia. Por acaso, as que o fornecem têm níveis significativamente mais elevados de engajamento dos colaboradores.

Gerentes, funcionários e colegas de trabalho valorizam os elogios; mas esse não é o único tipo de comunicação que os motiva. Se aprendemos alguma coisa com as pesquisas clínicas nos últimos 30 anos, é que a validação conduz à mudança. Ela não somente ajuda a criar uma cultura que apoia a criatividade e o engajamento, mas também pode reforçar comportamentos específicos. Nos ambientes de trabalho, a validação é particularmente adequada para reforçar as pessoas pelas seguintes coisas:

- Superar as expectativas ou fazer progresso na direção desejada.
- Demonstrar tenacidade ou sustentar o progresso quando outros reforços estão em falta (no trecho final de um projeto, depois de muitos reveses, etc.).
- Engajar-se em comportamentos que contribuem para a *segurança psicológica*, como, por exemplo, admitir erros, pedir ajuda e oferecer feedback.

Para entender melhor como podemos usar a validação para reforçar alguém em cada uma dessas situações, vejamos três exemplos da vida real. Apenas um deles usa nomes verdadeiros.

---

* Segundo uma pesquisa feita pelo Gallup em 2022, as empresas com trabalhadores engajados têm lucros 23% maiores do que as que têm trabalhadores não engajados, além de um nível significativamente menor de absenteísmo, rotatividade e acidentes – e maior lealdade dos clientes. (Gallup, *State of the Global Workplace Report* [Gallup, 2022], acessado em 1º de março de 2023, https://www.gallup.com/workplace/349484/state-of-the-global-workplace2022-report.aspx.)

1. Reforçando um colega por superar as expectativas ou fazer progresso.

Minha cliente Pam foi a última a dizer "Eu não" quando sua equipe estava decidindo quem deveria falar com o colega Dwight sobre sua postura problemática. Segundo Pam, Dwight era um "cabeça quente arrogante", por isso alguém precisava lhe dar um feedback – e ninguém queria fazer isso. No passado, Dwight havia tratado Pam com condescendência e desdém. Ela foi para a conversa preparada para vê-lo negar a responsabilidade, culpar os outros e talvez insultá-la. Não esperava que ele não ficasse na defensiva e assentisse, pensativo – que foi o que realmente aconteceu. Pam encerrou a conversa com um elogio: "Foi uma boa reunião." Nós duas concordamos que ela poderia ter feito mais para reforçar diretamente sua *falta de defensividade* e *receptividade*, por isso ela mandou um e-mail curto, que recriei aqui:

> *Dwight, fiquei impressionada ao ver como você foi receptivo e não ficou na defensiva durante nossa conversa. Não sei se eu seria capaz de reagir com o mesmo nível de elegância e sensatez a alguém que estivesse me dando um feedback difícil* [Equalizar + Qualificador de Caroline]. *Foi inspirador* [Demonstrar Emoção].

2. Reforçando um funcionário por demonstrar tenacidade ou sustentar o progresso quando outros reforços estão em falta.

No início deste ano eu empaquei no trabalho de escrita e mandei à minha editora – também chamada Caroline – um longo e-mail sobre mudanças estruturais que estava pensando em fazer nos originais deste livro. No fim do e-mail, falei:

> *Acho que este livro está uma porcaria. Tipo uma porcaria de verdade. Por favor, diga se está. Não vou me ofender. Sou boa em autovalidação. Assim, mesmo se eu ficar magoada, posso validar meus sentimentos e me sentir melhor.* 😅

A resposta de Caroline:

*Primeiro: eu li grande parte do manuscrito e definitivamente ele não está uma porcaria. A não ser que você tenha reescrito a coisa toda, é impossível ser 100% porcaria* [elogio].

*Segundo: Neste ponto é TOTALMENTE NORMAL ficar convencida de que o livro é uma porcaria. Isso acontece com todos os escritores mais ou menos nesse estágio. Neste ponto eu ficaria mais preocupada se você não achasse que ele é uma porcaria. Isso é como uma puberdade literária: desagradável, mas inevitável* [validação – Equalizar].

Esse e-mail é um ótimo exemplo de como elogiar o trabalho e ao mesmo tempo validar a pessoa. A resposta de Caroline me arrancou da calmaria, permitindo que eu retomasse o ritmo da escrita. Além disso, ela me reforçou por assumir riscos interpessoais: pedir feedback sincero, expressar emoções e usar humor. Suas palavras me deixaram mais inclinada a levar "todo o meu ser" às nossas conversas dali em diante.*

3. Reforçando um colega por comportamentos que contribuem para a segurança psicológica.

Michael, um diretor com quem eu estava colaborando numa iniciativa de saúde mental, fez alguns comentários que pareceram, digamos, privilegiados. Decidi lhe mandar um e-mail dizendo que eu me sentira ofendida e expressando minhas preocupações. Isolar o diretor seria um desastre para a iniciativa, mas era um risco que eu estava disposta a correr. Ele respondeu imediatamente:

*Odeio quando fico preocupado com a possibilidade de ter ofendido alguém num e-mail e fico esperando o dia inteiro por uma resposta, por isso eu quis falar com você o quanto antes, mesmo que só possa abordar alguns pontos* [Equalizar + Agir]:

---

* Para o caso de você estar se perguntando, não, eu não reforcei Caroline por me elogiar e me validar elogiando-a e validando-a de volta. Nós já temos o mesmo nome, e sua capacidade de usar validação como reforço (ainda que eficaz) me assustou um pouco. Existe uma boa chance de que Caroline seja meu eu que veio do futuro.

1. *Você NÃO me ofendeu com seu feedback; você me informou.*
2. *Agora vejo como meus comentários foram insensíveis* [Equalizar – ele está sugerindo que qualquer pessoa no meu lugar sentiria o mesmo].
3. *Estou sem graça com o que falei. Mais importante, odeio ter magoado você* [Demonstrar Emoção]. *Quero resolver isso* [Agir]. *Falamos mais em breve!*

Michael provavelmente percebeu que precisava responder de modo sensível ao meu e-mail, dada a natureza do tema que levantei, mas não creio que ele tenha passado sua resposta pelo crivo do RH antes de clicar o ícone de enviar. Ele estava falando com o coração, como Pam e Caroline nos exemplos anteriores. Aí está um ponto importante: você não precisa de uma lista detalhada de coisas que espera que as pessoas façam espontaneamente para poder reforçá-las com validação; suas emoções lhe darão a deixa. Pam ficou *chocada* com a reação de Dwight; Caroline *demonstrou empatia* com minha situação. Se um colega diz ou faz alguma coisa que evoca fortes emoções positivas em você, pode ser adequado um reforço em termos de validação. Importante: as emoções negativas fortes, como as que imagino que Michael sentiu, também podem indicar que você precisa reforçar alguém com validação. Costumamos nos sentir atacados quando as pessoas tentam nos machucar, mas também podemos nos sentir atacados quando elas tentam nos impedir de machucá-las.

O sentimento de injustiça e indignação que experimentamos quando alguém chama a nossa atenção é a reação involuntária do ego ao ser posto em seu devido lugar. Essas emoções de luta vêm depois da dor de termos machucado alguém e do medo do que isso significa para o nosso caráter, nosso relacionamento e nosso trabalho. A reação natural da mente a toda essa negatividade é tecer uma narrativa egocêntrica e defensiva para nos proteger ("Essa pessoa é sensível demais!" "Não foi isso que eu quis dizer!"). Em vez disso, essas emoções negativas e os pensamentos que as cercam deveriam servir como uma deixa para procurarmos a essência da verdade. A outra pessoa pode estar agindo a partir de informações equivocadas ou expectativas nada realistas. Você pode discordar das interpretações dos outros, mas, se quiser que as pessoas digam se você as ofendeu, precisa encontrar algum modo de reforçá-las quando fizerem isso.

Escolhi terminar com o exemplo de Michael porque ele destaca a relação entre os principais temas deste capítulo: segurança psicológica, validação como reforço e diversidade e inclusão, que examinaremos agora.

## COLOCANDO A INCLUSÃO EM "DIVERSIDADE E INCLUSÃO"

A aceitação por parte de um grupo não é simplesmente ser admitido nesse grupo. Uma empresa pode não demonstrar nenhuma discriminação em suas práticas de contratação, mas consistentemente pagar menos ou tolerar microagressões a minorias, de modo que elas se sintam alienadas ou desvalorizadas. Inclusão exige representação *e* aceitação. No Ocidente é comum as organizações se preocuparem mais com as aparências ("Estamos contratando mulheres negras suficientes?") do que com as experiências ("As mulheres negras que contratamos se sentem incluídas?"). Longe de encorajar a aceitação, a abordagem em relação à diversidade tem sido ignorá-la. Até há pouco tempo, "eu não vejo a cor"* era considerado um ponto de vista esclarecido, e a maioria das instituições operava a partir da crença equivocada de que os grupos minoritários seriam assimilados alegremente pela maioria através de algum caldeirão metafórico – uma imagem tão perturbadora quanto o conceito que ela representa.

Com o tempo, ficou cada vez mais claro que o modo de promover a inclusão não é ignorar as diferenças, mas reconhecê-las sem julgamentos, com atenção plena, compreensão e empatia, de modo que a outra pessoa se sinta aceita. A partir dos movimentos Black Lives Matter e #MeToo, as instituições foram cada vez mais chamadas a reconhecer experiências que antes ignoravam.

O maior obstáculo que elas enfrentam agora é o medo. As pessoas evitam conversar sobre diversidade e inclusão não porque achem improdutivo, mas por medo de que sua falta de entendimento piore as coisas. Por mais que o medo seja problemático, vejo um ponto positivo no fato de que as pessoas estão pensando bastante sobre como comunicar aceitação e se salvaguardar contra a invalidação. Quer dizer, quantas vezes, na

* A palavra *cor* pode ser substituída por *gênero, idade, capacidade, neurodivergência,* etc.

história, isso aconteceu? Se você desse um pulo na livraria do meu bairro, acharia que há um bilhete premiado dentro dos livros sobre diversidade e inclusão, porque eles estão voando das prateleiras. A pergunta que todo mundo parece estar tentando responder hoje em dia é: como falar sobre experiências com as quais você não consegue se identificar? **Em outras palavras, como você pode validar uma pessoa se não a entende nem sente empatia pela experiência dela?**

Leitor, como você está prestes a receber um diploma honorário da Escola Caroline de Validação, por que não tenta responder a essa pergunta? Dica: veja a estrutura da Escada da Validação. Se você respondeu "Use as **Habilidades de Atenção Plena**", parabéns! Você mereceu oficialmente o diploma.

Não quero reduzir a complexidade do diálogo sobre diversidade e inclusão a umas poucas habilidades. Há muito a considerar nessas conversas. Os problemas e as soluções diante de nós são complicados, mas, em nome da dialética, desejo equilibrar a complexidade com alguma simplicidade: o primeiro passo para comunicar aceitação é desenvolver e demonstrar percepção. As **Habilidades de Atenção Plena**, prestar atenção e copiar, podem ajudar a fazer exatamente isso. Essas habilidades se destinam a mergulhar você na experiência do outro. Não são um substituto para a informação ou a imersão cultural, mas oferecem um primeiro passo significativo para a compreensão e a empatia.

Para encerrar esta discussão, quero pedir que os leitores e as pessoas que estão no poder façam questão de usar suas habilidades de validação no trabalho, porque vocês podem estar na posição mais privilegiada para influenciar a diversidade e a inclusão. Um estudo com mais de 20 mil alunos em 34 faculdades diferentes nos Estados Unidos descobriu que a validação interpessoal e acadêmica dada pelo corpo docente e pelos funcionários afetava diretamente o sentimento de pertencimento dos alunos e – espere só – que essas experiências ajudavam a compensar os efeitos negativos da discriminação e do preconceito.[10*] Nas palavras dos autores:

* A "validação acadêmica" é definida pelos autores como a afirmação da capacidade interior de alguém de aprender e de estar na faculdade. Ela inclui comportamentos como prestar atenção nos estudantes, encorajando suas perguntas e sua participação, e demonstrar atenção e preocupação com o progresso deles.

"As experiências de validação em ambientes educacionais podem reforçar a autoestima e ser capazes de ajudar os alunos a permanecer resilientes apesar de microagressões e agressões a sua identidade social."[11] Enquanto isso, pesquisas sugerem que os gerentes com habilidades interpessoais fortes como a validação são vistos por seus subordinados diretos como mais apoiadores da diversidade e da inclusão.[12] Como observou outro pesquisador, "um grama de aceitação genuína e de mente aberta vale mais do que um quilo de políticas de ação afirmativa, comunicações internas politicamente corretas e programas de educação sobre diversidade".[13]

Os efeitos relatados nesses estudos são impressionantes, mas acima de tudo afirmam algo que já sabíamos: as pessoas em posição de poder são poderosas. Isso não quer dizer que o resto de nós seja impotente, mas que as pessoas em posição de contratar ou demitir, aprovar ou reprovar, têm a responsabilidade de incluir e aceitar, reforçar e validar.

# 18

# Todo mundo sofre – A autovalidação

*O paradoxo curioso é que, quando me aceito como sou, eu mudo.*

– Carl Rogers, *On Becoming a Person*

É noite de Ano-Novo e estou sozinha em casa, escrevendo. Mat e Havana estão em Washington, visitando meus sogros incríveis. Eu queria estar com minha família, mas não posso. No passado, viajar de avião já provocou várias crises de esclerose múltipla (EM). Para deixar claro, uma crise de EM é caracterizada pela piora nos sintomas existentes ou pelo início de novos sintomas. Basicamente é como derramar água no seu computador, só que a água é algum gatilho desconhecido no ambiente e o computador é o seu cérebro.

No mês passado tive uma crise inesperada, por isso não posso me arriscar a ter outra. Pensei em ir de carro até Seattle, mas os espasmos musculares que começaram na última crise e ainda não passaram não me permitem ficar sentada por muito tempo. Digito furiosamente por 30 minutos e depois parto para minha sessão de flexões e polichinelos. Nesse ritmo eu demoraria dois anos para chegar a Seattle, para não mencionar que fazer ginástica no acostamento pode acabar me levando para a cadeia em algum lugar por aí.

Enquanto escrevo, percebo uma escuridão dentro de mim. Sinto-a fazendo redemoinhos no meu peito, comprimindo a garganta, pressionando a área atrás dos olhos. A letra de uma música da Dave Matthews Band não sai da minha cabeça: "Por que você é diferente? Por que você é assim?"[1]

Parece vulnerável e imprudente compartilhar minha experiência com você. E não só a parte sobre ainda ouvir Dave Matthews Band. Livros como o meu deveriam instigar conexão, mas ainda não conheci outra pessoa que tenha o mesmo coquetel estranho de sintomas e limitações que eu. Por isso decidi seguir em frente com a vulnerabilidade e contar minha história, porque a realidade é que todo mundo sofre com emoções negativas e com os pensamentos invalidadores capazes de exacerbá-las.

Quando nos sentimos mal, tendemos a confundir as coisas e achar que nós somos maus. Porém não existe nada de errado ou anormal em ter emoções como solidão e insegurança. Todo mundo sofre e todo mundo experimenta o mesmo tipo de dor num momento ou outro. Curiosamente, as maneiras pelas quais nos invalidamos também são mais ou menos iguais. Quando sofremos reveses, nossas crenças centrais negativas são ativadas. Essas crenças são essencialmente conceitos invalidadores sobre nós mesmos – que, lá no fundo, *sabemos* ser verdadeiros. Quer dizer, não são realmente verdadeiros, mas o modo rígido com que nos agarramos a eles faz parecer que são. As pessoas desenvolvem essas crenças em reação a experiências dolorosas da infância, e você deveria sentir pena do idiota (ou da terapeuta) que tenta questioná-las, porque frequentemente elas são elementos centrais da identidade da pessoa.[2]

Seria de esperar que as crenças centrais negativas das pessoas fossem tão diversificadas quanto as experiências, culturas e criações que as geraram. Pelo contrário. Pesquisas sugerem que as crenças invalidadoras das pessoas sobre si mesmas se encaixam geralmente em três categorias: sentimento de desamparo (por exemplo, "Sou carente"), sentimento de ser indigno de amor (por exemplo, "Sou falho") e falta de valor (por exemplo, "Sou tóxico").[3] Nossas experiências podem ser diferentes, mas as emoções que sentimos e as maneiras pelas quais nos invalidamos são as mesmas.

Este capítulo é sobre como superar as várias formas de autoinvalidação que compõem o sofrimento. Não quero chatear você com meu papo furado sobre saúde (será que já é tarde demais?), mas também não quero inventar cenários nem lembrar uma situação fingindo já tê-la resolvido. Por um lado, sou grande fã de ensinar usando modelagem e sempre que possível priorizo a autenticidade em vez da perfeição. Por outro, sou uma grande defensora do *faça você mesmo*, e uma das coisas que mais odeio é quando alguém acelera as partes complicadas de um projeto num vídeo do YouTube para mostrar o resultado final a partir de 12 ângulos diferentes.

Quero ver o que eles fazem quando as prateleiras que estão usando para reformar um armário desmoronam em cima deles e furam uma tábua do assoalho.

A negatividade que estou sentindo por estar sozinha na noite de Ano-Novo é real, assim como a autoinvalidação que a está amplificando. Neste último capítulo vamos examinar o fenômeno da autoinvalidação e questioná-lo por meio da autovalidação. Explicarei como aplicar as habilidades de validação que você aprendeu neste livro para ajudá-lo a direcionar a atenção plena, a compreensão e o cuidado a emoções difíceis como arrependimento e desespero, que podem parecer tão perigosas que é difícil sequer reconhecê-las, quanto mais aceitá-las.

## AUTOINVALIDAÇÃO

Reconhecer nossos erros não é o mesmo que se invalidar. A autoinvalidação acontece quando você adota uma postura dura e autocrítica com relação a erros e ao que considera serem suas deficiências (por exemplo: "Sou um tremendo idiota") ou quando os internaliza como falhas de caráter (por exemplo: "Isso nunca vai deixar alguém me amar"). Julgar, desconsiderar, trivializar as suas emoções e experiências interiores ou duvidar delas também constituem autoinvalidação. Ainda que o objetivo de invalidar suas emoções seja negá-las, o sofrimento não segue as regras dos vampiros. Ele não precisa de convite para entrar, e, se você bater a porta na cara dele, ele pode ir embora, mas só para reunir alguns amigos que vão ajudá-lo a arrombar a sua porta. Dentre esses "amigos" estão a vergonha, o desgosto e a aversão por si próprio.

Em reação à possível festa de negatividade que resulta da autoinvalidação, tentamos não pensar na situação que nos levou a ter essas emoções difíceis ou então ficamos loucamente na defensiva – *com nós mesmos* –, numa tentativa de justificar o que pensamos, sentimos ou fizemos. O resultado é um ciclo ruminativo que pode parecer introspecção, mas não podia estar mais longe disso. Enquanto a introspecção é intencional e livre de julgamentos, a ruminação é obsessiva, incontrolável e incriminatória. **A introspecção promove o crescimento; a ruminação o sufoca.**

A autovalidação, por outro lado, é uma reação de aceitação do nosso sofrimento e dos erros, desejos, compulsões, vícios, transgressões e deficiências que contribuíram para ele. Em vez de levantar dúvidas ou minimizar nossas experiências interiores, a autovalidação as afirma. Estudos demonstraram que a autovalidação e a autocompaixão, longe de levar a uma gigantesca festa de autopiedade, estão associadas a uma diminuição da ruminação e das neuroses.[4] Em comparação com as pessoas que não se validam, as que se autovalidam também relatam uma motivação maior para consertar as coisas e não repetir os mesmos erros, e têm uma probabilidade maior de enxergar suas deficiências como passíveis de mudança.[5]

Para reiterar um argumento que levantei repetidamente na Parte 3, a punição excessiva é terrível para os relacionamentos e o bem-estar das pessoas expostas a ela. Isso inclui as que você inflige a si mesmo. Qualquer culpa, tristeza ou decepção que você sente é mais do que suficiente para ajudá-lo a aprender com seus erros. Você não precisa se torturar com negatividade para permanecer no caminho certo. Infelizmente, a autoinvalidação se tornou uma espécie de gene dominante passado de geração em geração. A maioria das pessoas sofre dela em algum grau. É só uma questão de termos as habilidades necessárias para lidar com ela.

## AS HABILIDADES

Autovalidação significa levar atenção plena, compreensão e empatia às suas emoções e experiências de modo a ser capaz de aceitá-las. A abordagem que desenvolvi usa a estrutura básica da Escada da Validação e se baseou no trabalho de Christopher Germer e Kristin Neff sobre autocompaixão e técnicas de tolerância ao sofrimento usadas na Terapia Comportamental Dialética.[6]

Como você está se comunicando consigo mesmo, duas habilidades da Escada da Validação não se aplicam. Ler sua própria mente não é particularmente significativo, por isso você pode tirar da sua lista a habilidade de propor. O mesmo vale para a de revelar-se, já que você não vai se comover ao ouvir coisas que já sabe a seu respeito.

**As seis habilidades restantes – Prestar Atenção, Copiar, Contextualizar, Equalizar, Demonstrar Emoção e Agir – são os degraus para a**

**autovalidação, e você passará por todos eles.** Em vez de usar qualquer habilidade que pareça natural e acessível, a autovalidação pede que você comece com as **Habilidades de Atenção Plena** e prossiga em sequência pelas habilidades na ordem em que as listei.* Ainda que a atenção plena seja o ponto de partida, você pode voltar a essas habilidades sempre que se sentir distraído ou sobrecarregado.

Se parecer piegas ou pouco natural direcionar determinadas habilidades para si mesmo, lembre-se: *é por esse motivo que você está fazendo isso*. Aprender a tolerar e evoluir para além do desconforto exige tempo e paciência. Como acontece com qualquer novo conjunto de habilidades, quanto mais você treina, mais fica à vontade com elas.

Na próxima seção vou alternar entre descrever o que fazer e modelar como fazer, aplicando as habilidades a mim mesma. Vou me concentrar em apenas uma emoção, mas na prática você pode abordar mais de uma. No final deste capítulo você encontrará um exercício de autovalidação que passará por cada um dos seis degraus que descrevo.

## HABILIDADES DE ATENÇÃO PLENA – O QUE ESTOU SENTINDO?

Na autovalidação, as **Habilidades de Atenção Plena** ajudam você a sentir suas emoções sem alimentá-las.

### Degrau 1: Prestar atenção

Para prestar atenção, você vai usar expressões não verbais, escutar e fazer perguntas para cultivar a percepção. Em vez de sinalizar que está prestando atenção, você deverá comunicar a aceitação desde o início. **Aqui as quatro**

* Os leitores atentos podem notar que, na Escada da Validação, a habilidade de demonstrar emoção vem depois de agir, mas aqui está listada antes. O motivo é que as habilidades em cada conjunto são intercambiáveis quando se trata de validar os outros. Cada conjunto de habilidades é mais desafiador e poderoso do que o(s) anterior(es), mas as habilidades em cada conjunto não são listadas numa ordem específica. No entanto, quando validamos a nós mesmos, a ordem é importante, e demonstrar emoção deve vir antes de agir.

**grandes expressões não verbais* não serão úteis, mas *abrir as palmas das mãos, relaxar o corpo* e *aprofundar a respiração*, sim.** Essas deixas não verbais se contrapõem à reação de luta, fuga ou paralisia que o seu corpo assume quando está tentando proteger você. Por meio dos notáveis canais de biofeedback, seu sistema nervoso começará a captar a mensagem de que pode relaxar e reduzir a resistência ao inimigo, que neste caso é você mesmo.

*Neste momento estou sentada com as costas curvadas, de pernas cruzadas, digitando. Hora de ver se consigo mandar uma mensagem ao meu sistema nervoso dizendo: "Fica fria!" Na verdade não sinto muita tensão ou resistência, só o redemoinho de escuridão que mencionei antes. Independentemente disso, vou cruzar os braços e contrair todos os músculos durante 20 a 30 segundos e em seguida relaxá-los. Nota: esse é um truque clássico que os terapeutas usam para ajudar os clientes a relaxar os músculos que eles podem não ter percebido que estão tensos. Depois de me soltar, vou ficar sentada com as palmas das mãos para cima e os membros descruzados enquanto respiro fundo dez vezes a partir do diafragma. Vamos lá.*

*Certo, voltei, e por acaso meu corpo estava mentindo totalmente quando disse que não se sentia tenso. Eu estava segurando muita coisa. Além disso, fiquei com as costas doendo por ter me contraído com força demais. Nota para o leitor: não contraia os músculos com força demais. Nota para mim mesma: não se julgue por ter contraído os músculos com força demais.*

Para o componente de escuta da habilidade de prestar atenção, você usará uma versão modificada do *Jogo* para ajudá-lo a chegar ao âmago do que está experimentando. Quando se trata de você mesmo, o "âmago" será sempre a emoção (ou as emoções) que cercam qualquer problema que esteja enfrentando. **Assim, em vez de perguntar "Por que isso importa?", a questão que você precisa responder é: "O que estou sentindo?"** É mais difícil do que parece. As emoções são como a conta de rede social de uma celebridade cuja senha é 1234. A emoção verdadeira será postar coisas como "Estou frustrado" ou "Estou chateado", e em seguida um julgamen-

* Contato visual, proximidade, gesticular, assentir.

to irá hackear a conta e postar: "Sou um idiota." Se você rolar o *feed* sem pensar, confundirá o julgamento com a emoção, mas ele é um impostor. Para prestar atenção nas suas *emoções*, você precisa filtrar os julgamentos, as interpretações negativas, as projeções e outros pensamentos que parecem sentimentos, mas que, na verdade, são apenas reações a eles. **Os sentimentos são chamados de sentimentos porque você pode senti-los.** Tente localizar a emoção no seu corpo e se fixe nela. Quando tiver identificado uma emoção, rotule-a usando um adjetivo emocional que ajude a diferenciá-la das postagens dos hackers.

*Fecho os olhos procurando um sentimento que descreva o redemoinho de escuridão que estou tentando ignorar. "Estou defeituosa", é a primeira coisa que me vem à mente. Isso é um julgamento. "Não, não é" insiste o julgamento. "É um fato. Você não pode fazer o que outras pessoas fazem. Nem consegue ficar sentada durante o tempo de um filme. Defeituosa." Sinta, não alimente, digo a mim mesma. O julgamento passa como uma nuvem. Ouço meu corpo, a dor que cresce no peito, a ameaça silenciosa de lágrimas por trás dos olhos. No coração, a sensação de estar caindo, mesmo estando parada. Isso é desespero.*

### Degrau 2: Copiar

Assim que você identificar uma emoção (por exemplo, desespero), sua mente mandará um enxame de pensamentos para obscurecê-la e acabar com você. Eles pegam pesado – lembranças dolorosas da infância, explicações elaboradas de como você é uma bosta, letras de músicas antigas da Dave Matthews Band, qualquer coisa que distraia você do sentimento ao mesmo tempo que o exacerba. **Para ajudar a manter a atenção plena nessas situações, copie ou repita qual é a emoção.** Dizê-la em voz alta ou escrevê-la pode aumentar a percepção, engajando mais partes do cérebro. Para se proteger contra um excesso de identificação com o sentimento, descreva-o usando "isso é" e não "eu estou" (por exemplo, "isso é raiva" e não "eu estou com raiva"). Apesar da ênfase no eu, a autovalidação ajuda a reconhecer o que há de humano no seu sofrimento. A narrativa pessoal que tenta se ligar às suas emoções cria a ilusão de que você está sozinho na sua experiência. "Ninguém poderia se identificar com meu estranho coquetel de sintomas e limitações." Por baixo da ilusão de que você é diferente está a realidade de que você é humano.

*No instante em que identifico o desespero, a tropa chega. Sou atacada por pensamentos: "Você está com a geladeira cheia e tem um MacBook; não sabe nem de longe o que é desespero." E lembranças – um e-mail do meu irmão há 15 anos em que ele me chama de egoísta; o sol forte da Califórnia esparramado na cama onde estou deitada, absolutamente exausta às 11 da manhã, ouvindo os vizinhos voltando da feira. "Isso é desespero", repito, tentando sentir a emoção sem alimentá-la. É mais difícil do que parece. Os pensamentos sobre a emoção ficam me distraindo. Copio as palavras "Isso é desespero" no aplicativo de anotações do meu telefone. Repito-as para mim mesma. Com o tempo, o espaço entre meus pensamentos e minhas emoções se alarga. Quanto mais me concentro em sentir a emoção, mais fraca ela se torna.*

## COMPREENSÃO: POR QUE ESTOU ME SENTINDO ASSIM?

As **Habilidades de Compreensão** concentram sua atenção nos *fatos*, não nas falhas, de modo que você possa examinar a validade das suas emoções sem cair na vergonha e na culpa. Nota: falo das habilidades de contextualizar e equalizar separadamente, mas na prática você pode alternar entre as duas.

### Degraus 3 e 4: Contextualizar

Com a habilidade de contextualizar, você está de novo procurando a trilha de causa e efeito que leva a uma reação. Aqui a reação que você está tentando entender é sua emoção, e os *fatos* a considerar são as circunstâncias que podem tê-la provocado ou exacerbado, inclusive eventos do passado, desinformação e transtornos. O "passado" inclui acontecimento no passado recente, como ter recebido um e-mail ofensivo de um colega, e fatores de vulnerabilidade, como não ter almoçado ou não ter dormido bem.

As suposições e os julgamentos costumam ser enganosos. Por isso, neste exercício você pode considerá-los equivalentes à desinformação. Não se censure por fazer suposições ou julgamentos; simplesmente reconheça-os pelo que são e como eles o afetam. **Contextualizar reconhece as condições que colaboram para suas emoções sem se culpar nem culpar os outros.**

*Gosto de ficar sozinha; prefiro o som de teclas ao de pessoas falando, então por que estou sentindo desespero? "Eu tenho EM" parece óbvio demais, por isso olho o que escrevi, em busca de dicas. Interessante. Os pensamentos e as lembranças que registrei sugerem outras causas para o meu desespero – sou egoísta, ingrata e talvez dramática demais. ~~Não deixe de se censurar por essas coisas!~~ Esses pensamentos não são fatos. Quais são os fatos?*

- *Eu não escolhi ficar em casa. O fato é que a viagem poderia prejudicar minha saúde. Além disso, estou sentindo dor. A dor costuma levar ao desespero. #transtorno*
- *Meus sintomas me impediram de fazer muitas coisas que gostaria de ter feito ao longo dos anos. A decepção não vai embora porque o momento passou. #história*
- *Eu venho me julgando demais por sofrer com esse transtorno. Parece que presumo que, como há algo errado, deve haver alguma coisa errada comigo. #desinformação*

*Por acaso a resposta óbvia – eu tenho EM – era a correta. Pela milionésima vez me lembro de que a aceitação não é uma conquista que você pode ticar numa lista; é uma prática. "Meu nome é Caroline Fleck, e eu tenho EM."*

## Degraus 3 e 4: Equalizar

No capítulo sobre equalizar, encorajei você a usar a abordagem da Regra de Ouro: colocar-se no lugar da outra pessoa de modo que isso o ajude a entendê-la e validá-la. Para equalizar suas próprias experiências, é preciso fazer o contrário: você precisa reconhecer a humanidade das suas emoções. Nós presumimos que determinados sentimentos negativos – ciúme, raiva, desespero, etc. – se refletem mal no nosso caráter e são inaceitáveis. Mas essas são emoções normais que todo mundo sente. Pode ser problemático agir a partir delas, mas você não precisa se punir com invalidação quando elas surgem. Para equalizar suas emoções, procure os fatos que estão por baixo dos padrões perfeccionistas e das expectativas que você internalizou.

**Pergunte a si mesmo: eu julgaria um amigo por sentir o que estou sentindo nessa situação? Como eu reagiria a um ente querido se ele estivesse no meu lugar?**

*Pergunto a mim mesma se eu julgaria negativamente meu cunhado Joe, que tem doença de Crohn, por sentir desespero caso seus sintomas o impedissem de viajar. A resposta é um "NÃO" visceral. Esse meu julgamento é tão contrário ao modo como eu reagiria a ele que me parece ofensivo e grosseiro. Certo, então, se seria compreensível Joe sentir desespero, por que não eu? "Porque você é psicóloga." Como assim? Mente, por favor, explique-se. "Não sei, você não deveria ter superado emoções como o desespero?" Não. Os psicólogos, como todo mundo, têm permissão para sentir desespero. Eu julgaria um colega meu por sentir desespero? Outro "NÃO" visceral. E então? "Então você é diferente deles e mais fraca do que eles." Vou retornar um pouco às* ***Habilidades de Atenção Plena****. "É, eu achei que isso iria acontecer." Voltei. Portanto os fatos são os seguintes:*

- *Eu não julgaria alguém da minha família ou algum colega por sentir desespero.*
- *Todo mundo sente desespero, até os psicólogos.*
- *Se outra pessoa estivesse no meu lugar, eu sentiria empatia por ela.*

*Neste ponto consigo ver de onde vem o desespero e tenho cerca de 95% de convicção de que é uma reação razoável diante das circunstâncias.*

## HABILIDADES DE EMPATIA: COMO POSSO DEMONSTRAR CUIDADO E ATENÇÃO COMIGO MESMO?

As **Habilidades de Empatia** ajudam você a responder ao seu sofrimento com gentileza e canalizá-lo para algo construtivo. Se for confuso pensar em oferecer empatia a si mesmo, você pode substituir o termo por *compaixão* ou *empatia compassiva*, como é chamado às vezes. Segundo Paul Ekman, a compaixão é um subconjunto da empatia específico para o sofrimento e se reflete no desejo de reduzi-lo.[7]

## Degrau 5: Demonstrar emoção

Ao demonstrar emoção para validar os outros, você expressa seus sentimentos em resposta a algo que a pessoa compartilhou. **Na autovalidação, as emoções que você expressa para si mesmo são *cuidado* e *compaixão*.** De novo contarei com comunicação verbal e não verbal para demonstrar emoção. Nota: não se iluda pensando que pode pular essa etapa porque você é muito descolado para conversar consigo mesmo. Você fala consigo mesmo há décadas, só que não de um jeito muito legal.

O toque – sejam abraços, mãos dadas ou tapinhas nas costas – está entre as expressões não verbais mais comuns que usamos para demonstrar carinho pelos outros. Na autovalidação você usará gestos semelhantes para se reconfortar. Cada um tem um relacionamento diferente com o próprio corpo. Assim, experimente vários gestos para descobrir um que seja reconfortante e lhe dê apoio. Aqui vão alguns exemplos:

- Abraçar-se acariciando seus braços
- Pôr a mão no coração
- Pousar a mão na barriga
- Aninhar uma das mãos na outra

Ao falar consigo mesmo, concentre-se em frases simples e gentis. Evite autoafirmações como: "Sou bom o bastante, sou inteligente e, puxa vida, as pessoas gostam de mim." A intenção é expressar ternura em relação às suas emoções sem tentar mudá-las.* Aqui vão alguns exemplos:

- Isso é difícil.
- Eu perdoo você.
- Que eu consiga aceitar o que não posso mudar.
- Eu te amo.

---

* Reagir com ternura às próprias emoções sem tentar mudá-las acabará mudando-as – para melhor. Mas, se você só estiver tentando se sentir melhor, não conseguirá enganar a si mesmo, porque você é você, e isso não vai funcionar. Sei que transcendemos para uma lógica do Yoda, mas acredite, tudo isso é assim mesmo.

*Assim que ponho a mão direita na barriga, tenho uma sensação imediata de tranquilidade e abertura – talvez uma reação condicionada depois de todos esses anos combinando esse gesto com gentileza. Imagino que estou agachada dando um tapinha nas costas de uma mulher que combina com minha descrição. Sei que a mulher sou eu, mas o fato de não ver seu rosto proporciona desconexão suficiente para experimentar a empatia que eu sentiria naturalmente por qualquer pessoa em desespero. "Deixe estar", digo a ela. Às vezes eu digo "Eu te amo" para me reconfortar, mas neste momento essas palavras não vêm naturalmente. Sentada aqui, na véspera de Ano-Novo, as palavras são "Deixe estar". "Deixe estar, querida", repito com afeto e segurança. "Simplesmente deixe estar."*

## Degrau 6: Agir

Se você leva suas emoções a sério, é razoável reagir a elas com seriedade também; reconfortar-se e criar sentido são duas maneiras de fazer isso. O caminho para se reconfortar passa pelos sentidos – paladar, tato, olfato, visão e audição. Dentre os exemplos estão beber um chá quente, tomar banho de banheira, acender velas, arrumar seu espaço e ouvir música relaxante. Essas atividades se destinam a tornar mais fácil suportar o sofrimento, e não a negá-lo ou amplificá-lo.

*Se eu estivesse tentando cuidar de alguém em desespero, iria ajudá-la a se levantar do chão e faria um chá para ela. Então é exatamente isso que vou fazer. Também vou acender minha confiável vela perfumada, pegar o Squishmallow fofo que uso às vezes como travesseiro, ouvir um pouco de Chopin e acender a lareira.*

*Certo, voltei. Estou me sentindo menos mal, apesar de ter tido uns problemas, tipo derramar chá quente nas mãos e começar uma guerra de gritos com o Google Home, que entendeu minha ordem de tocar Chopin como uma desculpa para botar "O bife" no volume máximo. Apesar dos obstáculos, estou me sentindo melhor, mais calma.*

Criar sentido a partir de emoções e experiências negativas só é possível quando você reduziu a autoinvalidação que o pune para que não as aceite. Sempre enxerguei o sofrimento como energia. Ele pode ser usado com objetivos construtivos ou destrutivos, mas a energia em si é neutra. Se você não aceita as coisas dolorosas que fez ou que lhe fizeram, não pode determinar para onde essa energia é direcionada. Deixada por conta própria, a negatividade acaba alimentando o comportamento autodestrutivo. Temos tanto medo de remoer as emoções que acabamos remoendo as tentativas de evitá-las.

Aceitar o sofrimento não significa que ele vai subjugar ou definir você. **Agir faz você canalizar as emoções doloridas que esteve contendo de um modo que traz sentido para a sua vida.** Pegue um instrumento que você não toca há muito tempo, leia um artigo sobre um tema do seu interesse, asse biscoitos ou se expresse escrevendo um capítulo sobre autovalidação na esperança de que outra pessoa leia e ache útil. Não importa que seja grande ou pequeno, simplesmente dê um passo em direção a alguma coisa importante para você, e deixe que seja um passo que você não planejava dar neste dia.

*Este capítulo é uma coisa, mas meu coração está dizendo que preciso mandar um e-mail para uma mulher que conheci na pet shop em julho. Ela comanda uma organização sem fins lucrativos que coloca animais em pet shops de bairro para ajudá-los a ser adotados, e eu estava pensando em entrar em contato para saber se ela precisa de ajuda com os cuidados diários. É, sei que faz mais de seis meses; não, não sei por que demorei tanto para entrar em contato. Só sei que não quero escrever um e-mail agora. Estou exausta e sentindo dor. Blá, blá, blá. Certo, vamos lá.*

*E estou de volta. Me ofereci para ajudar nas tardes de quinta-feira e domingo com Havana. Devo dizer: estou me sentindo bem. Estou muito bem, de verdade. Escrever o e-mail não me exauriu nem exigiu esforço, como eu achava. Isso me lembrou da minha força. Não posso viajar de avião para Seattle agora, mas posso esvaziar uma caixa de areia.*

## EXERCÍCIO DE AUTOVALIDAÇÃO

Pratique este exercício nos períodos de angústia ou vulnerabilidade. Recomendo enfaticamente anotar suas respostas para as perguntas até memorizar o processo e conseguir passar por cada passo sem se distrair.

Se você se distrair em qualquer ponto do exercício, use as **Habilidades de Atenção Plena** para se estabilizar.

| | | |
|---|---|---|
| Atenção Plena: O que estou sentindo? | **Degrau 1: Prestar atenção** | • Contraia todos os músculos e depois abra as palmas das mãos, relaxe o corpo e aprofunde a respiração.<br>• Pergunte a si mesmo: "O que estou sentindo?" Concentre-se em que parte do corpo você está sentindo a emoção e rotule os sentimentos usando adjetivos referentes a emoções (frustrado, amedrontado, triste, etc.). |
| | **Degrau 2: Copiar** | • Afaste a atenção de qualquer pensamento que surja e volte o foco para seus sentimentos.<br>• Repita como se fosse um mantra ou anote a frase num papel: "Isso é [a emoção que você identificou]." |
| Compreensão: Por que estou me sentindo assim? | **Degraus 3 e 4: Contextualizar e Equalizar** | **Contextualizar:** Considere o contexto mais amplo em que suas emoções estão acontecendo – o passado (recente e distante), desinformação (inclusive suposições e julgamentos), transtorno, etc.<br>**Equalizar:** Pergunte a você mesmo:<br>• Eu julgaria um amigo por sentir o que estou sentindo nesta situação?<br>• Como eu reagiria a um amigo se ele estivesse no meu lugar? |
| Empatia: Como posso demonstrar cuidado e compaixão por mim mesmo? | **Degrau 5: Demonstrar emoção** | Experimente várias formas de toque gentil. Eis alguns exemplos:<br>• Pôr a mão no coração.<br>• Abraçar-se enquanto acaricia os braços.<br>• Tocar ou esfregar suavemente a barriga.<br>• Aninhar uma das mãos na outra.<br>• Falar palavras gentis com você mesmo, como se estivesse reconfortando um amigo. Use frases simples e reconfortantes como "Eu te amo" ou "Isso é difícil". |
| | **Degrau 6: Agir** | • Reconforte-se dando atenção aos cinco sentidos.<br>• Faça algo que reflita seus valores, como cuidar dos outros, criar arte, fazer exercícios ou ler. Nota: escolha algo que você não estava planejando fazer. |

## FAMOSAS ÚLTIMAS PALAVRAS

Como todos os escritores, contei com o equivalente literário de um esquadrão da moda para me ajudar a refinar os capítulos depois de escrevê-los. Meu esquadrão de leitores e revisores foi receptivo, atencioso e em geral paciente com os muitos erros que cometi no caminho, mas todo mundo ficou enjoado de sinalizar uma coisa: inconsistências no uso dos pronomes. Meu problema era do tipo "eu"/"você". Eu usava "eles" e "nós" de modo intercambiável e o "eu" citado no início de uma frase era frequentemente um "você" no final. Por exemplo, escrevi: "Sim, eu pretendo validar alguém, e não ser homenageada por meus esforços, mas se com o tempo a pessoa trata você de modo pior, ou se você não se sente bem consigo mesmo depois de intervir, recue para longe dessa habilidade."

Com o tempo, os comentários sobre "pronomes inconsistentes" se reduziram a "pronomes" e eventualmente a "pronomes!!!!!" à medida que o problema persistia. Uma pena, uma tristeza para o meu esquadrão da moda, porque nenhum feedback me impedia de repetir esses erros de novo e de novo.

A tendência de trocar "eu" por "você" é um mau hábito que pareço ter inventado ao longo dos anos. Será mesmo? Não sou de psicanalisar atos falhos, mas parte de mim gosta de acreditar que eu estava inconscientemente confundindo os pronomes de propósito, para enfatizar um argumento: nós somos um. É um argumento piegas, mas que me convence mais a cada dia.

Meu trabalho sobre validação me levou a me concentrar menos nas características que dividem as pessoas - marido *versus* esposa, chefe *versus* empregado, psicóloga *versus* gato feral - e mais nas conexões entre elas. Onde antes eu via um abismo infinito separando "você" e "eu", agora vejo um pequeno vale atravessado por pontes. Meu sofrimento faz você sofrer. Validar os outros nos faz bem, e validar a nós mesmos faz bem aos outros. Talvez minhas trocas de pronomes fossem uma tentativa inconsciente de enfatizar esses pontos. Talvez eu seja apenas uma escritora ruim. Ou talvez elas fossem um ato de desafio.

Quando apresentei minha proposta de livro a agentes e editores, alguns expressaram preocupações com relação à ênfase do livro nos outros. Ou melhor, à ênfase em *aceitar* os outros. Ninguém se incomodava com um livro sobre mudar os outros. Esses livros vendem como sanduíches do

McDonald's. A questão era se os leitores estariam dispostos a se concentrar primeiro, e acima de tudo, na aceitação. No terreno da autoajuda, será que um livro sobre validar os outros teria chance? Eu acreditava que sim. Especialmente porque toda a premissa é a de que a aceitação leva à mudança. Para não mencionar o fato de que aceitar os outros é uma forma de autoajuda. O confinamento solitário e o isolamento social são considerados tortura porque a conexão com os outros é fundamental para nosso crescimento e nossa estabilidade. Só que, por acaso, ao lado do confinamento, deixar de aceitar as pessoas é o modo mais seguro de se isolar delas.

Mesmo assim, entendo. A aceitação não é tão sexy quanto a mudança, mesmo que no final acabe significando mudança. Na verdade, não entendo, não. Isso é apenas o que me disseram. Acredito que a aceitação e a mudança são dois lados da mesma moeda. Acredito que trabalhar para melhorar os relacionamentos com os outros costuma ser o modo mais fácil de mudar a maneira como nos relacionamos com nós mesmos, e que de vez em quando faz bem confundir "você" e "eu", ainda que não ao escrever um livro. Por fim, acredito em pessoas como você, que enxergam que validar os outros faz bem para você e que validar você faz bem aos outros.

Graças à ajuda incansável e muito necessária do meu esquadrão da moda, os lapsos de pronomes foram todos corrigidos (acho). Mas eu não queria que os argumentos que eles podem ter refletido se perdessem. Para fazer justiça às ideias que embasaram meu trabalho sobre validação, deixarei você com as palavras de pessoas que captaram o espírito do meu ponto de vista e me inspiram até hoje.

> *Quanto mais a pessoa se esquece de si mesma – entregando-se a serviço de uma causa ou a amar outra pessoa –, mais humana ela se torna e mais se realiza.*
>
> – Viktor Frankl[8]

> *Você e eu somos nós e eles, e aquilo e céu.*
>
> – Ada Limón[9]

> *A aceitação é o primeiro passo para a mudança.*
>
> – Marsha Linehan[10]

# EPÍLOGO

Eu não tenho peitos. Quer dizer, tenho, mas não são meus. Os meus foram removidos numa mastectomia dupla no verão de 2023. O que tenho agora são expansores de metal cheios de soro fisiológico. E câncer de mama. Fui diagnosticada exatamente uma semana depois de pôr o ponto-final na última frase do que deveria ter sido a última página deste livro.

Revisar o manuscrito durante a quimioterapia foi surreal. Afirmações como "jamais quis dar a uma doença qualquer coisa que ela já não tivesse tirado de mim" parecem mais premonitórias do que inspiradoras, agora que meu cabelo está caindo em tufos. E fico pasma com o distanciamento que eu tinha das experiências difíceis que descrevia. Sim, meus sintomas de EM estão ativos, mas o diagnóstico em si já é coisa antiga. Sim, as crises são todas diferentes, mas entendo o que elas são e estabeleci alternativas que me ajudam a administrá-las, de modo que a maioria das pessoas nem percebe. Como um lobisomem, consegui manter as aparências enquanto periodicamente penetrava nas sombras para lidar com vários sintomas e tratamentos. Essa combinação de autoconfiança e compartimentalização permitiu que eu me concentrasse em tempo integral nos meus dois trabalhos: de mãe e psicóloga. Durante a maior parte da minha vida adulta fui mais cuidadora do que receptora de cuidados.

O câncer mudou tudo isso. Ao contrário da depressão e da EM, que tive a sorte de conseguir administrar de modo independente e esconder de acordo com a necessidade, o câncer não pode ser escondido com um sorriso alegre e uma cabaninha improvisada embaixo da mesa, onde me deito nos intervalos entre os clientes. Pela primeira vez na vida estou com uma aparência tão terrível quanto o jeito como me sinto. Não há como camuflar os tubos que drenam líquido do meu peito enquanto caminho até a feira ou o tom verde translúcido da minha pele devido à quimioterapia. As pessoas não dizem mais "Mas você parece tão saudável!" como faziam quando eu dizia que tinha EM. Em vez disso, todo mundo fica de olhos arregalados como personagens de anime quando fala comigo, como se estivesse olhando um bicho abandonado no abrigo público.

Felizmente, estar no lado receptivo de tanta atenção e tantos cuidados não mudou nenhuma das perspectivas que defendo neste livro. No mínimo o câncer reforçou minha crença de que criar sentido a partir do sofrimento, usando-o para nos conectar e validar os outros, nos leva o mais próximo possível do que algumas pessoas chamam de "iluminação". Mas, lendo o manuscrito com a visão retrospectiva desses últimos meses, percebo dois pontos aos quais não me dediquei o suficiente. O primeiro é que a autovalidação é como um escudo do Capitão América contra a invalidação externa.

Desde os clientes até os médicos e a vizinha cuja tia foi diagnosticada recentemente com câncer estágio III, todo mundo que sabe que eu tenho câncer – o que, mais uma vez, é todo mundo – parece ser especialista no que esperar e em como me preparar. "A primeira semana depois da químio é a mais difícil." "Minha prima disse que você precisa de um chuveirinho de mão para depois da mastectomia." "Tome os remédios para dor que eles dão." Às vezes as expectativas das pessoas são comunicadas como ordens. Meu oncologista me disse para fazer uma pausa de no mínimo quatro meses no trabalho, para a químio, como se a licença médica remunerada fosse algo garantido para quem está fazendo tratamento em Stanford. O cirurgião disse que eu não deveria elevar meus batimentos cardíacos nas oito semanas depois da mastectomia. Quando chegou minha vez de fazer um pedido numa sorveteria, um familiar anunciou rapidamente "Ela só vai beber água", antes de sussurrar para mim "O açúcar alimenta o câncer", num tom que só ouvi em filmes, quando um personagem diz para outro "agir naturalmente".

Em geral aprecio as recomendações e as percepções das pessoas (a não ser quando se interpõem entre mim e um sorvete). O problema é que todo mundo tem tanta convicção sobre o que é certo que discernir o que é certo *para mim* seria quase impossível se eu já não tivesse uma prática de autovalidação. À noite ou, para ser sincera, ao meio-dia, enquanto estou encasulada no meu edredom, subo mentalmente os degraus da minha Escada da Autovalidação para entender o que estou sentindo, por que estou sentindo isso e do que preciso para ir em frente. Às vezes uso a sabedoria que adquiri com os outros; às vezes faço exatamente o oposto do que eles sugerem. De qualquer modo, confio nas minhas decisões.

A autovalidação também tem a característica útil de proteger você do sentimento de invalidação que surge naturalmente quando o mundo parece insistir que seus sentimentos estão "errados". Por exemplo, nas 72 horas depois dos tratamentos de quimioterapia, experimento uma despersonalização, em que parece que estou me observando de fora do meu corpo. Mat pode atestar que, apesar de ser psicóloga, sou péssima em descrever como é isso. O melhor que consegui foi uma combinação de agitação angustiada e perturbação resultantes da sensação de que eu não sou eu. Os gatos não são bonitinhos. Comédia de stand-up é uma chatice. É um tremendo saco. Não fico exatamente deprimida ou apática, mas ausente. A única sugestão de "eu" é a percepção de que não sou como sempre fui.

Um desdém inesperado pelos gatos não está citado em nenhum lugar nas páginas e mais páginas que meu oncologista me deu falando dos efeitos colaterais da quimioterapia. Os médicos e as enfermeiras com quem conversei sobre essa despersonalização reagiram com alguma versão de "nunca ouvi falar disso", antes de passar rapidamente para outra coisa. Tradução: "Isso não é válido."

Na ausência de autovalidação, eu teria duvidado de mim mesma. "Será que não é a quimio? Talvez haja alguma coisa errada comigo." Ser capaz de enxergar a validade das minhas emoções e confiar na minha experiência, e não nas expectativas dos outros, me protegeu do que só posso imaginar que seria um dilúvio de autoinvalidação. Na minha vida há ocasiões em que eu teria achado que estava louca ou que era exageradamente dramática, ou mesmo em que teria questionado minha experiência. Basicamente, há ocasiões em que eu teria reagido a mim mesma como a sociedade costuma reagir aos sintomas médicos das mulheres: desconsiderando-os e trivializando-os. Em vez disso, me sinto empoderada para falar do que estou passando, sem esconder nada. Se estou sentindo isso, e me sentindo sozinha nisso, talvez outras pessoas também estejam.

De modo que, sim, a autovalidação é importante. Aumenta a autoestima, a autocompaixão e o relacionamento que você tem consigo mesmo, como abordei no Capítulo 18. Uma das qualidades que começam a emergir à medida que um relacionamento fica mais forte é a confiança. Quero enfatizar que, ao melhorar sua relação consigo mesmo, a autovalidação torna cada vez mais fácil confiar nas suas decisões e experiências, permitindo que você receba o que é dito pelas outras pessoas sem ficar confuso ou se sentir invalidado por elas.

O segundo ponto que poderia ter sido mais detalhado tem a ver com a validação externa. No livro eu mostro como validar os outros e como validar a si mesmo. Repetidamente normalizo o desejo de validação por parte dos outros, mas não discuto nem demonstro como obtê-la. Fiquei preocupada achando que o foco em receber validação poderia desviar a atenção da ênfase em comunicá-la, mas agora mudei de ideia.

Na minha casa sempre foi comum pedir validação. Na semana passada, quando Havana ficou decepcionada ao saber que não tinha nenhum amigo na turma deste ano na escola, perguntei se ela queria validação ou resolução de problemas. Ela disse que queria validação. E depois, quando sugeri que marcássemos encontros para brincar com outras crianças da turma, reiterou: "Mãe, eu só quero validação." Se entro no modo *coach* com Mat quando ele está falando do trabalho, frequentemente ele precisa esclarecer que está querendo validação, e não estratégias de comunicação. E, quando Mat ficava com uma expressão crítica após eu dizer que *precisava* dar um lar temporário a outro gato do abrigo, eu precisava esclarecer que estava querendo que ele validasse minha necessidade – agindo e indo comigo – e não que questionasse minha lógica.

O que é menos comum é eu pedir validação de pessoas de fora da minha família. Como eu disse, durante a maior parte da minha vida adulta estive no papel de cuidadora, e não de receptora de cuidados. Agora que o câncer mudou o roteiro, me pego inundada por mensagens de texto de pessoas tentando me apoiar, geralmente oferecendo dados, histórias e outras garantias de que vou ficar bem.

Meus amigos e familiares lutam com a mesma coisa que eu: medo. E uma reação lógica ao medo é atacar a coisa que o provoca. O que poderia representar mais apoio do que oferecer estatísticas otimistas e histórias de sucesso de pessoas que superaram a doença que está ameaçando minha vida? Essas reações são razoáveis e às vezes me sinto reconfortada por elas; em outras ocasiões, o otimismo inspira um profundo sentimento de solidão que, paradoxalmente, faz com que eu tenha vontade de me esconder. O fato de eu ser inconsistente no modo como reajo a cada dia certamente não facilita as coisas. O que tem ajudado é simplesmente pedir validação quando preciso. Quase todas as pessoas que me conhecem entendem esse pedido - pelo menos conceitualmente -, mas talvez não saibam como ou o que validar. Tudo bem. Não faz mal oferecer instruções mais específicas, desde que isso seja feito com gentileza, e não crítica. A seguir estão alguns exemplos descarados de como eu peço validação externa:

- Eu disse a um familiar que estava me sentindo culpada com relação a toda a ajuda de que precisava e, por isso, me sentia inútil. Sua reação imediata foi questionar minhas emoções: "Você não pode estar falando sério! Você está com câncer, pegue leve com você mesma!" Eu disse que apreciava a torcida e o ponto de vista, mas que seria bom se ele pudesse validar meus sentimentos. Ele pareceu confuso, então esclareci: "Em menos de um mês eu passei de uma pessoa que era a rede de apoio de todo mundo para alguém que precisa da ajuda de todo mundo. Estou tentando dizer a mim mesma que é normal ter dificuldade com essa mudança abrupta e que não preciso me sentir mal por estar me sentindo mal." Ele mudou imediatamente de abordagem e começou a defender meu caso, propondo exemplos de como eu precisava contar com as pessoas de maneiras que nunca havia necessitado antes.

- Quando comecei a chorar porque estava perdendo o cabelo, uma amiga bem-intencionada disse: "Isso é temporário. Ele vai crescer de novo." Gentilmente esclareci que o que precisava era sentir que minha tristeza e minha decepção eram razoáveis, não dramáticas. Ela riu. "Acho que só estou tentando me convencer a não chorar. Seu cabelo é lindo, e é uma coisa arrasadora você perdê-lo!" Nota: eu tenho um cabelo fantástico. Correção da nota: eu *tinha* um cabelo fantástico.

A validação que aconteceu nessas situações não foi diminuída por minha necessidade de pedi-la. E, por mais que minha prática de autovalidação seja forte, continuo a descobrir como é restaurador ver que os outros veem, entendem, sentem empatia e em última instância aceitam o que estou passando. Isso para dizer o mínimo. Certos dias a validação externa parece água para lábios ressecados. Ser vista por alguém, sentir que essa pessoa aceita a realidade do que estou passando... bom, é incrível. Citando DelGaudio: "É um presente!"[1] E desejar esse presente não faz com que você seja carente ou fraco; apenas reflete sua humanidade. Citando o famoso psicólogo social Mark Leary: "Os seres humanos podem ser radicalmente diferentes dos outros animais, não em termos de sua tendência a se afiliar ou interagir, mas sim no desejo de ser aceitos uns pelos outros."[2]

Como acontece com qualquer dialética, a relação entre o eu e o outro não é uma questão de isso ou aquilo, e sim de isso *e* aquilo. Você pode enxergar a validade das suas experiências *e* desejar que os outros também a vejam. Pode se aceitar *e* se sentir reforçado pela aceitação dos outros. Pode expressar necessidades emocionais, inclusive a de validação, *e* ter relacionamentos saudáveis. E, já que estou no tema da dialética, quero garantir a todas as minhas irmãs que talvez precisem lutar contra o câncer de mama que vocês podem, sim, ter os peitos removidos *e* ainda ter peito.

Se você está lendo este Epílogo, vou supor que leu a Introdução e todas as notas de rodapé. De novo, você é dos meus. Como somos só nós aqui, no final, quero agradecer a você por ter lido a totalidade do meu livro. Independentemente de você gostar ou concordar com meu ponto de vista, a combinação de prestar atenção (ouvindo minhas palavras) e agir (lendo o que outras pessoas supostamente pularam) valida o trabalho que coloquei neste livro. Obrigada. Também quero pedir desculpas se o Epílogo ficou meio maluco. Cérebro de químio é um negócio real, e tenho medo de que estas últimas páginas pareçam ter sido escritas por Seth Rogen num piquenique em Amsterdã.

# APÊNDICE

## A TABELA DA ESCADA DA VALIDAÇÃO

| | | |
|---|---|---|
| **Habilidades de Atenção Plena** | **Prestar atenção**<br>Preste atenção e ouça sem julgamento, de um modo que demonstre interesse e cultive a compreensão. | • Use as *quatro grandes* expressões não verbais: contato visual, proximidade, gesticular e assentir.<br>• Faça o *Jogo*, perguntando o seguinte a você mesmo:<br>  • Qual seria um jeito melhor de expressar o que essa pessoa quer dizer?<br>  • Por que isso é importante para ela?<br>• Faça perguntas e comentários. |
| | **Copiar**<br>Espelhe a reação da pessoa ou destaque o comportamento dela. | • Espelhe as palavras dela.<br>• Espelhe o que ela faz.<br>• Traduza em palavras o que ela faz. |
| **Habilidades de Compreensão** | **Contextualizar**<br>Reconheça que a reação da pessoa faz sentido em algum contexto mais amplo. | Para o comportamento problemático, considere se ele é válido em termos do seguinte:<br>  • O passado<br>  • Desinformação<br>  • Transtorno |
| | **Equalizar**<br>"Qualquer pessoa no seu lugar faria o mesmo." Comunique que o comportamento da pessoa é equivalente ao modo como os outros reagiriam. | • Use a abordagem da Regra de Ouro para fomentar a compreensão.<br>• Fale na primeira pessoa se você for um colega ou uma autoridade; use a terceira pessoa se você não conhece bem a pessoa ou a situação.<br>• Quando apropriado, acrescente o Qualificador de Caroline: "E você está lidando com isso melhor do que a maioria das pessoas." |
| | **Propor**<br>Diga o que você acha que a outra pessoa pensa, sente ou quer fazer, dada a situação. | • O *Jogo*: faça perguntas que demonstrem atenção ou use a abordagem da Regra de Ouro para gerar ideias.<br>• Apresente sua ideia de modo casual ou como uma sugestão, dependendo do seu nível de confiança e da natureza do relacionamento. |

<table>
<tr><td rowspan="3">Habilidades de Empatia</td><td>Agir<br>Intervenha diretamente em favor da pessoa.</td><td>Se ela própria não puder intervir:<br>• Faça a você mesmo as perguntas de Agir ou Não Agir:<br>  • Ela tem os recursos necessários para realizar a ação?<br>  • Ela precisa aprender a fazer isso sozinha e é capaz disso?<br>  • A ação entra em conflito com meus valores?<br>• Peça permissão antes de agir.<br><br>Se a pessoa puder agir sozinha:<br>• Lembre-se da sua intenção e esteja preparado para recuar.</td></tr>
<tr><td>Demonstrar emoção<br>Expresse sua reação genuína à experiência da outra pessoa.</td><td>• Use expressões não verbais.<br>• Apresente pensamentos que sugiram emoções.<br>• Rotule seus sentimentos usando adjetivos referentes a emoções.</td></tr>
<tr><td>Revelar-se<br>Compartilhe detalhes a seu respeito que se relacionem com a reação ou a situação da pessoa.</td><td>• Concentre-se em observações compartilhadas, e não na singularidade da sua situação.<br>• Depois de compartilhar, leve o assunto da conversa de volta para a pessoa.<br>• Use revelações não comprometedoras para determinar os limites.<br>• Dedique tempo e espaço a processar suas ideias antes de revelá-las.</td></tr>
</table>

# AGRADECIMENTOS

Enquanto escrevia este livro fiquei obcecada com a trilha sonora de *Hamilton*. Havana também adorou e de vez em quando interrompia meu foco invadindo qualquer cômodo em que eu tivesse me enfiado e cantava o mais alto que podia: "Por que você escreve como se seu tempo estivesse se esgotando?"

Esse é um refrão comum na peça e parecia perfeito para me provocar assim que comecei a sacrificar minhas preciosas horas dos fins de semana para escrever. O estranho é que, em particular, eu me sentia torturada pela mesma pergunta. "Por que você escreve como se seu tempo estivesse se esgotando?", escrevi num Post-it depois de um dia de escrita particularmente compulsiva. Quem escreve mensagens cifradas para si mesmo em Post-its? Eu não – pelo menos historicamente. Algo estava acontecendo.

Eu me pegava num pânico frenético para terminar o livro. As pessoas mais próximas presumiram que eu estava com prazo apertado e ficaram surpresas ao descobrir que minha editora não havia me pressionado nem uma vez. Acho que as palavras exatas dela foram: "As datas de entrega só são estabelecidas nos contratos para impedir que elas saiam totalmente do controle (tipo atrasos de anos). Não se preocupe com isso." Então por que eu escrevia como se meu tempo estivesse se esgotando?

Eu acredito nos efeitos transformadores da validação e estava empolgada para espalhar a notícia. Mas isso não explicava o meu comportamento totalmente. Por baixo da superfície da minha tenacidade havia o medo de eu não viver o suficiente para terminar o livro. Sei como isso parece dramático, mas eu não conseguia afastar o sentimento premonitório que me pressionava a escrever. Senti um alívio profundo depois de terminar o manuscrito; não somente por terminar, mas por não ter morrido nesse meio-tempo. "Ufa", me lembro de ter pensado, "meu medo de morrer não era uma premonição!" Os diligentes leitores de epílogos sabem que o alívio não durou muito. Uma semana depois de terminar o livro fui diagnosticada com câncer de mama. A doença era invasiva e agressiva, e tinha se espalhado para os nódulos linfáticos.

Apesar de ter terminado de escrever, eu ainda tinha um bocado de trabalho pela frente preparando o manuscrito para publicação. De novo, fiquei preocupada achando que estava sem tempo, só que agora o medo parecia válido.

O negócio do câncer é que ele coloca as coisas em perspectiva. Depois da mastectomia dupla tive uma infecção que podia ser fatal; tive problemas cardíacos depois da terceira quimioterapia e me disseram que ou eu estava sofrendo sepse severa, ou de insuficiência cardíaca (por acaso não era uma coisa nem outra). A morte parecia iminente. E, assim que ficou claro que meu tempo podia realmente estar se esgotando, eu não quis mais escrever. Não queria fazer nada, a não ser estar com minha família. Se eles não estivessem por perto, eu queria ficar sozinha para vomitar, dormir e ter diarreia em solitude.

A outra coisa com relação ao câncer é que ele tem a capacidade de revelar o caráter das pessoas. Quando as pessoas ouvem dizer que você tem câncer, quase sempre reagem com solidariedade e preocupação – e nenhuma dessas coisas é particularmente reveladora. Os momentos que revelam o caráter são refletidos na maneira como as pessoas agem, particularmente quando pagam um preço por isso. A equipe reunida para trabalhar neste livro era composta por indivíduos excepcionalmente talentosos. Isso ficou claro (e me intimidava) desde o início, mas só percebi o verdadeiro caráter de muitas dessas pessoas quando o câncer as revelou para mim.

É a essas pessoas que eu gostaria de agradecer primeiro, porque, sem elas, não sei se este livro chegaria a ser publicado. A Caroline Sutton (eu do futuro), obrigada por dissolver minhas inseguranças com risadas, como fez tantas vezes, e por ser a luz que me ajudou a encontrar o caminho em tantos túneis escuros. À gente boa da Avery, que, mesmo dizendo que as datas de publicação só são usadas para impedir que manuscritos demorem anos para ser terminados, reagiu à notícia do meu diagnóstico estendendo a data da publicação por anos, caso eu precisasse. A Lucia Watson, que se apresentou quando eu estava por baixo, saindo da radioterapia, para ajudar na revisão do manuscrito sem que eu me sentisse pressionada. Ao meu agente, Giles Anderson, que acreditou primeiro na minha capacidade de escrever este livro e, depois, que o câncer iria me atrasar, mas não me impedir de publicá-lo. À minha secretária de longo tempo, Kyla Krontz, que fez tudo, exceto atender meus clientes e virar escritora, para me manter à tona. E a Geraldine Rodriguez, que incorporou a validação e a abnegação defendidas por sua mãe.

À minha gata crítica, que ficou tão pê da vida quando ouviu o médico dizer que eu precisaria começar a quimioterapia que morreu no dia seguinte, e aos filhotes que tentaram ocupar seu lugar gigantesco comendo tudo que estava à vista, inclusive, e não estou brincando, um pão inteiro. E aos meus amigos e familiares, obrigada por continuarem demonstrando amor e apoio, ainda que tantas vezes eu tenha deixado de reforçar vocês com uma resposta. Vocês desafiam as leis do behaviorismo.

Também gostaria de agradecer a todos que me influenciaram muito antes desse negócio do câncer de mama. A Jackie Gollan, Zach Rosenthal, Jennifer Sayrs, Marsha Linehan, Jianhu Shifu e o saudoso Clive Robins, fundamentais para moldar meu trabalho e minha vida, por sinal. Aos meus colegas ao longo dos anos, que foram tão bons em validação que não puderam deixar de virar amigos – Betsy Holmberg, Katrina Blomquist, Dorian Hunter, Jared Michonski, Julia Hitch, Clara Doctolero, Angela Davis, Sanno Zack, Soo Uhm, Julie Leader, Hal Lynne Micali, Samantha Fordwood, Jeanne Jakob, Jennifer Nam, Molly Walsh e a saudosa Ayelet Kattan. Ao meu esquadrão da moda editorial, com agradecimentos especiais a Andrea St. Aubin, Christy Wagner, Maria Tilden e meu irmão Jef, que é o verdadeiro escritor na família.

Finalmente, por intenção e para dar ênfase, a Mat e Havana. Mat, além de deixar que eu compartilhasse com o mundo registros secretos de nossas conversas, você leu cada página que escrevi, esvaziou meus drenos dos seios depois da cirurgia, revisou capítulos em todas as horas do dia e da noite, matriculou Havana em colônias de férias, pirateou uma cópia do Adobe Illustrator quando eu estava em apuros e agiu de maneiras incontáveis enquanto eu escrevia como se meu tempo estivesse se esgotando e nos dias sombrios que vieram depois, quando tive medo de realmente estar. Fico lembrando de uma coisa que Caroline Sutton me disse quando elogiei você: "Ser casada com um cara legal não faz você se sentir uma megera às vezes?" Faz, Mat, faz sim.

Havana, este trabalho foi meu esforço para "tornar o mundo seguro e saudável para vocêêêê". Dedico o livro a você. P.S.: Desculpe se meu livro sobre validação está sendo publicado primeiro; o seu tem ilustrações muito melhores.

# NOTAS

## Introdução

1 Marsha M. Linehan e outros, "Dialectical Behavior Therapy versus Comprehensive Validation Therapy plus 12-Step for the Treatment of Opioid Dependent Women Meeting Criteria for Borderline Personality Disorder", *Drug and Alcohol Dependence* 67, nº 1 (1º de junho de 2002): 13–26, https://doi.org/10.1016/s0376-716(02)00011-x.

## Capítulo 1: Validação – O segredo mais bem guardado da psicologia

1 James A. Blumenthal e outros, "Exercise and Pharmacotherapy in the Treatment of Major Depressive Disorder", *Psychosomatic Medicine* 69, nº 7 [1º de setembro de 2007]: 587–96, https://doi.org/10.1097/psy.0b013e318148c19a.

2 Marsha M. Linehan e outros, "Cognitive Behavioral Treatment of Chronically Parasuicidal Borderline Patients", *Archives of General Psychiatry* 48, nº 12 (1º de dezembro de 1991): 1060–64, https://doi.org/10.1001/archpsyc.1991.01810360024003; Shuyan Chen e outros, "Effects of Dialectical Behaviour Therapy on Reducing Self-Harming Behaviours and Negative Emotions in Patients with Borderline Personality Disorder: A Meta-Analysis", *Journal of Psychiatric and Mental Health Nursing* 28, nº 6 (1º de dezembro de 2021): 1128–39, https://doi.org/10.1111/jpm.12797.

3 Ethan H. Mereish, Conall O'Cleirigh e Judith Bradford, "Interrelationships Between LGBT-Based Victimization, Suicide, and Substance Use Problems in a Diverse Sample of Sexual and Gender Minorities", *Psychology, Health & Medicine* 19, nº 1 (27 de março de 2013): 1–13, https://doi.org/10.1080/13548506.2013.780129; Kristen Clements-Nolle e outros, "HIV Prevalence, Risk Behaviors, Health Care Use, and Mental Health Status of Transgender Persons: Implications for Public Health Intervention", *American Journal of Public Health* 91, nº 6 (1º de junho de 2001): 915–21, https://doi.org/10.2105/ajph.91.6.915; Ann C. Haas e outros,

"Suicide and Suicide Risk in Lesbian, Gay, Bisexual, and Transgender Populations: Review and Recommendations", *Journal of Homosexuality* 58, nº 1 (30 de dezembro de 2010): 10–51, https://doi.org/10 .1080/00918369.2011.534038.

4 Marsha M. Linehan, "Validation and Psychotherapy", em *Empathy Reconsidered: New Directions in Psychotherapy*, coord. A. C. Bohart e L. S. Greenberg (Washington, DC: American Psychological Association, 1997): 355, https://doi.org/10.1037/10226-016.

5 Walter E. B. Sipe e Stuart J. Eisendrath, "Mindfulness-Based Cognitive Therapy for Treatment-Resistant Depression", em *Mindfulness-Based Treatment Approaches: Clinician's Guide to Evidence Base and Applications*, 2ª ed., coord. Ruth Ware (Waltham, MA: Academic Press, 2014): 61–76.

6 Alec L. Miller, "Introduction to a Special Issue Dialectical Behavior Therapy: Evolution and Adaptations in the 21st Century", *American Journal of Psychotherapy* 69, nº 2 (1º de janeiro de 2015): 91–95, https://doi.org/10.1176/appi.psychotherapy.2015.69.2.91.

7 Weight Watchers, "Oprah's 2020 Vision Tour Visionaries: Lady Gaga Interview", YouTube, 9 de janeiro de 2020, https://www.youtube.com/watch?v=f8iNYY7YV04.

8 Marsha M. Linehan, *DBT Skills Training Handouts and Worksheets*, 2ª ed., "Distress Tolerance Handout 11: Radical Acceptance" (Nova York: Guilford Publications, 2014).

9 Jon Kabat-Zinn, *Full Catastrophe Living: Using the Wisdom of Your Body and Mind to Face Stress, Pain, and Illness* (Nova York: Bantam Books, um selo da Random House, 1990) [Edição brasileira: *Viver a catástrofe total – Como utilizar a sabedoria do corpo e da mente para enfrentar o estresse, a dor e a doença.* (São Paulo: Palas Athena, 2017)].

10 Jon Kabat-Zinn, "An Outpatient Program in Behavioral Medicine for Chronic Pain Patients Based on the Practice of Mindfulness Meditation: Theoretical Considerations and Preliminary Results", *General Hospital Psychiatry* 4, nº 1 (1º de abril de 1982): 33–47, https://doi.org/10.1016/0163-8343(82)90026-3; Jon Kabat-Zinn, Leslie Lipworth e Robert G. Burney, "The Clinical Use of Mindfulness Meditation for the Self-Regulation of Chronic Pain", *Journal of Behavioral Medicine* 8, nº 2 (1º de junho de 1985): 163–90, https://doi.org/10.1007/bf00845519.

11 Jon Kabat-Zinn e outros, "Effectiveness of a Meditation-Based Stress Reduction Program in the Treatment of Anxiety Disorders", *American Journal of Psychiatry* 149, nº 7 (1º de julho de1992): 936–43, https://doi.org/10.1176/ajp.149.7.936.

12 Jon Kabat-Zinn, *Wherever You Go, There You Are: Mindfulness Meditation in Everyday Life* (Nova York: Hyperion, 2005): 4; [Edição brasileira: *Aonde quer que você vá, é você que está lá.* (Rio de Janeiro: Sextante, 2020)]; Shian-Ling Keng, Moria J. Smoski e Clive J. Robins, "Effects of Mindfulness on Psychological Health: A Review of Empirical Studies", *Clinical Psychology Review* 31, nº 6 (1º de agosto de 2011): 1041–56, https://doi.org/10.1016/j.cpr.2011.04.006.

13 Linehan, "Validation and Psychotherapy": 358.

14 Linehan, *DBT Skills Training*: 110–11.

15 Scott D. Stanley, Howard J. Markman e Susan L. Blumberg, "The Speaker/Listener Technique", *The Family Journal* 5, nº 1 (1º de janeiro de 1997): 82–83, https://doi.org/10.1177/1066480797051013.

16 Kerry Patterson e outros, *Crucial Conversations Tools for Talking When Stakes Are High*, 2ª ed. (Nova York: McGraw Hill Professional, 2011): 164. [Edição brasileira: *Conversas cruciais – Habilidades para se comunicar quando há altos interesses em risco*. (Rio de Janeiro: Sextante, 2023)].

17 Tom Bunn, "Megaphone Parenting Can't Meet a Child's Need for Mirroring", *Psychology Today*, 16 de setembro de 2019, https://www.psychologytoday.com/us/blog/conquer-fear-flying/201909/megaphone-parenting-cant-meet-childs-need--mirroring.

18 Casa Branca, Gabinete do Secretário de Imprensa, *Remarks of President Barack Obama at Student Roundtable in Istanbul*, 7 de abril de 2009, https://obamawhitehouse.archives.gov/realitycheck/the-ress-office/remarks-president-barack-obama-student-roundtable-istanbul.

### Capítulo 2: Uma cura para todos – Por que você deveria largar tudo e aprender a validar

1 Jonathan W. Kanter e outros, "An Integrative Contextual Behavioral Model of Intimate Relations", *Journal of Contextual Behavioral Science* 18 (1º de outubro de 2020): 75–91, https://doi.org/10.1016/j.jcbs.2020.09.001; Yan Ruan e outros, "Can I Tell You How I Feel? Perceived Partner Responsiveness Encourages Emotional Expression", *Emotion* 20, nº 3 (1º de abril de 2020): 329–42, https://doi.org/10.1037/emo0000650.

2 Shelly L. Gable, Gian C. Gonzaga e Amy Strachman, "Will You Be There for Me When Things Go Right? Supportive Responses to Positive Event Disclosures", *Journal of Personality and Social Psychology* 91, nº 5 (1º de novembro de 2006): 904–17, https://doi.org/10.1037/0022-3514.91.5.904; Amy Canevello e Jennifer Crocker, "Creating Good Relationships: Responsiveness, Relationship Quality, and Interpersonal Goals", *Journal of Personality and Social Psychology* 99, nº 1 (1º de julho de 2010): 78–106, https://doi.org/10.1037/a0018186; Kanter e outros, "An Integrative Contextual Behavioral Model".

3 Julianne Holt-Lunstad, Timothy W. Smith e J. Bradley Layton, "Social Relationships and Mortality Risk: A Meta Analytic Review", *PLOS Medicine* 7, nº 7 (27 de julho de 2010): e1000316, https://doi.org/10.1371/journal.pmed.1000316.

4 Holt-Lunstad, Smith e Layton, "Social Relationships and Mortality Risk".

5 Steven J. Linton e outros, "Painfully Reassuring? The Effects of Validation on Emotions

and Adherence in a Pain Test", *European Journal of Pain* 16, nº 4 (1º de abril de 2012): 592–99, https://doi.org/10.1016/j.ejpain.2011.07.011.

6 Laurence Alison e Emily Alison. "Revenge versus Rapport: Interrogation, Terrorism, and Torture", *American Psychologist* 72, nº 3 (1º de abril de 2017): 266–77, https://doi.org/10.1037/amp0000064.

7 Laurence Alison e Emily Alison, "Revenge versus Rapport": 270.

8 Laurence Alison e outros, "The Efficacy of Rapport-Based Techniques for Minimizing Counter-Interrogation Tactics Amongst a Field Sample of Terrorists", *Psychology, Public Policy and Law* 20, nº 4 (1º de novembro de 2014): 421–30, https://doi.org/10.1037/law0000021; Laurence Alison e outros, "Why Tough Tactics Fail and Rapport Gets Results: Observing Rapport-Based Interpersonal Techniques (ORBIT) to Generate Useful Information from Terrorists", *Psychology, Public Policy and Law* 19, nº 4 (1º de novembro de 2013): 411–31, https://doi.org/10.1037/a0034564.

9 Para uma revisão das pesquisas sobre validação e satisfação dos clientes, ver Carol M. Werner e outros, "Clinical Validation and Cognitive Elaboration: Signs That Encourage Sustained Recycling", *Basic and Applied Social Psychology* 24, nº 3 (1º de setembro de 2002): 185–203, https://doi.org/10.1207/s15324834basp2403_2.

10 Alan E. Fruzzetti e John M. Worrall, "Accurate Expression and Validating Responses: A Transactional Model for Understanding Individual and Relationship Distress", em *Support Processes in Intimate Relationships*, coord. Kieran T. Sullivan e Joanne Davila (ed. on-line: Oxford Academic, 2010): 121–50, https://doi.org/10.1093/acprof:oso/9780195380170.003.0005.

11 Chad E. Shenk e Alan E. Fruzzetti, "The Impact of Validating and Invalidating Responses on Emotional Reactivity", *Journal of Social and Clinical Psychology* 30, nº 2 (22 de fevereiro de 2011): 163–83, https://doi.org/10.1521/jscp.2011.30.2.163.

12 Maddy GrevilleHarris e outros, "The Power of Invalidating Communication: Receiving Invalidating Feedback Predicts Threat-Related Emotional, Physiological, and Social Responses", *Journal of Social and Clinical Psychology* 35, nº 6 (1º de junho de 2016): 471–93, https://doi.org/10.1521/jscp.2016.35.6.471.

13 Nina Howe e outros, "Siblings as Confidants: Emotional Understanding, Relationship Warmth, and Sibling Self-Disclosure", *Social Development* 10, nº 4 (1º de novembro de 2001): 439–54, https://doi.org/10.1111/1467-9507.00174; Lawrence R. Wheeless e Janis Grotz, "The Measurement of Trust and Its Relationship to Self-Disclosure", *Human Communication Research* 3, nº 3 (1º de março de 1977): 250–57, https://doi.org/10.1111/j.1468-2958.1977.tb00523.x; Kristin Behfar, Matthew A. Cronin e Kimberly McCarthy, "Realizing the Upside of Venting: The Role of the 'Challenger Listener'", *Academy of Management Discoveries* 6, nº 4 (1º de dezembro de 2020): 609–30, https://doi.org/10.5465/amd .2018.0066.

14 Christina Gamache Martin, Hyoun Woo Kim e Jennifer J. Freyd, "In the Spirit of Full Disclosure: Maternal Distress, Emotion Validation, and Adolescent Disclosure

of Distressing Experiences", *Emotion* 18, nº 3 (4 de setembro de 2017): 400–11, https://doi.org/10.1037/emo0000363.

15 Kevin G. Haworth e outros, "Reinforcement Matters: A Preliminary, Laboratory-Based Component-Process Analysis of Functional Analytic Psychotherapy's Model of Social Connection", *Journal of Contextual Behavioral Science* 4, nº 4 (1º de outubro de 2015): 281–91, https://doi.org/10.1016/j.jcbs.2015.08.003.

16 Vincent Guilamo-Ramos, "Dominican and Puerto Rican Mother-Adolescent Communication: Maternal Self-Disclosure and Youth Risk Intentions", *Hispanic Journal of Behavioral Sciences* 32, nº 2 (1º de maio de 2010): 197–215, https://doi.org/10.1177/0739986310361594.

17 Nicole M. Froidevaux e outros, "The Link Between Adversity and Dating Violence Among Adolescents Hospitalized for Psychiatric Treatment: Parental Emotion Validation as a Candidate Protective Factor", *Journal of Interpersonal Violence* 37, nº 5–6 (1º de março de 2022): NP3492–NP 3527, https://doi.org/10.1177/0886260520926323.

18 Sylvia A. Morelli, Jared B. Torre e Naomi I. Eisenberger, "The Neural Bases of Feeling Understood and Not Understood", *Social Cognitive and Affective Neuroscience* 9, nº 12 (1º de dezembro de 2014): 1890–96, https://doi.org/10.1093/scan/nst191.

19 Konstanze Albrecht e outros, "The Brain Correlates of the Effects of Monetary and Verbal Rewards on Intrinsic Motivation", *Frontiers in Neuroscience* 8 (18 de setembro de 2014), https://doi.org/10.3389/fnins.2014.00303.

20 Kristin Neff e Christopher Germer, *The Mindful Self-Compassion Workbook: A Proven Way to Accept Yourself, Build Inner Strength, and Thrive* (Nova York: Guilford Press, 2018): 9. [Edição brasileira: *Manual de Mindfulness e Autocompaixão: Um guia para construir forças internas e prosperar na arte de ser seu melhor amigo* (Porto Alegre: Artmed, 2019)].

21 Phan Y. Hong e David A. Lishner, "General Invalidation and Trauma-Specific Invalidation as Predictors of Personality and Subclinical Psychopathology", *Personality and Individual Differences* 89 (1º de janeiro de 2016): 211–16, https://doi.org/10.1016/j.paid.2015.10.016.

22 Marisa G. Franco, Myles I. Durkee e Stacey E. McElroy-Heltzel, "Discrimination Comes in Layers: Dimensions of Discrimination and Mental Health for Multiracial People", *Cultural Diversity and Ethnic Minority Psychology* 27, nº 3 (3 de maio 2021): 343–53, https://doi.org/10.1037 /cdp0000441.

23 Brian A. Feinstein e outros, "A Qualitative Examination of Bisexual+ Identity Invalidation and Its Consequences for Wellbeing, Identity, and Relationships", *Journal of Bisexuality* 19, nº 4 (2 de outubro de 2019): 461–82, https://doi.org/10.1080/15299716.2019.1671295; Kelly E. Johnson e outros, "Invalidation Experiences and Protective Factors Among Non-Binary Adolescents", *Journal of Adolescent Health*, 1º de fevereiro de 2019, https://doi.org/10.1016/j.jadohealth.2018.10.021.

24 Michael W. Salter, "Invalidation: A Neglected Dimension of Gender-Based Violence and Inequality", *International Journal for Crime, Justice and Social Democracy* 1, nº 1 (5 de novembro de 2012): 3–13, https://doi.org/10.5204/ijcjsd.v1i1.73.

25 Sara Edlund e outros, "I See You're in Pain–The Effects of Partner Validation on Emotions in People with Chronic Pain", *Scandinavian Journal of Pain* 6, nº 1 (1º de janeiro de 2015): 16–21, https://doi.org/10.1016/j.sjpain.2014.07.003.

26 Steven J. Linton e outros, "Can Training in Empathetic Validation Improve Medical Students' Communication with Patients Suffering Pain? A Test of Concept", *Pain Reports* 2, nº 3 (30 de abril de 2017): e600, https://doi.org/10.1097/pr9.0000000000000600.

27 Riikka Holopainen e outros, "Physiotherapists' Validating and Invalidating Communication Before and After Participating in Brief Cognitive Functional Therapy Training. Test of Concept Study", *Advances in Physiotherapy* 25, nº 2 (23 de setembro de 2021): 1–7, https://doi.org/10.1080/21679169.2021.1967446.

28 Linton e outros, "Training in Empathetic Validation".

29 Edlund e outros, "I See You're in Pain".

### Capítulo 3: O que significa ser visto – Definindo a validação

1 Paul Rozin e Edward B. Royzman, "Negativity Bias, Negativity Dominance, and Contagion", *Personality and Social Psychology Review* 5, nº 4 (1º de novembro de 2001): 296–320, https://doi.org/10.1207/s15327957pspr0504_2.

### Capítulo 4: A validação e a arte do sofrimento – Um último motivo para largar tudo e aprender a validar

1 Paola Bozzatello e outros, "The Role of Trauma in Early Onset Borderline Personality Disorder: A Biopsychosocial Perspective", *Frontiers in Psychiatry* 12 [1º de janeiro de 2021], https://doi.org/10.3389/fpsyt.2021.721361; Lais Barros De Aquino Ferreira e outros, "Borderline Personality Disorder and Sexual Abuse: A Systematic Review", *Psychiatry Research-Neuroimaging* 262 (1º de abril de 2018): 70–77, https://doi.org/10.1016/j.psychres.2018.01.043; Jeffrey S. Ball e Paul S. Links, "Borderline Personality Disorder and Childhood Trauma: Evidence for a Causal Relationship", *Current Psychiatry Reports* 11, nº 1 (22 de janeiro de 2009): 63–68, https://doi.org/10.1007/s11920-009-0010-4; Andrew E. Skodol e Donna S. Bender, "Why Are Women Diagnosed Borderline More Than Men?", *Psychiatric Quarterly* 74, nº 4 (1º de janeiro de 2003): 349–60, https://doi.org/10.1023/a:1026087410516.

2 Carl R. Rogers, *Client-Centered Therapy: Its Current Practice, Implications and Theory*, edição do 70º aniversário (Londres: Constable & Robinson Ltd, 2021), 230.

3 Carl R. Rogers, "The Necessary and Sufficient Conditions of Therapeutic Personality Change", *Journal of Consulting Psychology* 21, nº 2 (1957): 95–103, https://doi.org/10.1037/h0045357.

4 Carl R. Rogers, "Toward a Science of the Person", *Journal of Humanistic Psychology* 3, nº 2 (1º de abril de 1963): 72–92, https://doi.org/10.1177/002216786300300208.

5 Eugene T. Gendlin, "Obituary: Carl Rogers (1902–1987)", *American Psychologist* 43, nº 2 (1º de fevereiro de 1988): 127–28, https://doi.org/10.1037/h0091937; Barry A. Farber e Erin M. Doolin, "Positive Regard and Affirmation", em *Psychotherapy Relationships That Work: Evidence-Based Responsiveness*, 2ª ed., coord. John C. Norcross (Nova York: Oxford University Press, 2011): 171.

6 David Lester, "Active Listening", em *Crisis Intervention and Counseling by Telephone and Internet*, coord. David Lester e James Rogers (Springfield, IL: Charles C. Thomas Publisher, 2012): 94.

7 Carl R. Rogers, "Significant Aspects of ClientCentered Therapy", *American Psychologist* 1, nº 10 (1º de janeiro de 1946): 415–22, https://doi.org/10.1037/h0060866.

8 Marsha M. Linehan, *Building a Life Worth Living: A Memoir* (Nova York: Random House, 2020): 214.

9 Linehan, *Building A Life Worth Living*: 215.

10 BorderlineNotes, "Marsha Linehan–How She Learned Radical Acceptance", YouTube, 14 de abril de 2017, https://www.youtube.com/watch?v=OTG7YEWkJFI&t=11s.

11 Linehan, *Building A Life Worth Living*: 226.

12 Linehan, *DBT Skills Training*, "Interpersonal Effectiveness Handout 18: A 'How To' Guide to Validation".

13 Marsha M. Linehan, "Validation and Psychotherapy", em *Empathy Reconsidered: New Directions in Psychotherapy*, coord. A. C. Bohart e L. S. Greenberg (Washington, DC: American Psychological Association,1997): 360, https://doi.org/10.1037/10226-016.

14 Thich Nhat Hanh, *No Mud, No Lotus: The Art of Transforming Suffering* (Berkeley: Parallax Press, 2014). [Edição brasileira: *Sem lama não há lótus* (Petrópolis: Vozes, 2019)].

15 Viktor Emil Frankl, *The Unconscious God* (Nova York: Pocket Books, 1975): 137. [Edição brasileira: *A presença ignorada de Deus* (Petrópolis: Vozes, 1992)].

16 Hanh, *No Mud, No Lotus*: 10.

17 Vivek Murthy, "Work and the Loneliness Epidemic", *Harvard Business Review*, 8 de novembro de 2022, https://hbr.org/2017/09/work-and-the-loneliness-epidemic.

## Capítulo 6: Prestar atenção – O jogo de todos os bons ouvintes

1 Sam Schube, "Derek DelGaudio's Genre-Bending Magic Show Will Make You Feel Things", *GQ*, 16 de julho de 2018, https://www.gq.com/story/derek-delgaudio-magician-profile.

2 Marsha M. Linehan, *DBT Skills Training Handouts and Worksheets*, 2ª ed., "Interpersonal Effectiveness Handout 18: A 'How To' Guide to Validation" (Nova York: Guilford Publications, 2014); Kathryn R. Robertson, "Active Listening: More than Just Paying Attention", *PubMed* 34, nº 12 (1º de dezembro de 2005): 1053–55, https://pubmed.ncbi.nlm.nih.gov/16333490; Julia Ziemer, "Deep Listening: To Understand a Different Perspective", *LSE* (blog), 25 de junho de 2020, https://blogs.lse.ac.uk/socialbusinesshub/2020/06/25/deep-listening-to-understand-a-different-perspective; MasterClass, "Mindful Listening Benefits: 5 Ways to Practice Mindful Listening–2023–MasterClass", *MasterClass Articles*, 19 de agosto de 2021, https://www.masterclass.com/articles/mindful-listening-guide; Marsha M. Linehan, "Validation and Psychotherapy", em *Empathy Reconsidered: New Directions in Psychotherapy*, coord. A. C. Bohart e L. S. Greenberg (Washington, DC: American Psychological Association, 1997): 360, https://doi.org/10.1037/10226-016.

3 Eric Dent, "The Observation, Inquiry, and Measurement Challenges Surfaced by Complexity Theory", em *Managing the Complex: Philosophy, Theory and Practice*, coord. Kurt Richardson (Charlotte, NC: Information Age Publishers, 2004).

4 Helen Parsons, "What Happened at Hawthorne?", *Science* 183, nº 4128 (8 de março de 1974): 922–32, https://doi.org/10.1126/science.183.4128.922.

5 *Professor polvo*, dirigido por James Reed e Pippa Ehlrich (Off the Fence and The Sea Change Project, 2020), Netflix.

6 "The 93rd Academy Awards | 2021", Oscars.org, Academy of Motion Picture Arts and Sciences, acessado em 2 de maio de 2023, https://www.oscars.org/oscars/ceremonies/2021.

7 Janis F. Andersen, Peter A. Andersen e Arthur D. Jensen, "The Measurement of Nonverbal Immediacy", *Journal of Applied Communication Research* 7, nº 2 (1º de novembro de 1979): 153–80, https://doi.org/10.1080/00909887909365204.

8 David Matsumoto e Hyi Sung Hwang, "Cultural Influences on Nonverbal Behavior", em *Nonverbal Communication: Science and Applications*, coord. Mark G. Frank e Hyi Sung Hwang (Thousand Oaks, CA: SAGE Publications, 2013): 97–120; Shota Uono e Jari K. Hietanen, "Eye Contact Perception in the West and East: A Cross-Cultural Study", *PLOS One* 10, nº 2 (25 de fevereiro de 2015): e0118094, https://doi.org/10.1371/journal.pone.0118094.

## Capítulo 7: Copiar – Como se conectar com qualquer pessoa


1 Linehan, *DBT Skills Training*, "Handout 18"; Linehan, "Validation and Psychotherapy": 362; Mariëlle Stel e Roos Vonk, "Mimicry in Social Interaction: Benefits for Mimickers, Mimickees, and Their Interaction", *British Journal of Psychology* 101, nº 2 (1º de maio de 2010): 311–23, https://doi.org/10.1348/000712609x465424; Tom Bunn, "Megaphone Parenting Can't Meet a Child's Need for Mirroring", *Psychology Today*, 16 de setembro de 2019, https://www.psychologytoday.com/us/blog/conquer-fear-flying/201909/megaphone-parentingcant-meet-childs--need-mirroring; Scott D. Stanley, Howard J. Markman e Susan L. Blumberg, "The Speaker/Listener Technique", *The Family Journal* 5, nº 1 (1º de janeiro de 1997): 82–83, https://doi.org/10.1177/1066480797051013; Kerry Patterson e outros, *Crucial Conversations Tools for Talking When Stakes Are High*, 2ª ed. (Nova York: McGraw Hill Professional, 2011): 164; Alain Braillon e Françoise Taiebi, "Practicing 'Reflective Listening' Is a Mandatory Prerequisite for Empathy", *Patient Education and Counseling* 103, nº 9 (1º de setembro de 2020): 1866–67, https://doi.org/10.1016/j.pec.2020.03.024.

2 Mariëlle Stel e Roos Vonk, "Mimicry in Social Interaction: Benefits for Mimickers, Mimickees, and Their Interaction", *British Journal of Psychology* 101, nº 2 (1º de maio de 2010): 311–13, https://doi.org/10.1348/ 000712609x465424; Tanya L. Chartrand e John A. Bargh, "The Chameleon Effect: The Perception–Behavior Link and Social Interaction", *Journal of Personality and Social Psychology* 76, nº 6 (1º de janeiro de 1999): 893–910, https://doi.org/10.1037/0022-3514.76.6.893.

3 Rick B. van Baaren e outros, "Mimicry for Money: Behavioral Consequences of Imitation", *Journal of Experimental Social Psychology* 39, nº 4 (1º de julho de 2003): 393–98, https://doi.org/10.1016/s0022-1031(03)00014-3.

4 Rick B. van Baaren e outros, "Mimicry and Prosocial Behavior", *Psychological Science* 15, nº 1 (1º de janeiro de 2004): 71–74, https://doi.org/10.1111/j.0963-7214.2004.01501012.x.

5 Stel and Vonk, "Mimicry in Social Interaction".

6 Bailey Maryfield, "Implicit Racial Bias", Justice Research and Statistics Association, December 2018, https://api.semanticscholar.org/CorpusID:231601864.

7 Michael Inzlicht, Jennifer N. Gutsell e Lisa Legault, "Mimicry Reduces Racial Prejudice", *Journal of Experimental Social Psychology* 48, nº 1 (1º de janeiro de 2012): 361–65, https://doi.org/10.1016/j.jesp.2011.06.007.

8 Ron Tamborini e outros, "The Effect of Behavioral Synchrony with Black or White Virtual Agents on Outgroup Trust", *Computers in Human Behavior* 83 (1º de junho de 2018): 176–83, https://doi.org/10.1016/j.chb.2018.01.037.

9 Mariëlle Stel, Kees van den Bos e Michèlle Bal, "On Mimicry and the Psychology of the Belief in a Just World: Imitating the Behaviors of Others Reduces the Blaming

of Innocent Victims", *Social Justice Research* 25, nº 1 (29 de fevereiro de 2012): 14–24, https://doi.org/10.1007/s11211-012-0150-2.

10 Mariëlle Stel, Rick B. Van Baaren e Roos Vonk, "Effects of Mimicking: Acting Prosocially by Being Emotionally Moved", *European Journal of Social Psychology* 38, nº 6 (1º de setembro de 2008): 965–76, https://doi.org/10.1002/ejsp.472.

11 Béatrice S. Hasler e outros, "Virtual Peacemakers: Mimicry Increases Empathy in Simulated Contact with Virtual Outgroup Members", *Cyberpsychology, Behavior, and Social Networking* 17, nº 12 (9 de dezembro de 2014): 766–71, https://doi.org/10.1089/cyber.2014.0213.

12 Nicolas Guéguen, "Mimicry and Seduction: An Evaluation in a Courtship Context", *Social Influence* 4, nº 4 (14 de setembro de 2009): 249–55, https://doi.org/10.1080/15534510802628173.

13 Tanya L. Chartrand e John A. Bargh, "The Chameleon Effect: The Perception–Behavior Link and Social Interaction", *Journal of Personality and Social Psychology* 76, nº 6 (1º de janeiro de 1999): 893–910, https://doi.org/10.1037/0022-3514.76.6.893; Jessica L. Lakin e outros, "The Chameleon Effect as Social Glue: Evidence for the Evolutionary Significance of Nonconscious Mimicry", *Journal of Nonverbal Behavior* 27, nº 3 (1º de setembro de 2003): 145–62, https://doi.org/10.1023/a:1025389814290.

14 Andrew N. Meltzoff e M. Keith Moore, "Imitation in Newborn Infants: Exploring the Range of Gestures Imitated and the Underlying Mechanisms", *Developmental Psychology* 25, nº 6 (1º de novembro de 1989): 954–62, https://doi.org/10.1037/0012-1649.25.6.954; Jeannette M. Haviland e Michelle Mary Lelwica, "The Induced Affect Response: 10-Week-Old Infants' Responses to Three Emotion Expressions", *Developmental Psychology* 23, nº 1 (1º de janeiro de 1987): 97–104, https://doi.org/10.1037/0012-1649.23.1.97.

15 Para uma revisão das pesquisas de desenvolvimento sobre Copiar e Empatia, ver Stel e Vonk, "Mimicry in Social Interaction".

16 Ursula Hess e outros, "The Facilitative Effect of Facial Expression on the Self-Generation of Emotion", *International Journal of Psychophysiology* 12, nº 3 (1º de maio de 1992): 251–65, https://doi.org/10.1016/0167-8760(92)90064-i; Daniel H. McIntosh, "Facial Feedback Hypotheses: Evidence, Implications, and Directions", *Motivation and Emotion* 20, nº 2 (1º de junho de 1996): 121–47, https://doi.org/10.1007/bf02253868; Mariëlle Stel e Kees van den Bos, "Mimicry as a Tool for Understanding the Emotions of Other", em *Proceedings of Measuring Behavior*, coord. Andrew Spink e outros (Eindhoven, Holanda: Noldus Information Technology, 2010): 114–17.

17 Stel e Vonk, "Mimicry in Social Interaction".

18 Barbara Müller e outros, "Empathy Is a Beautiful Thing: Empathy Predicts Imitation Only for Attractive Others", *Scandinavian Journal of Psychology* 54, nº 5 (1º de outubro de 2013): 401–406, https://doi.org/10.1111/sjop.12060; Jie Shen e outros,

"The Influence of Facial Attractiveness and Personal Characteristics on Imitation", *Journal of Social Psychology* 163, nº 1 (2023): 94–106.

19 Clara M. Cheng e Tanya L. Chartrand, "SelfMonitoring Without Awareness: Using Mimicry as a Nonconscious Affiliation Strategy", *Journal of Personality and Social Psychology* 85, nº 6 (1º de dezembro de 2003): 1170–79, https://doi.org/10.1037/0022-3514.85.6.1170.

20 Nobuyuki Nishitani, Sari Avikainen e Riitta Hari, "Abnormal Imitation-Related Cortical Activation Sequences in Asperger's Syndrome", *Annals of Neurology* 55, nº 4 (1º de abril de 2004): 558–62, https://doi.org/10.1002/ana.20031.

21 Chun-Ting Hsu, Thomas B. Sims e Bhismadev Chakrabarti, "How Mimicry Influences the Neural Correlates of Reward: An FMRI Study", *Neuropsychologia* 116 (18 de agosto de 2017): 61–67, https://doi.org/10.1016/j.neuropsychologia.2017.08.018; Michael Lewis e Emily Dunn, "Instructions to Mimic Improve Facial Emotion Recognition in People with Sub-Clinical Autism Traits", *Quarterly Journal of Experimental Psychology* 70, nº 11 (1º de novembro de 2017): 2357–70, https://doi.org/10.1080 /17470218.2016.1238950.

22 John M. Gottman e outros, "Predicting Marital Happiness and Stability from Newlywed Interactions", *Journal of Marriage and Family* 60, nº 1 (1º de fevereiro de 1998): 5, https://doi.org/10.2307/353438; John M. Gottman, *What Predicts Divorce?: The Relationship Between Marital Processes and Marital Outcomes* (Hillsdale, NJ: Lawrence Erlbaum Associates, 1994).

23 Julia C. Babcock e outros, "A Component Analysis of a Brief Psycho-Educational Couples' Workshop: One-Year Follow-up Results", *Journal of Family Therapy* 35, nº 3 (1º de agosto de 2013): 252–80, https://doi.org/10.1111/1467-6427.12017.

24 John M. Gottman e Julie Schwartz Gottman, *Gottman Rapoport Intervention* (The Gottman Institute, 2015).

### Capítulo 8: Contextualizar – Descobrindo o xis da questão

1 Linehan, *DBT Skills Training*, "Handout 18"; Linehan, "Validation and Psychotherapy": 367.

2 Jenny Lawson, "Our Stories Set Us Free", TEDx SanAntonio, 8 de janeiro de 2020, https://www.ted.com/talks/jenny_lawson_our_stories_set_us_free.

3 *Joan Didion: The Center Will Not Hold*, dirigido por Griffin Dunne (Netflix, 2017).

4 Kate Sheehy e outros, "An Examination of the Relationship Between Shame, Guilt and Self-Harm: A Systematic Review and Meta-Analysis", *Clinical Psychology Review* 73 (1º de novembro de 2019): 101779, https://doi.org/10.1016/j.cpr.2019.101779; Amy Y. Cameron, M. Tracie Shea e Alyson B. Randall, "Acute Shame Predicts Urges for Suicide but Not for Substance Use in a Veteran Population", *Suicide and Life Threatening Behavior* 50, nº 1 (16 de setembro de 2019): 292–99,

https://doi.org/10.1111/sltb.12588; Diana-Mirela Nechita, Samuel Bud e Daniel David, "Shame and Eating Disorders Symptoms: A Meta-Analysis", *International Journal of Eating Disorders* 54, nº 11 (24 de julho de 2021): 1899–945, https://doi.org/10.1002/eat.23583.

5 Jac Brown, "Shame and Domestic Violence: Treatment Perspectives for Perpetrators from Self Psychology and Affect Theory", *Sexual and Relationship Therapy* 19, nº 1 (1º de fevereiro de 2004): 39–56, https://doi.org/10.1080/14681990410001640826; Patrizia Velotti, Jeff Elison e Carlo Garofalo, "Shame and Aggression: Different Trajectories and Implications", *Aggression and Violent Behavior* 19, nº 4 (1º de julho de 2014): 454–61, https://doi.org/10.1016/j.avb.2014.04.011; Jonathan Fast, *Beyond Bullying: Breaking the Cycle of Shame, Bullying, and Violence* (Oxford, Reino Unido: Oxford University Press, 2016).

6 Kathrin Ritter e outros, "Shame in Patients with Narcissistic Personality Disorder", *Psychiatry Research* 215, nº 2 (1º de fevereiro de 2014): 429–37, https://doi.org/10.1016/j.psychres.2013.11.019; Carlo Garofalo e Patrizia Velotti, "Shame Coping and Psychopathy: A Replication and Extension in a Sample of Male Incarcerated Offenders", *Journal of Criminal Justice* 76 (1º de setembro de 2021): 101845, https://doi.org/10.1016/j.jcrimjus.2021.101845.

7 Carta de Karl Marx para Arnold Ruge, março de 1843, Mark and Engels Internet Archive: Letters, https://www.marxists.org/archive/marx/works/1843/letters/43_03-alt.htm.

8 Linehan, "Validation and Psychotherapy": 353–92.

9 Nora D. Volkow e outros, "Dopamine in Drug Abuse and Addiction", *Archives of Neurology* 64, nº 11 (1º de novembro de 2007): 1575, https://doi.org/10.1001/archneur.64.11.1575.

10 Postado por Gabe Gentry, "Martin Luther King, Jr. – Where Do We Go from Here", YouTube, 26 de agosto de 2009, https://www.youtube.com/watch?v=GHJQCzv3dko.

11 Sergio González e outros, "Circadian-Related Heteromerization of Adrenergic and Dopamine D4 Receptors Modulates Melatonin Synthesis and Release in the Pineal Gland", *PLOS Biology* 10, nº 6 (19 de junho de 2012): e1001347, https://doi.org/10.1371/journal.pbio.1001347.

### Capítulo 9: Equalizar – "Qualquer pessoa no seu lugar faria o mesmo"

1 Linehan, *DBT Skills Training*, "Handout 18"; Linehan, "Validation and Psychotherapy": 370; Alan E. Fruzzetti e Kate M. Iverson, "Mindfulness, Acceptance, Validation, and 'Individual' Psychopathology in Couples", em *Mindfulness and Acceptance: Expanding the Cognitive-Behavioral Tradition*, coord. Steven C. Hayes, Victoria M. Follette e Marsha M. Linehan (Nova York: Guilford Press, 2004): 185.

2 Para uma revisão das pesquisas sobre processos de visualização e cognitivos, ver

Christine D. Wilson-Mendenhall, John P. Dunne e Richard J. Davidson, "Visualizing Compassion: Episodic Simulation as Contemplative Practice", *Mindfulness*, 4 de março de 2022, https://doi.org/10.1007/s12671-022-01842-6.

3 "Golden Rule Argument", Legal Information Institute, acessado em 13 de maio de 2023, https://www.law.cornell.edu/wex/golden_rule_argument.

4 Franz Kafka, *The Trial: Introduction by George Steiner* (Londres: Everyman's Library, 1992).

5 T. Christian Miller e Ken Armstrong, "An Unbelievable Story of Rape", *ProPublica*, 29 de fevereiro de 2020, https://www.propublica.org/article/false-rape-accusations-an-unbelievable-story.

6 Pulitzer Prize Board, "Explanatory Reporting", Winners by Category, acessado em 30 de abril de 2023, https://www.pulitzer.org/prize-winners-by-category/207.

7 Miller e Armstrong, "An Unbelievable Story".

### Capítulo 10: Propor – Como ler mentes

1 Linehan, *DBT Skills Training*, "Handout 18"; Linehan, "Validation and Psychotherapy": 364.

2 Raquel Gilar-Corbi, Bárbara Yadira García Sánchez e Juan Luis Castejón, "Can Emotional Intelligence Be Improved? A Randomized Experimental Study of a Business-Oriented EI Training Program for Senior Managers", *PLOS One* 14, nº 10 (23 de outubro de 2019): e0224254, https://doi.org/10.1371/journal.pone.0224254; Nicholas Clarke, "The Impact of a Training Programme Designed to Target the Emotional Intelligence Abilities of Project Managers", *International Journal of Project Management* 28, nº 5 (1º de julho de 2010): 461–68, https://doi.org/10.1016/j.ijproman.2009.08.004.

3 Elna Baker e Michelle Buteau, "638: Rom-Com, Act Two", 9 de fevereiro de 2018, em *This American Life*, podcast produzido por WBEZ, https://www.thisamericanlife.org/638/rom-com/act-two-23.

4 Príncipe Harry e Meghan Markle, entrevista feita por Oprah Winfrey, *Oprah with Meghan and Harry*, CBS, 7 de março de 2021.

5 Shirley Povich, "Legend, Truth Mix with Ruth: 100th Anniversary of Babe's Birth", *The Washington Post*, 5 de fevereiro de 1995, https://www.washingtonpost.com/wp-srv/sports/longterm/general/povich/launch/ruth1.htm.

6 Paul Ekman Group, "Micro Expressions", Paul Ekman Group, acessado em 3 de agosto de 2022, https://www.paulekman.com/resources/micro-expressions.

7 Paul Ekman Group, "Micro Expressions".

### Capítulo 11: Agir – Quando as palavras não bastam

1 Presidente Volodymyr Zelenskyy, entrevista feita por David Muir, *ABC World News Tonight*, ABC, 7 de março de 2022.

2 Linehan, "Validation and Psychotherapy", 380; Kelly Koerner e Marsha M. Linehan, "Validation Principles and Strategies", em *Cognitive Behavior Therapy*, coord. William O'Donohue, Jane E. Fisher e Steven C. Hayes (Hoboken: John Wiley & Sons, 2003): 229–37; Fruzzetti e Iverson, "Mindfulness, Acceptance, Validation": 186.

### Capítulo 12: Demonstrar emoção – Meu conselho para Jimmy Kimmel

1 ABC News, "Jon Stewart Slams Congress Over Benefits for 9/11 Responders", YouTube, 11 de junho de 2019, https://www.youtube.com/watch?v=_uYpDC3SRpM&t=2s.

2 Nelson Mandela, *Nelson Mandela by Himself* (Nova York: Macmillan, 2011): 144.

3 *Jimmy Kimmel Live!*, criado por Jimmy Kimmel, 15ª temporada, episódio 57, transmitido em 1º de maio de 2022 pela ABC.

### Capítulo 13: Revelar-se – O poder do "eu também"

1 Alan E. Fruzzeti e Allison Ruork, "Validation Principles and Practices in Dialectical Behavior Therapy", em *The Oxford Handbook of Dialectical Behaviour Therapy*, coord. Michaela A. Swales (Oxford, Reino Unido: Oxford University Press, 2015): 325–44; Fruzzetti e Iverson, "Mindfulness, Acceptance, Validation": 186.

2 Mehmet Ümit Necef, "Research Note: Former Extremist Interviews Current Extremist: Self-Disclosure and Emotional Engagement in Terrorism Studies", *Studies in Conflict and Terrorism* 44, nº 1 (30 de julho de 2020): 74–92, https://doi.org/10.1080/1057610x.2020.1799516.

3 Necef, "Former Extremist Interviews Current Extremist": 77.

4 Necef, "Former Extremist Interviews Current Extremist": 78.

5 Necef, "Former Extremist Interviews Current Extremist": 79–80.

6 Necef, "Former Extremist Interviews Current Extremist": 80.

7 Brené Brown, *Atlas of the Heart* (Nova York: Random House, 2021): 137.

8 Brown, *Atlas of the Heart*: 137.

9 Jennifer R. Henretty e Heidi M. Levitt, "The Role of Therapist Self-Disclosure in Psychotherapy: A Qualitative Review", *Clinical Psychology Review* 30, nº 1 (1º de fevereiro de 2010): 63–77, https://doi.org/10.1016/j.cpr.2009.09.004.

10 Georg Simmel, "The Secret and the Secret Society", em *The Sociology of Georg Simmel*, coord. Kurt H. Wolff (Glencoe, IL: Free Press, 1950): 307.

## Capítulo 14: Estratégias de mudança comportamental

1 Alan E. Kazdin, *Parent Management Training: Treatment for Oppositional, Aggressive, and Antisocial Behavior in Children and Adolescents* (Oxford, Reino Unido: Oxford University Press, 2005).

## Capítulo 15: Criando crianças emocionalmente inteligentes – Validação e a criação de filhos

1 Alan E. Kazdin e Carlo Rotella, *The Kazdin Method for Parenting the Defiant Child: With No Pills, No Therapy, No Contest of Wills* (Boston: Houghton Mifflin Harcourt, 2009) [Edição brasileira: *O Método Kazdin: Como educar crianças difíceis* (São Paulo: Novo Século, 2010)].

2 Sheila E. Crowell e outros, "Mechanisms of Contextual Risk for Adolescent Self-Injury: Invalidation and Conflict Escalation in Mother–Child Interactions", *Journal of Clinical Child and Adolescent Psychology* 42, nº 4 (1º de julho de 2013): 467–80, https://doi.org/10.1080/15374416.2013.785360; Chad E. Shenk e Alan E. Fruzzetti, "Parental Validating and Invalidating Responses and Adolescent Psychological Functioning", *The Family Journal* 22, nº 1 (20 de junho de 2013): 43–48, https://doi.org/10.1177/1066480713490900.

3 Shenk e Fruzzetti, "Parental Validating and Invalidating"; Elizabeth L. Krause, Tamar Mendelson e Thomas J. Lynch, "Childhood Emotional Invalidation and Adult Psychological Distress: The Mediating Role of Emotional Inhibition", *Child Abuse and Neglect* 27, nº 2 (1º de fevereiro de 2003): 199–213, https://doi.org/10.1016/s0145-2134(02)00536-7.

4 Molly Adrian e outros, "Parental Validation and Invalidation Predict Adolescent Self-Harm", *Professional Psychology: Research and Practice* 49, nº 4 (1º de agosto de 2018): 274–81, https://doi.org/10.1037/pro0000200.

5 Nirbhay N. Singh, Bethany A. Marcus e Ashvind N. Singh, "Differential Attention", em *Encyclopedia of Psychotherapy*, coord. Michel Hersen e William Sledge (Philadelphia: Elsevier Science USA, 2002): 629–32; Thomas Sajwaj e Anneal Dillon, "Complexities of an 'Elementary' Behavior Modification Procedure: Differential Adult Attention Used for Children's Behavior Disorders", em *New Developments in Behavioral Research: Theory, Method, and Application*, 1ª ed., coord. Barbara C. Etzel, Judith M. LeBlanc e Donald M. Baer (Oxfordshire, Reino Unido: Routledge, 1977).

## Capítulo 16: A linguagem universal do amor – A validação nos relacionamentos íntimos

1 John M. Gottman, Carrie Cole e Donald L. Cole. "Negative Sentiment Override in Couples and Families", em *Encyclopedia of Couple and Family Therapy*, coord.

Jay L. Lebow, Anthony L. Chambers e Douglas C. Breunlin (Berlim: Springer, 2019): 2019–22.

2 Dean M. Busby e Thomas B. Holman, "Perceived Match or Mismatch on the Gottman Conflict Styles: Associations with Relationship Outcome Variables", *Family Process* 48, nº 4 (1º de dezembro de 2009): 531–45, https://doi.org/10.1111/j.1545-5300.2009.01300.x.

3 John M. Gottman, "The Roles of Conflict Engagement, Escalation, and Avoidance in Marital Interaction: A Longitudinal View of Five Types of Couples", *Journal of Consulting and Clinical Psychology* 61, nº 1 (1º de janeiro de 1993): 6–15, https://doi.org/10.1037/0022-006x.61.1.6.

4 John M. Gottman e Julie S. Gottman, "Gottman Method Couple Therapy", em *Clinical Handbook of Couple Therapy*, 4ª ed., coord. Alan S. Gurman (Nova York: Guilford Press, 2008): 138–64.

5 John M. Gottman, *The Marriage Clinic: A Scientifically Based Marital Therapy* (Nova York: W. W. Norton & Company, 1999).

### Capítulo 17: Validar como um chefe – A validação no trabalho

1 Charles Duhigg, "What Google Learned from Its Quest to Build the Perfect Team", *New York Times Magazine*, 25 de fevereiro de 2016, https://www.nytimes.com/2016/02/28/magazine/what-google-learned-from-its-quest-to-build-the-perfect-team.html.

2 Matt Sakaguchi, entrevistado pela Tory Burch Foundation, "What Sets Effective Teams Apart", acessado em 24 de julho de 2023, https://www.toryburchfoundation.org/resources/build-my-team/what-sets-effective-teams-apart.

3 Amy C. Edmondson, *The Fearless Organization: Creating Psychological Safety in the Workplace for Learning, Innovation, and Growth* (Hoboken, NJ: John Wiley & Sons, 2019): xvi. [Edição brasileira: *A organização sem medo* (Rio de Janeiro: Alta Books, 2020)].

4 "Google's Project Aristotle", Re: Work with Google, Alphabet Inc., acessado em 25 de julho de 2023, https://rework.withgoogle.com/print/guides/5721312655835136.

5 Amy C. Edmondson e Zhike Lei, "Psychological Safety: The History, Renaissance, and Future of an Interpersonal Construct", *Annual Review of Organizational Psychology and Organizational Behavior* 1, nº 1 (21 de março de 2014): 23–43, https://doi.org/10.1146/annurev-orgpsych-031413 -091305.

6 Gallup, *State of the American Workplace Report* (Gallup, 2017), acessado em 1º de março de 2023, https://www.gallup.com/workplace/238085/state-american-workplace-rep ort-2017.aspx.

7 Catalyst and Edelman Intelligence, *The Impact of COVID19 on Workplace Inclusion Survey* (Catalyst, 2020), acessado em 1º de março de 2023, https://www.catalyst.org/research/workplace-inclusion-covid-19.

8 Dale Carnegie and Associates, Inc., *What Drives Employee Engagement and Why It Matters: Dale Carnegie Training White Paper* (Dale Carnegie and Associates, Inc., 2012).

9 SHRM, *Global Culture Research Report* (SHRM, 2022), acessado em 3 de fevereiro de 2023, https://www.shrm.org/hr-today/trends-and-forecasting/research-and--surveys/Documents/SHRM%202022%20Global%20Culture% 20Report.pdf.

10 Sylvia Hurtado, Adriana Ruiz Alvarado e Chelsea Guillermo-Wann, "Creating Inclusive Environments: The Mediating Effect of Faculty and Staff Validation on the Relationship of Discrimination/Bias to Students' Sense of Belonging", *Journal Committed to Social Change on Race and Ethnicity* 1, nº 1 (6 de dezembro de 2018): 59–81, https://doi.org/10.15763/issn.2642-2387.2015.1.1.59-81.

11 Hurtado, Ruiz Alvarado e Guillermo-Wann, "Creating Inclusive Environments": 74.

12 Casey Mulqueen, Amy Kahn e J. Stephen Kirkpatrick, "Managers' Interpersonal Skills and Their Role in Achieving Organizational Diversity and Inclusiveness", *Journal of Psychological Issues in Organizational Culture* 3, nº 3 (1º de outubro de 2012): 48–58, https://doi.org/10.1002/jpoc.21062.

13 Mulqueen, Kahn e Kirkpatrick, "Managers' Interpersonal Skills": 49.

**Capítulo 18: Todo mundo sofre – A autovalidação**

1 Dave Matthews Band, "Typical Situation", de Dave Matthews, gravada em julho de 1994, faixa 5 do CD *Under the Table and Dreaming*, RCA.

2 Judith S. Beck, *Cognitive Therapy for Challenging Problems: What to Do When the Basics Don't Work* (Nova York: Guilford Press, 2011). [Edição brasileira: *Terapia Cognitiva para desafios clínicos – O que fazer quando o básico não funciona?* (Porto Alegre: Artmed, 2007)].

3 Flávio Osmo e outros, "The Negative Core Beliefs Inventory: Development and Psychometric Properties", *Journal of Cognitive Psychotherapy* 32, nº 1 (1º de abril de 2018): 67–84, https://doi.org/10.1891/0889-8391.32.1.67.

4 Kristin D. Neff, Stephanie S. Rude e Kristin L. Kirkpatrick, "An Examination of Self-Compassion in Relation to Positive Psychological Functioning and Personality Traits", *Journal of Research in Personality* 41, nº 4 (1º de agosto de 2007): 908–16, https://doi.org/10.1016/j.jrp.2006.08.002.

5 Mark R. Leary e outros, "Self-Compassion and Reactions to Unpleasant Self-Relevant Events: The Implications of Treating Oneself Kindly", *Journal of Personality and Social Psychology* 92, nº 5 (1º de maio de 2007): 887–904, https://doi.org/10.1037/0022-3514.92.5.887; Juliana G. Breines e Serena Chen, "Self-Compassion Increases Self--Improvement Motivation", *Personality and Social Psychology Bulletin* 38, nº 9 (29 de maio de 2012): 1133–43, https://doi.org/10.1177/0146167212445599.

6 Germer e Neff, *The Mindful Self-Compassion Workbook*; Linehan, *DBT Skills Training*.

7 Edwin Rutsch, "Paul Ekman Talks Empathy with Edwin Rutsch", YouTube, 10 de maio de 2011, https://www.youtube.com/watch?v=3i1QFv_PtqM.

8 Viktor Emil Frankl, *Man's Search for Meaning*: 110. (Boston: Beacon Press, 1959). publicado originalmente em 1946 como *Ein Psycholog erlebt das Konzentrationslager*. [Edição brasileira: *Em busca de sentido*. Petrópolis: Vozes, 1991].

9 Ada Limón, "We Are Surprised", em *Bright Dead Things* (Minneapolis: Milkweed Editions, 2015).

10 "MARSHA LINEHAN: How She Learned Radical Acceptance", YouTube, 14 de abril de 2017, https://www.youtube.com/watch?v=f8iNYY7YV04.

## Epílogo

1 Sam Schube, "Derek DelGaudio's Genre-Bending Magic Show Will Make You Feel Things", *GQ*, 16 de julho de 2018, https://www.gq.com/story/derek-delgaudio-magician-profile.

2 Mark R. Leary e Ashley Batts Allen, "Belonging Motivation: Establishing, Maintaining, and Repairing Relational Value", em *Social Motivation*, coord. David Dunning (Nova York: Psychology Press, 2011): 37–55.

## CONHEÇA ALGUNS DESTAQUES DE NOSSO CATÁLOGO

- Augusto Cury: Você é insubstituível (2,8 milhões de livros vendidos), Nunca desista de seus sonhos (2,7 milhões de livros vendidos) e O médico da emoção
- Dale Carnegie: Como fazer amigos e influenciar pessoas (16 milhões de livros vendidos) e Como evitar preocupações e começar a viver
- Brené Brown: A coragem de ser imperfeito – Como aceitar a própria vulnerabilidade e vencer a vergonha (900 mil livros vendidos)
- T. Harv Eker: Os segredos da mente milionária (3 milhões de livros vendidos)
- Gustavo Cerbasi: Casais inteligentes enriquecem juntos (1,2 milhão de livros vendidos) e Como organizar sua vida financeira
- Greg McKeown: Essencialismo – A disciplinada busca por menos (700 mil livros vendidos) e Sem esforço – Torne mais fácil o que é mais importante
- Haemin Sunim: As coisas que você só vê quando desacelera (700 mil livros vendidos) e Amor pelas coisas imperfeitas
- Ana Claudia Quintana Arantes: A morte é um dia que vale a pena viver (650 mil livros vendidos) e Pra vida toda valer a pena viver
- Ichiro Kishimi e Fumitake Koga: A coragem de não agradar – Como se libertar da opinião dos outros (350 mil livros vendidos)
- Simon Sinek: Comece pelo porquê (350 mil livros vendidos) e O jogo infinito
- Robert B. Cialdini: As armas da persuasão (500 mil livros vendidos)
- Eckhart Tolle: O poder do agora (1,2 milhão de livros vendidos)
- Edith Eva Eger: A bailarina de Auschwitz (600 mil livros vendidos)
- Cristina Núñez Pereira e Rafael R. Valcárcel: Emocionário – Um guia lúdico para lidar com as emoções (800 mil livros vendidos)
- Nizan Guanaes e Arthur Guerra: Você aguenta ser feliz? – Como cuidar da saúde mental e física para ter qualidade de vida
- Suhas Kshirsagar: Mude seus horários, mude sua vida – Como usar o relógio biológico para perder peso, reduzir o estresse e ter mais saúde e energia